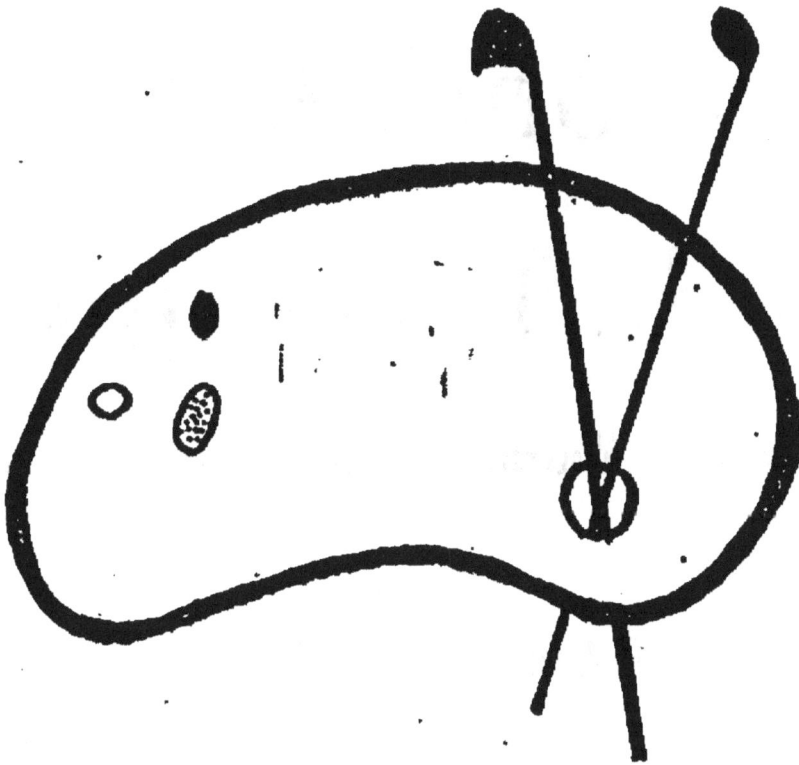

DEBUT D'UNE SERIE DE DOCUMENTS
EN COULEUR

L'ÉQUILIBRE AFRICAIN AU XXᵉ SIÈCLE

La Conquête de l'Afrique

ALLEMAGNE — ANGLETERRE — CONGO — PORTUGAL

PAR

JEAN DARCY

Ouvrage accompagné d'une carte de l'Afrique équatoriale et australe.

Librairie académique PERRIN *et* Cⁱᵉ.

BELLESSORT (ANDRÉ).

La Jeune Amérique. Chili et Bolivie (*Couronné par l'Académie française*). 1 vol. in-16................................ **3 50**

BENOIST (CHARLES).

L'Espagne, Cuba et les États-Unis. 2e édition. 1 vol. in-16... **3 50**

BROSSES (LE PRÉSIDENT DE).

Le Président de Brosses en Italie. **Lettres familières** écrites d'Italie en 1739 et 1740. 4e édition authentique d'après les manuscrits, annotée et précédée d'une étude biographique, par R. Colomb. 2 volumes in-16................................ **7 »**

DAVIN (ALBERT).

Noirs et Jaunes. *Comalis, Hindous, Siamois, Annamites.* — Paysages, cérémonies, traités. Ouvrage orné de 16 gravures d'après les dessins de l'auteur. 1 vol. in-16...................... **4 »**

ESPAGNAT (PIERRE D').

Jours de Guinée. 1 vol. in-16.............................. **3 50**

GIRAUDEAU (FERNAND).

Hier et aujourd'hui. — Les vices du jour et les vertus d'autrefois. — Notre dévergondage. — Notre grossièreté. — Notre cupidité. — Notre égoïsme. — Notre scepticisme. — La corruption des nouvelles couches. 2e édition. 1 vol. in-16...................... **3 50**

HAMERTON (PHILIPPE-GILBERT).

Français et Anglais. Traduction de G. Labouchère. 2 vol. in-16. **7 »**

MARCAGGI (J.-B.).

Les Chants de la Mort et de la Vendetta de la Corse, publiés avec la traduction, une introduction et des notes par J.-B. MARCAGGI. 1 volume in-16................................ **3 50**

MIMANDE (PAUL).

Souvenirs d'un échappé de Panama. Notes d'un témoin. 1 volume in-16................................ **2 »**

— **L'héritage de Béhanzin.** 1 volume in-16................ **3 50**

PIERRET (ÉMILE).

Les Amantes célèbres. *Correspondance amoureuse.* 1 v. in-16. **3 50**

SCHURÉ (ÉDOUARD).

Les grandes légendes de France. Les légendes de l'Alsace, la Grande-Chartreuse, le mont St-Michel et son histoire, les légendes de la Bretagne et le génie celtique. 2e édition. 1 vol. in-16. **3 50**

WOGAN (baron de).

Du Far West à Bornéo. 1 volume in-16.................. **3 »**

— **Le Pirate malais,** récits de voyages. 1 volume in-16........ **3 »**

WYZEWA (TEODOR DE).

L'art et les mœurs chez les Allemands. 1 vol. in-16....... **3 50**

Paris. — Imp. E. Capiomont et Cie, rue de Seine, 57.

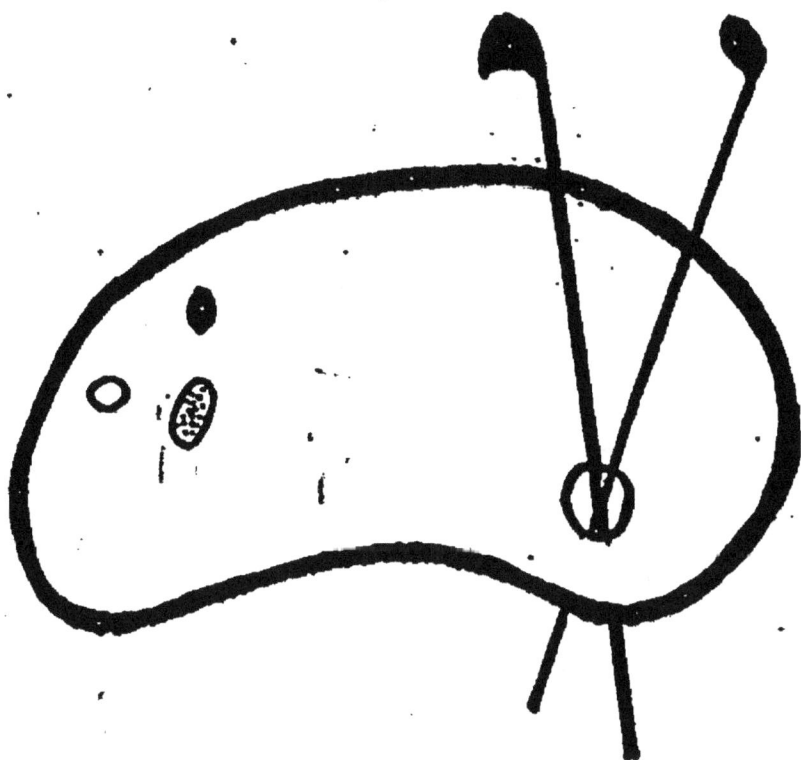

FIN D'UNE SÉRIE DE DOCUMENTS
EN COULEUR

LA

CONQUÊTE DE L'AFRIQUE

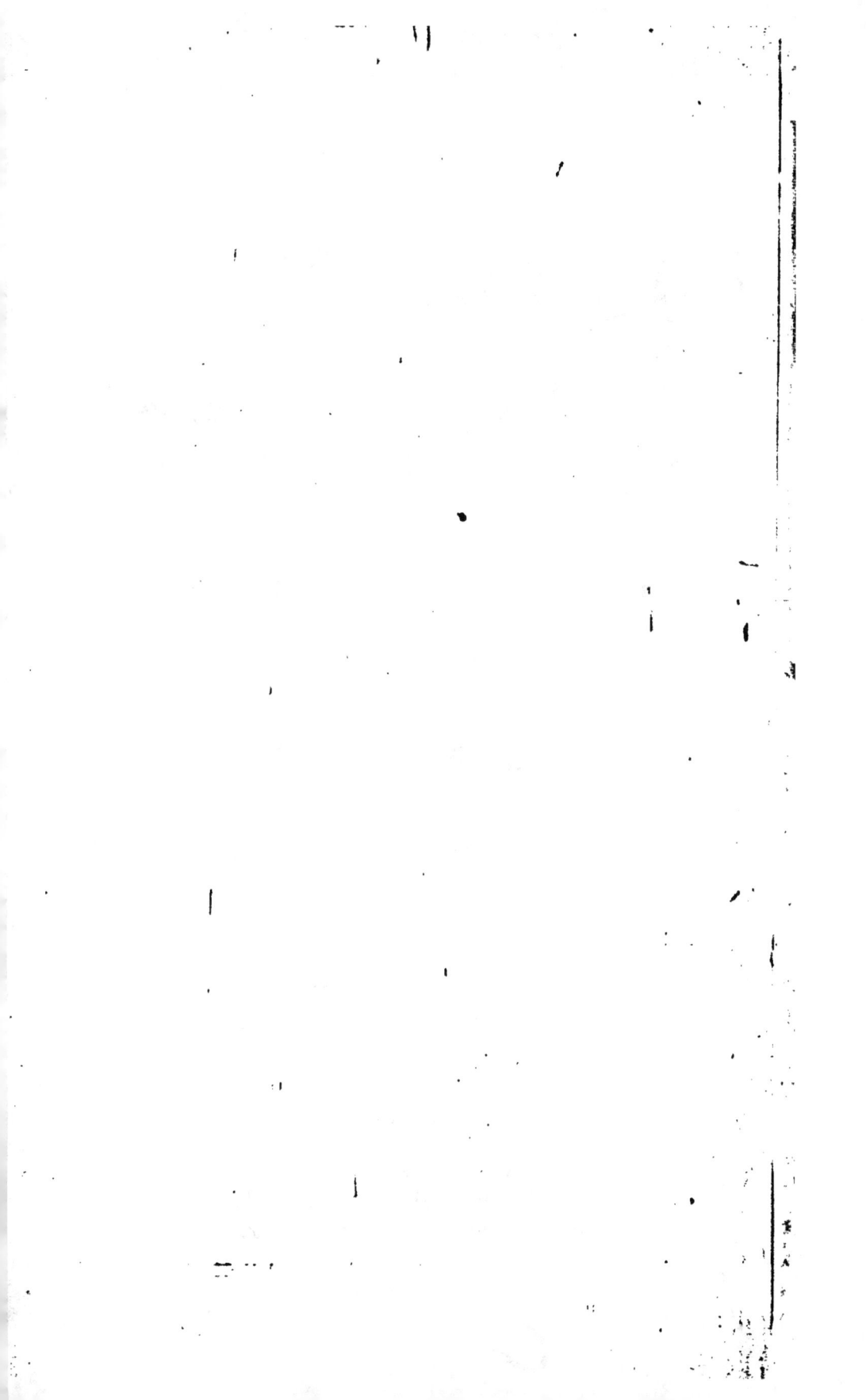

L'ÉQUILIBRE AFRICAIN AU XXᵉ SIÈCLE

La Conquête

de l'Afrique

ALLEMAGNE — ANGLETERRE — CONGO — PORTUGAL

PAR

JEAN DARCY

Ouvrage accompagné d'une carte de l'Afrique équatoriale et australe

PARIS

LIBRAIRIE ACADÉMIQUE DIDIER

PERRIN ET Cⁱᵉ, LIBRAIRES-ÉDITEURS

35, QUAI DES GRANDS-AUGUSTINS, 35

1900

AVERTISSEMENT

Le Correspondant *a bien voulu faire accueil depuis un an à un certain nombre d'articles dans lesquels nous avons essayé de raconter quelques-uns des événements dont l'Afrique a été le théâtre depuis un quart de siècle.*

Nous avions commencé ces Etudes d'histoire africaine sans aucune idée préconçue, et sans autre but que de faire connaître les progrès de l'influence et de la civilisation européennes dans telle ou telle partie du continent noir. Mais à mesure que le sujet nous devenait familier et que nous suivions de plus près les rivalités des diverses puissances, la question s'est élargie, et a pris une ampleur singulière.

Un fait surtout nous a frappé : c'est l'importance extraordinaire du rôle de l'Allemagne. Peut-être n'y a-t-il pas, à l'heure actuelle, en Afrique, une seule question où l'Allemagne n'ait à dire son mot, et de quelque côté que nous tournions les yeux, son influence nous apparaît prépondérante. C'est ainsi que lorsque nous avons voulu étudier les graves problèmes que soulèvent l'avenir du Congo et des possessions portugaises, comme aussi l'antagonisme des races boërs et anglaises, l'Allemagne nous est apparue au premier rang prête à imposer ses volontés et à faire prévaloir ses intérêts.

Ce fut pour nous une véritable surprise, car avant d'avoir examiné les faits par nous-mêmes, nous suivions volontiers l'opinion généralement admise en France et répandue par la plupart des publicistes, que la colonisation allemande est une œuvre purement artificielle; que l'Allemagne, en plantant son drapeau de droite à gauche, a sacrifié inconsciemment aux idées ambiantes et à la mode du jour, mais qu'elle n'est et ne sera jamais une véritable puissance coloniale au sens propre du mot.

C'est là, croyons-nous, une erreur. Nous en avons eu le sentiment très net lorsqu'à chacune de nos étapes à travers le continent africain, au Congo et sur la côte de Guinée; — à Zanzibar, dans la région des lacs et sur le Haut Nil, — dans les bassins du Zambèze et de l'Orange — à Delagoa-bay et dans les pays boërs, nous avons trouvé les diplomates, les marins, les soldats et les commerçants allemands en tête des compétiteurs.

Il nous a paru intéressant de mettre cette idée en relief, et de montrer les progrès sans cesse grandissant de l'influence et de l'infiltration germaniques sur toute une moitié de l'Afrique. C'est dans ce but que nous avons réuni ici les articles détachés que nous avons publiés successivement sur l'État du Congo, les colonies portugaises et les colonies allemandes. Toutefois, il résulte de ce qui précède que nous avons été amené à y faire de nombreux remaniements, et au lieu de considérer isolément les différents États politiques constitués aujourd'hui dans l'Afrique centrale et dans l'Afrique du sud, nous avons cru être plus près de la vérité historique en n'y voyant que des pièces du grand échiquier où manœuvrent deux adversaires de force et d'habileté presque égales, l'Angleterre et l'Allemagne. Un prochain avenir nous dira si nous avons eu tort ou raison d'envisager sous cet aspect les destinées de l'équilibre africain.

J. D.

Paris, mai 1900.

INTRODUCTION

Progrès de l'expansion européenne dans le monde au XIXe siècle, sous la pression des nécessités économiques. Rivalités commerciales et industrielles. Comment toutes les nations d'Europe ont été amenées à s'épandre hors de leurs frontières.

Théophile Gautier se plaignait un jour de l'invasion universelle des mœurs et des modes européennes. « C'est, disait-il, un spectacle douloureux pour le poète, l'artiste et le philosophe de voir les formes et les couleurs disparaître du monde et l'uniformité la plus désespérante envahir l'univers sous je ne sais quel prétexte de progrès. Quand tout sera pareil, les voyages deviendront complètement inutiles, et c'est précisément alors, heureuse coïncidence, que les chemins de fer seront en pleine activité... A quoi bon aller voir bien loin, à raison de dix lieues à l'heure, des rues de la Paix éclairées au gaz et bordées de bourgeois respectables ? Alors un immense ennui s'emparera de l'univers, et le suicide décimera la population du globe, car le principal mobile de la vie sera éteint : la curiosité. » Et pour contribuer dans la mesure de ses forces à reculer le plus possible cette fâcheuse perspective, l'excellent voyageur arborait en Espagne l'élégant costume du *majo* andalou, tandis qu'il se drapait en Orient dans les plis d'un ample burnous.

Le pauvre et grand artiste est mort à temps. S'il était venu au monde un demi-siècle plus tard, il n'eût jamais pu supporter la vie, car la seule idée de prendre un billet de chemin de fer pour Pékin ou pour le Cap de Bonne-Espérance l'eût fait en peu de jours mourir de consomption. Notre siècle, en effet, n'est guère propice aux amateurs de poésie et de mystère. La terre devient trop petite ; la vapeur et l'électricité pénètrent au fond des retraites les plus inaccessibles et les échos les plus sauvages sont déchirés par les sifflets des chemins de fer et des steamers. Tous les jours les hommes s'avancent plus avant dans les profondeurs vierges des forêts et des savanes ; ils encombrent leurs docks de produits inconnus, et les noms barbares de fleuves, de villages ou de peuplades, qui jadis restaient confinés dans les récits épiques de quelque voyageur intrépide, s'étalent aujourd'hui dans les colonnes des journaux financiers. On y discute les mérites respectifs des caoutchoucs du Haut-Cassaï ou du Bas-Kwango, les cours de l'ivoire dur du Congo ou de l'ivoire doux du Benguela, entre un article sur les charbons de New-Castle et le compte-rendu de l'assemblée du Creusot.

Il faut en prendre son parti. Le XIXe siècle a clôturé l'ère des grandes découvertes géographiques. Le marchand a partout supplanté le poète amoureux de la nature et de l'inconnu, et nos fils peuvent s'apprêter à traverser l'Afrique et l'Asie en sleeping-car.

Telle a été la première conséquence de l'expansion prodigieuse de l'Europe. L'application de la vapeur à l'industrie lui ayant mis entre les mains une force incomparable elle a pu décupler sa puissance matérielle et morale, mais en même temps que les peuples voyaient croître leurs facultés productives et leurs richesses, leurs besoins grandissaient et devenaient de plus en plus impérieux. Ils eurent bientôt conscience de l'étroitesse des limites où jusque-là ils avaient vécu à l'aise, et réclamèrent pour leur industrie une plus grande quantité de matières premières et de plus larges débouchés.

S'assurer des unes, conquérir les autres devint une question vitale pour les nations comme pour les gouvernements. Aux querelles politiques succédèrent alors les rivalités économiques, et derrière les ambitions coloniales se cachèrent les inéluctables nécessités de la lutte pour la vie. Cette vérité devint chaque jour plus évidente que la force d'un État se mesure uniquement à sa puissance financière industrielle et commerciale. Aussi le marchand est-il devenu le roi du monde. Tandis qu'autrefois les nations chrétiennes apparaissaient aux peuples primitifs sous l'apparence d'un *conquistador* bardé de fer qui marchait l'épée d'une main et l'Évangile de l'autre, c'est le marchand aujourd'hui qui est le pionnier de la civilisation. Il se glisse en avant. Il précède le missionnaire et le soldat. Notre époque utilitaire ne tire plus gloire que du nombre, de la hardiesse et de la richesse de ses trafiquants. Le plus fier apôtre du droit divin, l'empereur Guillaume II, ne reculait pas en une circonstance

mémorable devant ces paroles qui eussent singulièrement étonné ses « inoubliables ancêtres », dont
il aime tant à rappeler la mémoire : « Que tous nos
marchands sachent, là-bas, que le Michel allemand
a fermement planté sur le sol son bouclier orné de
l'aigle impériale, afin de les couvrir de sa protection [1] » Toutes les compétitions territoriales,
toutes les querelles de chancelleries ne sont au fond
que des rivalités de marchands. C'est une compagnie
commerciale, la *Chartered*, qui a failli, il y a trois
ans, mettre le feu aux poudres dans l'Afrique australe. C'est une autre compagnie commerciale, la
compagnie du Niger qui, plus récemment, a brouillé
les cartes entre la France et l'Angleterre. C'est,
dit-on, un syndicat commercial qui a provoqué la
guerre de Cuba. Enfin la guerre inique, qui à l'heure
actuelle met aux prises une poignée de braves gens
avec toutes les forces de l'empire britannique, n'a
pour cause, n'en déplaise aux pharisiens de Londres,
que les appétits éhontés d'une bande de financiers
et de gens d'affaires. M. Cecil Rhodes lui-même
vient de le reconnaître avec une cynique franchise.
« Cette guerre est juste, a-t-il dit, car elle a pour objet de protéger le drapeau britannique qui représente aujourd'hui le plus grand actif commercial du
monde entier [2]. » Partout le marchand est au pre-

[1] Discours prononcé par l'empereur à l'occasion du départ
pour la Chine de la flotte impériale sous le commandement du
prince Henri (déc. 1897).
[2] Discours prononcé à Kimberley par M. C. Rhodes à l'occasion de la délivrance de la ville par l'armée de secours
(mars 1900).

mier rang; les gouvernements sont ses serviteurs et les soldats se font tuer pour remplir ses caisses.

Que cette concurrence universelle et ces convoitises mercantiles ne contribuent pas à embellir notre société moderne, nous le reconnaissons bien volontiers, et il n'est pas douteux que le monde était plus heureux aux siècles passés, lorsque les hommes se contentaient de cultiver tranquillement les champs et les jardins de leurs pères, sans s'inquiéter de ce qui se passait sous des cieux étrangers : mais les regrets stériles sont ici hors de saison. Mieux vaut tâcher de voir la vérité en face, et la situation telle qu'elle est. Or, s'il est une vérité à laquelle chaque heure qui s'écoule donne une évidence plus incontestable, c'est qu'au siècle prochain le monde appartiendra à cinq ou six races qui auront su y implanter leur génie, leur langue et leurs institutions. Celles qui ne se trouveront pas à point nommé pour participer au partage iront rejoindre, sur les tablettes de l'histoire, les nations mortes et les peuples déchus. Libre aux sophistes de nier cette vérité. A travers tous les obstacles, elle se fait jour dans l'obscure conscience des foules et, bon gré mal gré, dicte leur conduite aux gouvernants. Voilà pourquoi, en dépit des violences des partis, la France a reconstitué son domaine d'outre-mer ; voilà d'où est né, en Angleterre et en Amérique, cet impérialisme insatiable qui devient un danger pressant pour le reste de l'humanité ; voilà pourquoi la Russie a franchi les steppes asiatiques et assiège la Chine. Enfin, voilà pourquoi l'Allemagne, la dernière venue des grandes nations, met depuis vingt ans une hâte si fiévreuse à s'annexer un empire africain.

Sans doute cette vérité a trouvé devant elle plus d'un contradicteur. Dans tous les pays et en France plus qu'ailleurs, nombre d'esprits calmes et rassis ont voulu s'insurger contre cette loi qui fait de l'expansion au dehors une nécessité pour les peuples parvenus à un certain degré de richesse et de densité. Dans les salons ou dans les clubs, au Parlement ou dans les Sociétés savantes, les politiques profonds et subtils n'ont jamais manqué pour expliquer compendieusement que le sage ne court pas après la fortune, mais l'attend dans son lit ; que rien ne vaut le travail du laboureur qui retourne son sillon autour du clocher de son village, et que bien fous sont ceux qui sèment aux quatre vents les forces du pays au lieu de les concentrer sur le vieux sol national.

Ces citoyens éminents font souvent autorité dans le monde, et nous nous inclinerions bien volontiers devant eux si, bon gré mal gré, leurs discours ne nous remettaient en mémoire certaine parole que Montesquieu a placée dans la bouche d'un Parisien de sa connaissance : « Ah ! Monsieur est Persan ? C'est une chose bien extraordinaire ! Comment peut-on être Persan ? » Les contempteurs modernes des idées coloniales nous paraissent être les héritiers directs de ces beaux esprits du XVIIIe siècle. A leur exemple, ils pensent et agissent comme si le soleil avait été créé dans le seul but d'éclairer l'Europe en général et la France en particulier ; le reste du monde ne compte pas et demeure plongé dans les ténèbres.

Rien ne peut affaiblir leur robuste assurance. Douillettement installés sur leurs sièges de législateurs, dans leurs fauteuils académiques ou leurs cabinets d'affaires, ils suivent avec sérénité les graves questions économiques, sociales et politiques qui se déroulent entre Paris et Saint-Cloud. Pour eux, les grandes conceptions d'un Montcalm ou d'un Dupleix, d'un Bugeaud ou d'un Brazza, demeurent lettre close, et ils se plaignent de ce qu'après avoir échappé au fardeau des Indes et du Canada nous ayons éprouvé le besoin de nous reconstituer un nouvel empire colonial en Asie et en Afrique. Que chacun reste chez soi, disent-ils, et le monde n'en ira que mieux.

C'est une bien fâcheuse infirmité de notre esprit national de voir les choses sous un angle aussi étroit ; nous lui devons une bonne partie de nos malheurs.

Beaucoup d'entre nous n'ont jamais voulu comprendre que de nos jours l'expansion d'une race hors de ses frontières est la condition première de sa durée, la forme moderne de la lutte pour la vie, et qu'en ces temps de concurrence universelle qui n'avance pas recule, et qui recule est submergé par le flot. Tant pis pour la nation qui se désintéresse de la bataille pour jouir d'une vie grasse et facile, et rentrer dans sa coquille ; elle court au suicide, et son nom ne sera bientôt plus qu'un souvenir. Supposons que depuis soixante-dix ans les divers gouvernements qui se sont succédé en France aient toujours suivi les conseils prudhom-

mosques dont nous parlions tout à l'heure, et
voyons où nous en serions. Sans doute, la France
n'aurait pas retrouvé dans le monde la place
qu'elle y a si longtemps occupée ; nous n'aurions
pas revu les temps héroïques où notre pays imposait à tous une prépondérance matérielle et morale que personne n'osait lui contester ; nos frontières auraient été aussi mutilées, notre prestige
resterait cruellement atteint ; en un mot, il y aurait
toujours une différence sensible entre le règne de
M. Loubet et ceux de Louis XIV et de Napoléon.
Tout cela est incontestable, mais il n'est pas
moins vrai que si, malgré les misères de l'heure
présente, nous conservons au cœur l'espérance
invincible d'un meilleur avenir, nous le devons
pour beaucoup à cette jeune France que nos
marins et nos soldats nous ont créée en Afrique et
en Asie. Peut-être n'en tirons-nous pas tout le
bénéfice possible. Mais la faute n'est pas au principe ; elle est imputable aux hommes et surtout
aux gouvernants. C'est dire qu'elle n'est pas irréparable.

Au surplus, il n'est pas besoin ici de bien
longs discours. Rappelons seulement que rien
n'est dangereux comme d'avoir plus d'esprit que
tout le monde. Aussi, lorsqu'on voit toutes les
nations civilisées tant en Europe qu'en Amérique
se précipiter sur les régions inorganisées ou vacantes pour les attirer dans leur orbite, il est permis
de négliger les déclamations du philosophe scepti-
que et raisonneur qui vous dit qu'un vent de folie
passe sur le monde. Il est, croyons-nous, plus

simple et moins osé de croire que si tous ces peuples différents d'origine, de sentiments, de qualités physiques ou morales se rencontrent sur un terrain commun, c'est qu'ils obéissent à une impulsion irrésistible, à une nécessité universelle, bien supérieure à toutes les passions comme à toutes les préférences des gouvernements ou des individus.

LA CONQUÊTE DE L'AFRIQUE

CHAPITRE PREMIER

LA CONQUÊTE DE L'AFRIQUE PAR L'EUROPE

Expansion de l'Europe en Afrique au XIXᵉ siècle. Conséquences générales de cette conquête. Conséquences économiques. Commerce de l'Afrique à différentes époques. Conséquences politiques. Partage de l'Afrique entre les diverses puissances de l'Europe. Valeur et importance des possessions européennes. Comment et pourquoi l'équilibre africain n'a pas encore reçu sa forme définitive. Modifications probables qui surviendront dans la répartition des sphères d'influence des grandes races européennes. Rivalité de la France et de l'Angleterre dans le nord, de l'Allemagne et de l'Angleterre au sud. Le Congo, les possessions portugaises et les races boers.

Dans la conquête du monde par l'Europe, la dernière place dans l'ordre chronologique appartient à l'Afrique. Pendant de longs siècles l'Afrique avait défié tous les efforts, et la vapeur fut seule capable de triompher des obstacles que la nature avait semés tout autour de ce redoutable continent, comme sur les voies naturelles qui donnent accès dans l'intérieur. Ce n'est donc que depuis une soixantaine d'années qu'on a entrepris l'exploration méthodique et l'appropriation du continent noir. Au début du siècle, les notions recueillies par les géographes en dehors des régions côtières ne différaient pas essentiellement de celles que l'on possédait au temps d'Hérodote. L'imagination se donnait libre carrière, et les cartes de l'époque nous offrent maint exemple des plus invraisemblables fantaisies. Pendant longtemps les progrès furent très lents, car les explorateurs et les missionnaires n'étaient pas soutenus par l'opinion publique occupée ailleurs et que l'Afrique intéressait fort peu. Il fallut attendre le dernier quart de ce siècle et la transformation prodigieuse que les découvertes scientifiques amenèrent dans la vie des peuples pour hâter ce mouvement. Mais alors il se précipita avec une intensité incroyable et, en 25 ans l'Afrique fut reconnue et conquise. C'est ainsi que le grand continent mystérieux, qui pendant des siècles s'était défendu contre le missionnaire, le soldat et même le négrier, s'est laissé de nos jours arracher ses secrets par le marchand.

Aujourd'hui le partage de l'Afrique est chose faite. Chaque nation a son lot délimité sur la carte et s'emploie consciencieusement à rendre aux nègres leur dignité d'hommes, à mettre leur sol en valeur et à leur prêcher les avantages particuliers de ses marques de fabrique. Que sortira-t-il de ce vaste mouvement d'expansion ? Il n'est pas aisé de le prévoir, mais il aura sûrement de profondes conséquences sur les destinées de l'Europe. L'Europe a voulu créer des débouchés nouveaux à ses marchands qui ne savent plus où écouler leurs produits. Mais lorsque l'Afrique, à son tour, produira, non seulement les débouchés africains seront fermés à l'Europe, mais l'Europe devra se défendre contre de nouveaux concurrents. Ce n'est pas là une supposition gratuite; le fait s'est déjà produit pour l'Amérique, il commence à se dessiner aux Indes et au Japon; le continent noir aura son heure.

Peut-être même cette heure est-elle moins éloignée qu'on ne le pense. L'Afrique est peu peuplée et les noirs ne paraissent pas susceptibles d'un grand développement intellectuel. Les deux tiers, peut-être même les trois quarts du pays, sont impropres à l'établissement d'une société européenne. Dès lors qu'arrivera-t-il? L'Afrique travaillera surtout pour l'exportation; elle produira, mais ne consommera pas. C'est une grande différence avec l'Asie. L'industrie se développe prodigieusement au Japon, en Chine, dans l'Inde, mais elle croît au milieu d'immenses réservoirs humains, de peuples policés et intelligents, qui absorbent la production et l'absorberont longtemps encore. Il en est de même en Amérique. Pour ne citer qu'un seul produit commun à l'Amérique et à l'Afrique, presque tout l'or recueilli en Californie, au Mexique, dans l'Alaska est retenu par les banques des Etats-Unis. Au contraire, tout l'or du Transvaal est immédiatement expédié en Europe, de même que tous les diamants du Cap sont dirigés sur le Nouveau Monde. Ce qui se passe pour les métaux précieux se passera pour les autres produits africains. Le jour où les immenses bassins houillers et métallifères du Zambèze et du haut Congo seront ouverts à l'exploitation, nous verrons apparaître les charbons et les minerais africains sur les marchés européens. La clientèle locale sera peu exigeante.

Assurément nous n'en sommes pas encore là. Pour l'Europe actuelle, le nègre n'est qu'un client; le concurrent n'est pas encore né. C'est un client qu'il faut nourrir, vêtir, loger. Il faut lui donner des chemins de fer, des routes, des télégraphes, lui apprendre l'usage de toutes les choses nécessaires à la vie civilisée, sans oublier l'eau-de-vie, le tabac et les armes à feu. Le temps n'est plus où il était de mode de railler les sociétés commerciales ou philanthropiques qui s'intéressaient à la race noire. « C'est une drôle d'idée, faisait dire Dickens à un de ses héros, c'est une drôle d'idée d'envoyer des gilets de flanelle et des mouchoirs à des négrillons qui ne savent pas s'en servir. » Le négrillon de nos jours est en progrès. Peut-être le mouchoir est-il encore pour lui un meuble de luxe; mais les cotonnades de Birmingham et de Manchester ont acquis droit de cité dans un grand nombre de tribus, et les produits européens se pressent sur tous les points de la côte.

Depuis 25 ans une véritable révolution s'est produite, et l'Afrique, jusque-là considérée comme une quantité négligeable dans le domaine économique, s'est révélée comme un réservoir immense de richesses et un inépuisable marché. Tandis qu'en 1820 le commerce total de l'Afrique, déduction faite des exportations de *bois d'ébène*, s'élevait à peine à 40 millions, il atteignait 368 millions en 1872,

975 millions en 1885 et 2 milliards 1/2 en 1897. L'Europe y envoie pour 1300 millions de marchandises et en reçoit pour 1200 millions [1]. En douze ans, le chiffre d'affaires a plus que doublé; il a sextuplé depuis 25 ans résultat vraiment surprenant si l'on songe que la mise en valeur de ces immenses régions est à peine commencée.

Non moins importantes seront au point de vue politique les conséquences de cette mainmise de l'Europe sur l'Afrique. Elle apparaît sans contredit comme le fait capital de cette fin de siècle. Quelles rivalités nouvelles fera-t-elle éclore? quels conflits provoquera-t-elle? quelle sera son influence sur le vieil équilibre européen? autant de problèmes obscurs qui troublent aujourd'hui nombre de chancelleries. Les opinions sont divisées, mais tout le monde s'accorde cependant sur ce point, c'est que si la guerre éclate en Europe, il est fort à croire qu'elle sortira d'une question africaine. Chaque jour nous en donne une preuve nouvelle.

Il semblerait donc que nous dussions toujours en France avoir un œil fixé sur l'Afrique. Or, en fait, il est peu d'objets pour lesquels le grand public professe une aussi parfaite indifférence: l'Afrique est si loin du Palais-Bourbon! On con-

---

[1] Nous avons retranché de ces totaux les chiffres afférents anx Etats du bassin de la Méditerranée. L'influence de la civilisation s'est jusqu'ici fait très peu sentir au Maroc et dans la Tripolitaine. Au contraire, l'Egypte, l'Algérie et la Tunisie doivent être depuis longtemps considérées comme de véritables provinces européennes. Il nous a semblé qu'en opérant de cette manière on donnait une idée plus exacte de ce qu'a été réellement l'expansion coloniale de l'Europe, surtout depuis 30 ans, et qu'on obtenait des résultats plus comparables.

naît l'Algérie, grâce à MM. Drumont et Max Régis,
qui savent faire parler d'eux. L'Egypte n'est pas
inconnue, du moins jusqu'à Assouan, tête de ligne
des bateaux de M. Cook; mais Khartoum ne
compte plus, et, quant à Fachoda, personne, il y a
18 mois, n'en soupçonnait l'existence. Les mésa-
ventures des Italiens ont attiré un instant les yeux
sur l'Abyssinie. On en parlera encore quelque
temps, si l'empereur Ménélik vient visiter l'Expo-
sition, puis nous risquons fort de l'oublier. Au
sud, nous connaissons le Transvaal et pour cause.
De-ci de-là, quelques noms sortent de l'ombre,
Congo, Sénégal, Maroc. Voilà le résumé des con-
naissances géographiques des neuf dixièmes des
Français. L'Afrique leur apparaît dans un lointain
vague et vaporeux, comme un grand pays noir et
aride. De même, les anciens plaçaient aux limites
du monde habité la Scythie, région fabuleuse et
mal définie, hantée par des peuples étranges.

Cette insouciance de la nation, l'incapacité où
nous sommes de regarder au delà de nos frontières, ont eu trop souvent des conséquences la-
mentables. Les plus belles parties de l'Afrique nous
ont échappé. Si, cependant, la France ne fait pas
mauvaise figure sur la carte africaine, c'est bien
malgré elle. Louis-Philippe a dû lutter vingt ans
contre son parlement pour conquérir et garder
l'Algérie. Jules Ferry nous a donné la Tunisie, en
dépit d'une violente opposition. Enfin et surtout,
une pléiade d'officiers hardis et dévoués, livrés à
eux-mêmes, sans argent, sans troupes, perpétuellement rappelés en arrière ou désavoués, nous ont

taillé d'immenses domaines dans l'Ouest, du Sénégal au Congo. Sans l'énergie et l'initiative de ces
hommes d'élite, le partage de l'Afrique se serait
fait sans nous. Grâce à eux, l'avenir nous appartient encore [1].

Notre lot en Afrique est de 7 770 000 kilomètres carrés et de 27 millions d'habitants. Nous
ne sommes distancés que par l'Angleterre, qui met
en ligne 9 535 000 kilomètres carrés et 58 millions
d'habitants. Viennent ensuite :

La Belgique avec 2.240.000 kilom. carrés et 25.000.000 habit. ;
L'Allemagne — 2.500.000 — 11.000.000 —
Le Portugal — 2.200.000 — 4.500.000 —
L'Italie — 1.060.000 — 1.800.000 —
L'Espagne — 550.000 — 450.000 —

L'Afrique ne compte plus aujourd'hui que six
États indépendants :

Le Maroc (792 000 kilom. carrés et 8 millions
d'habitants) ;

L'Abyssinie (1 million de kilom. carrés et 3 millions et demi d'habitants) ;

La république d'Orange (130 000 kil. carrés et
200 000 hab.) ;

Le Transvaal (294 000 kil. carrés et 680 000 habitants) ;

La république de Libéria (150 000 kil. carrés et
100 000 hab.).

---

[1] N'oublions pas ici le comité de l'Afrique française qui a
donné et donne encore tous les jours un mémorable exemple de
ce que peut l'initiative privée en matière coloniale. A ses pa-
triotiques efforts, aux libéralités généreuses de ses associés, à
leur désintéressement absolu, la France est redevable d'une
bonne partie de son empire africain.

La Tripolitaine (1 030 000 kil. carrés et 1 million d'habitants.

Ainsi, sur les 30 millions de kilomètres carrés et les 140 millions d'habitants que l'on est convenu d'attribuer à l'Afrique, les États plus ou moins indépendants ne comptent que 3 millions et demi de kilomètres carrés et 14 millions d'habitants. L'Europe revendique le reste, soit 27 millions de kilomètres carrés, peuplés de 126 millions d'habitants.

La valeur des possessions européennes est très inégale.

Le premier rang appartient sans contredit à l'Angleterre. Elle s'est attribué l'Égypte, qu'il faudrait, hélas ! beaucoup de naïveté pour ne pas ranger aujourd'hui dans sa sphère d'influence. L'Égypte se prolonge par le Soudan égyptien (aujourd'hui Soudan anglais) jusqu'aux grands lacs et à l'Ouganda, une des régions les plus riches de l'Afrique. Là, l'Angleterre se heurte aux possessions allemandes et belges. Mais le territoire anglais reprend au sud du lac Tanganyka et s'étend jusqu'au cap de Bonne-Espérance. Sur la côte est, l'Angleterre possède Zanzibar, le futur entrepôt de l'Afrique orientale. A l'ouest, elle détient les bouches du Niger et les plus riches parties du bassin nigérien.

La France a une très belle situation dans le nord, avec l'Algérie et la Tunisie. Au centre et à l'ouest, elle s'est laissé distancer par l'Angleterre et n'a conservé du Soudan que les « terres légères » dont parlait ironiquement lord Salisbury. Cependant, tout n'est pas à dédaigner dans notre lot. Plus bas, nous possédons de vastes et riches territoires dans le bassin du Congo, qui s'étendent à l'est jusqu'aux approches de la vallée du Nil. En somme, on peut, sans quitter le sol français, aller de la Méditerranée au Congo, et de l'Atlantique au Bahr el Gazal. Au sud, nous sommes installés à Madagascar.

Le Portugal possède, dans l'hémisphère austral, sur l'océan Indien, Delagoa bay, qui pourrait être le plus beau port de l'Afrique. De là, son influence s'étend sur toute la côte de Mozambique et sur le cours inférieur du Zambèse. Sur la côte ouest, nous trouvons encore la province portugaise d'Angola, qui se prolonge jusqu'au Congo et pénètre fort avant dans l'intérieur.

La Belgique, ou plutôt le roi des Belges, possède dans le bassin du Congo un domaine appelé au plus grand avenir. C'est l'État indépendant du Congo.

Les possessions allemandes sont réparties en trois groupes. A l'ouest, le Togo et le Cameroun. Au sud-ouest, un grand territoire s'étendant jusqu'à l'embouchure du fleuve Orange. A l'est, d'immenses domaines, allant de la mer jusqu'à la région des lacs.

L'Italie possède une longue bande de côtes sur la mer Rouge et l'océan Indien. Elle a dû renoncer à ses visées sur l'Abyssinie. Son lot n'a qu'une valeur politique et militaire ; son importance économique est nulle. Il en est de même de l'Espagne qui s'est établie le long du rivage de l'Atlantique, au sud du Maroc.

Tels ont été, pour les diverses nations européennes, les résultats de 25 ans d'efforts militaires et financiers et de campagnes diplomatiques. Est-ce à dire que ces résultats soient immuables, que chaque nation soit assurée de conserver son lot et puisse en toute sécurité envisager l'avenir. Il serait bien imprudent de le soutenir. Tout au contraire, dans la mesure incertaine où il est donné à l'homme de prévoir les choses de ce monde, on peut croire que rien n'est moins assuré du lendemain que la situation présente de l'Afrique.

Sans doute, le continent tout entier se trouve aujourd'hui dépecé et alloti, et l'ingéniosité des diplomates a tracé en tous sens des frontières politiques pour renfermer chaque puissance dans une sphère d'influence conventionnelle; précaution utile, indispensable même pour prévenir des conflits journaliers, mais travail éphémère et essentiellement sujet à revision. Dans tous les temps et dans tous les pays, les diplomates ont enregistré et consacré les résultats acquis par la force ou par la logique fatale des événements. Ils ont facilité les transitions, arrondi les tournants trop brusques, mais, bien loin de faire l'histoire, ils l'ont toujours subie : leurs plus habiles artifices n'ont jamais empêché les forts de grandir, et les faibles de diminuer. La morale peut s'en affliger, mais il n'y a pas de raison pour que l'Afrique échappe à la loi d'airain qui gouverne les sociétés humaines.

Aussi, cette conclusion s'impose-t-elle à celui qui suit les événements, que l'histoire africaine est à ses débuts ; que nous assistons depuis 30 ans à de simples préliminaires, et que nous ne sommes pas encore proches de l'heure où l'Afrique aura non pas son aspect définitif (l'histoire est un perpétuel devenir, et le définitif n'est pas de ce monde), mais où elle aura revêtu la forme politique sous laquelle les nations civilisées l'achemineront vers le progrès et la civilisation.

Il en sera de l'Afrique comme il en a été de l'Amérique, qui ressemble aujourd'hui bien peu à celle que la France, l'Angleterre, l'Espagne et le Portugal avaient autrefois façonnée au hasard de leurs découvertes. Peut-être les changements seront-ils moins profonds, car, tandis que, sur toute la surface de l'Amérique, la race blanche avait pu fonder des sociétés qui, parvenues à leur maturité, se sont affranchies de la tutelle de la mère-patrie, l'Afrique, au contraire, sur la majeure partie de son territoire, ne paraît pas devoir se prêter à l'immigration européenne. Mais il est certain que l'équilibre factice, qui règne aujourd'hui, n'aura qu'un temps et qu'il se modifiera selon les oscillations de la puissance politique, militaire, commerciale et industrielle des nations d'Europe. Tout ce qu'on peut espérer, c'est que ces révolutions se feront sans secousses profondes, car, de nos jours, les rivalités nationales se dénouent de moins en moins par la force des armes, et la suprématie d'un peuple s'affirme surtout par l'accroissement de ses facultés économiques qui, lentement, mais sûrement, débordent, s'infiltrent et finissent par s'imposer. Au reste, la forme extérieure des événements importe peu, car le résultat est le même, et si la conquête économique est plus lente que la conquête militaire, elle est plus sûre et moins coûteuse. Tant pis pour les gouvernements maladroits ou coupables qui veulent modifier à coups de canon l'inévitable marche des choses. Ils y perdent leur temps, leurs hommes et leur argent.

Dans quels sens s'effectueront ces révolutions politiques et économiques? Où seront les vainqueurs et les vaincus? Ceci est le secret de l'avenir. Il n'est pas impossible cependant que les enseignements de l'histoire nous permettent de soulever un coin du voile.

Il est une loi que subissent inévitablement nos sociétés modernes, et dont on retrouve l'application dans toutes les branches de l'activité humaine, c'est la tendance des individus à se grouper et à s'associer. Le fait est surtout frappant dans le commerce et l'industrie, où l'on voit naître chaque jour des syndicats et des trusts gigantesques dont les ramifications s'étendent parfois sur la surface entière du monde habité. Que ce soit un bien ou un mal, peu importe. Le fait n'en subsiste pas moins.

Il en est de même en politique. L'Allemagne et l'Italie en sont, en Europe, les plus récents exemples. On a vu successivement s'évanouir la plupart des combinaisons inventées à différents âges par la diplomatie pour assurer l'équilibre européen. Rien n'a pu prévaloir contre les affinités de race, de langage, d'intérêts, qui ont porté les uns vers les autres les hommes de même sang. De là ces masses puissantes qui ont remplacé sur la carte la mosaïque d'États et de principautés soigneusement combinée et conservée par la prévoyance de nos pères.

L'action des gouvernements est ici secondaire, car les peuples ont toujours, dans cette voie, devancé et dicté les combinaisons des chefs d'État. Bien avant la consécration officielle, on voit les nations sœurs ou seulement cousines évoluer graduellement dans une même orbite. Les faibles sont attirés et entraînés par les forts ; ils sont pénétrés de toute part, et peu à peu absorbés par des voisins plus riches et plus puissants.

Bien souvent déjà l'histoire nous a mis en présence de semblables phénomènes, et il faudrait être singulièrement inattentif aux bruits du dehors, pour croire arrêté ce mouvement universel d'unification. Tout fait prévoir, au contraire, que, dans un avenir plus ou moins rapproché selon les décrets de la Providence, mais à coup sûr inévitable, les organismes politiques actuels auront vécu.

Alors le monde entier, y compris l'Europe, sera partagé en un petit nombre de grandes sphères d'influence où chaque race dominante exercera une action souveraine. Alors, on verra aux prises, d'une part, les races de couleurs d'Asie et d'Afrique, et de l'autre, les quatre grandes familles de la chrétienté, les Slaves, les Allemands, les Latins avec les Français en tête et les Anglo-Saxons. Entre elles se jouera la partie définitive dont l'enjeu sera le partage de la terre habitable.

Nous voudrions étudier aujourd'hui un coin de cet immense champ de bataille, l'Afrique, qui ne sera pas le moins intéressant en raison de la multi-

plicité des intérêts engagés. A l'heure actuelle, sept
puissances européennes y ont planté leur drapeau.
Il est infiniment probable qu'un jour viendra où le
nombre des rivaux sera réduit de plus de moitié et
que la lutte suprême sera circonscrite entre celles
des grandes races européennes qui seront établies
sur ce continent. Dans le Nord, la France et l'Angleterre resteront aux prises : l'Egypte, le Maroc,
le Soudan nigérien leur ménagent de nombreux
sujets de discordes. Dans le Sud, l'Angleterre se
trouvera en face de l'Allemagne qui lui disputera
les colonies portugaises et toute l'Afrique australe
où s'est développée la race germano-boer. Dans le
Centre enfin, le Congo indépendant attirera les
convoitises des trois rivaux, car, le jour où la petite
Belgique aura cessé de vivre en Europe (et le développement de la nation germanique est pour elle
une menace perpétuelle), l'Etat du Congo suivra
son sort.

C'est ainsi, qu'abstraction faite du redoutable
problème noir qui réserve peut-être quelques surprises aux envahisseurs, toutes les questions innombrables que soulève le partage de l'Afrique, peuvent
être réparties en trois groupes : le premier intéresse
plus spécialement la France : Quant aux deux
autres, ils empruntent aux événements présents
une actualité saisissante. Ce sont précisément les
destinées si incertaines de l'Afrique équatoriale et
de l'Afrique australe qui seront l'objet de la présente étude. Mais avant d'aller plus loin, il convient
de s'arrêter pour jeter un coup d'œil sur la situation politique et économique de ces régions et se

pénétrer des leçons du passé et du présent. Puisque le duel de l'Allemagne et de l'Angleterre dominera tout le sujet, il est bon, dès le début, de juger de la position et des ressources de chaque adversaire. De même pour apprécier l'importance de la partie engagée, il est de toute nécessité d'évaluer la valeur de l'enjeu. Le Congo et les Possessions portugaises nous retiendront tout d'abord : nous verrons ensuite comment l'Allemagne est venue en ces parages disputer la prééminence à l'Angleterre.

CHAPITRE II

ORIGINE ET FONDATION DE L'ÉTAT INDÉPENDANT DU CONGO

I. — Découverte du Congo. *Le voyage de Stanley. Description du fleuve et du bassin du Congo.*

II. — Le roi Léopold II. Conférence de Bruxelles. Création de l'Association internationale africaine. Stanley est envoyé au Congo pour prendre possession de tout le pays au nom de l'Association. Intervention habile et vigoureuse de M. de Brazza. Difficultés politiques soulevées par l'initiative du roi des Belges. Visées de l'Allemagne et de l'Angleterre sur le bassin du Congo. Comment et pourquoi l'Allemagne protège l'Association, tandis que l'Angleterre soutient les revendications du Portugal. Traité anglo-portugais du 26 février 1884. Opposition de l'Allemagne et attitude énergique de M. de Bismarck. Conférence de Berlin. Reconnaissance officielle de l'État du Congo. Le roi Léopold se fait nommer souverain de l'État. Testament du roi qui lègue le Congo à la Belgique. De la reprise éventuelle du Congo par la Belgique.

III. — La question des frontières. Traités avec le Portugal. Les discussions avec la France. Droit de préférence reconnu à la France. Traité du 5 février 1885. Difficultés que soulève son exécution. Le problème de la Likona et de l'Oubanghi. Traités du 29 avril 1887 et du 14 août 1894. Relations avec l'Angleterre. La marche vers le Nil. Traité anglo-congolais du 12 mai 1894. Opposition de la France et de l'Allemagne. Résultats définitifs acquis par les Belges.

IV. — Les difficultés intérieures. La question des Arabes. Guerres et rébellions. L'esclavage au Congo.

L'État du Congo est un type assez curieux de la moderne colonie d'exploitation. La singularité de ses origines, la volonté audacieuse et réfléchie qui préside à ses destinées, sa grande importance politique, économique et commerciale, les progrès qu'il a réalisés, et qui assurent à ces immenses territoires le plus brillant avenir, tout nous conviait à lui faire ici une place importante.

En 1877, 16 Européens végétaient misérablement à l'embouchure du Congo. Six comptoirs commerciaux y représentaient la civilisation. Dans le courant du mois de juillet, une rumeur étrange se répandait dans la petite colonie. On racontait qu'un blanc arrivait de l'intérieur suivi d'une troupe considérable de noirs venus de l'est. L'expédition, ajoutait-on, était arrêtée par la famine à quelques marches de la côte. Cette nouvelle ne rencontra d'abord que des incrédules. Quel était ce blanc et d'où venait-il ? Pour en avoir le cœur net, on organisa à Boma une colonne de secours, qui se mit en marche en remontant le fleuve. Peu de jours après, elle rencontrait un campement de Zanzibaris déguenillés et mourant de faim. A leur tête, le fameux blanc dont il était tant parlé, épuisé par trois années de souffrances et de privations, mais de grande mine et de fière allure : c'était Stanley.

C'est une bien curieuse figure que Stanley. Avant lui le glorieux métier d'explorateur était réservé aux savants, aux trafiquants ou aux enthousiastes. Stanley était journaliste et homme d'affaires. Nous ne voulons pas par là rabaisser son mérite. Ses trois grands voyages sont admirables et témoignent d'une intelligence, d'une sagacité, d'une force morale peu communes. Stanley aurait pu laisser aux seuls événements le soin de parler en son honneur. Mais un journaliste américain ne garde pas volontiers l'attitude modeste et passive. Celui-là était avant tout un metteur en scène de premier ordre. Partir pour l'Afrique, explorer la région des lacs, beaucoup l'avaient fait avant lui ; c'était se maintenir au rang des Livingstone, des Cameron, des Emin, alors même qu'il trouvait, pour raconter son odyssée, ce titre à la Jules Verne : « A travers les ténèbres de l'Afrique. » Mais annoncer au monde que Livingstone, le héros de l'Angleterre, est perdu au fond de l'Afrique et qu'on va réclamer le grand homme au continent mystérieux ; proclamer *urbi et orbi* qu'Emin-pacha est retenu prisonnier en un coin ignoré de l'Est africain et qu'à la tête d'une poignée d'hommes, on va arracher l'héroïque pionnier de la civilisation au fanatisme musulman ; en un mot, faire d'un voyage d'exploration qui n'intéresse que les politiques et les géographes un roman d'aventures à la Cortès, captiver les foules, attendrir les âmes sensibles par des allures de chevalier errant, voilà une trouvaille vraiment géniale.

Maintenant que Livingstone, fort étonné d'apprendre qu'il est perdu, déclare se trouver très bien là où il est et préfère mourir dans son pays d'adoption plutôt que de suivre son libérateur en Europe ; qu'Emin-pacha, très tranquille dans son domaine, soit furieux d'être dérangé et se plaigne amèrement du gêneur venu se mêler de ses affaires, ce sont là des détails sans importance, incapables de troubler l'âme vigoureuse et sereine d'un reporter américain. La foule applaudit toujours celui qui parle le plus haut. Livingstone et Emin étant restés au fond de l'Afrique, le glorieux Stanley put tout à loisir emboucher la trompette de sa propre renommée et se faire sacrer sauveur universel.

Au reste Stanley est assez riche de gloire pour qu'on puisse lui faire cette petite querelle. Qu'il ait ou non sauvé Livingstone et Emin, il n'en a pas moins découvert le Congo. Là, les faits parlent assez haut pour maintenir son nom au livre d'or des explorateurs africains : le Congo est le joyau de l'Afrique équatoriale.

En longeant la côte occidentale de l'Afrique, on rencontre au delà de la profonde échancrure creusée dans le continent par le golfe de Guinée, et non loin de l'équateur, un estuaire immense d'où débouche majestueusement une nappe liquide de 17 kilomètres de largeur. Si puissante est cette masse qu'elle refoule les eaux marines à plus de 5 lieues au large avant de se perdre dans l'Océan. Ce déversoir gigantesque concentre les eaux de toute l'étendue comprise entre le 10e degré de latitude sud et le 5e degré de latitude nord d'une part, entre les 10e et 30e degré de longitude est de l'autre, soit une superficie de 3 millions et demi de kilomètres carrés égale à celle de l'Europe, moins la Russie et la Suède.

L'artère principale qui traverse ces régions s'est d'abord appelée Zaïre. Stanley lui a donné le nom de Livingstone. Finalement, le nom de Congo a

prévalu. Le Congo prend sa source au sud-ouest
du lac Tanganyka, par 25 degrés de longitude est
et 13 degrés de latitude sud, à une altitude d'un
millier de mètres environ. Ce n'est, d'abord, qu'un
torrent de montagne. Il coule droit au nord, traverse le lac Kissalé, se grossit d'une multitude
d'affluents; reçoit, à droite, la Luapula, qui lui
apporte les eaux du lac Moero, et la Lukuga, qui
sert de déversoir au lac Tanganyka. Il est, dès lors,
un fleuve puissant et impétueux de 1 100 mètres de
large. Mais son cours est encore obstrué de rapides. Un défilé sauvage, qui a reçu le nom de
Porte d'enfer, et les sept cataractes auxquelles
Stanley a donné son nom (Stanley Falls) entravent
en certains points toute navigation. A partir des
Stanley Falls (400 mètres d'altitude environ), le
fleuve change d'aspect. Deux affluents considérables, la Lomami, à gauche, l'Aruwimi, à droite,
triplent son débit. Sa largeur atteint de 5 à 6 kilomètres. Son cours lent et majestueux se déroule
au milieu de plaines d'une admirable fertilité.
C'est alors que, quittant la direction du nord, il
s'infléchit brusquement à l'ouest, décrivant ainsi
une courbe immense. Plus loin, il reçoit, à droite,
l'Oubanghi, fleuve presque aussi puissant que lui;
plus loin encore, mais à gauche, le Kassaï, qui lui
apporte toutes les eaux de la boucle que son cours
capricieux a dessinée au cœur de l'Afrique. Un peu
après le confluent du Kassaï, il débouche dans un
vaste bassin, admirable port naturel, qui semble
avoir été disposé tout exprès pour les besoins du
commerce et de la navigation. C'est le Stanley

Pool (l'étang de Stanley). Le Congo est encore à
300 mètres d'altitude et à 500 kilomètres de la
mer. Là commence une nouvelle série de trente-
deux cataractes qui vont donner à son cours l'aspect le plus terrible et le plus tourmenté. Pendant
plus de 200 kilomètres, cette masse liquide se
fraye un chemin au milieu des gorges profondes
des monts de Cristal, et se précipite d'étage en
étage avec une impétuosité que rien n'égale. Ce
fleuve qui, en amont du Pool, s'étendait sur une
largeur de 15 à 16 kilomètres avec une profondeur moyenne de plus de 20 mètres, se resserre
par endroits jusqu'à 3 ou 400 mètres. Enfin, il sort
des gorges, son cours est encore ému et agité,
mais il se calme peu à peu. Les rives s'éloignent,
les eaux s'apaisent, et le vaste estuaire s'ouvre sur
l'Océan.

De sa source à son embouchure le Congo mesure plus de 4 000 kilomètres, dont 3 000 sont navigables. En amont des Stanley Falls, la navigation est déjà possible sur plus de 1 000 kilomètres,
séparés en deux grands biefs de 500 kilomètres
chacun. Mais la rapidité du courant et les obstacles
naturels rendent cette navigation difficile, sinon
dangereuse. Au contraire, des Stanley Falls au
Pool, le Congo présente, sur une longueur ininterrompue de 1 700 kilomètres, une admirable
voie de communication, facilement accessible aux
steamers de fort tonnage. En aval du Pool, les
cataractes font de nouveau obstacle à la navigation. Du Pool à Matadi, sur une longueur de
360 kilomètres, une seule section de 130 kilo-

mètres, de Manyanga à Isangila, peut être utilisée,
non sans peine et sans dangers, par quelques steamers. La vraie navigation ne reprend qu'à Matadi,
où peuvent mouiller les navires à long cours.

La plupart des affluents et sous-affluents du
Congo sont également navigables, quelques-uns
sur de grandes étendues. A gauche, le Kassaï et le
Sankourou ouvrent une voie de pénétration directe
reliant le Pool aux riches régions du Katanga. A
droite, l'Oubanghi, malheureusement obstrué en
un point par les rapides du Zongo, relie le bassin
du Congo au Bahr-el-Gazal. A l'heure actuelle,
plus de 18 000 kilomètres de voies navigables
sont reconnues et sillonnées de vapeurs. Certains
congophiles doublent même ce chiffre et assurent
que le réseau navigable est de 36,000 kilomètres,
car, disent-ils, chaque fleuve ayant deux rives, la
rive droite dessert des régions que ne dessert pas
la rive gauche et réciproquement. Le raisonnement est ingénieux et dénote chez son auteur un
profond esprit d'observation ; mais il a oublié une
chose : c'est que le Congo et ses affluents sont,
sur la plus grande partie de leur cours, encombrés
d'îles immenses, extrêmement fertiles et peuplées.
Il aurait donc fallu, pour compléter sa pensée, non
pas doubler, mais souvent quadrupler la longueur
des fleuves pour obtenir celle du réseau navigable.
Mais il n'est pas besoin de recourir à ces fantaisies
arithmétiques pour reconnaître que le réseau fluvial du Congo est un des plus admirables du
monde.

Le soleil et l'eau ont exercé sur ce pays une influence merveilleuse. Tous les voyageurs qui l'ont parcouru sont unanimes à en vanter la richesse et la fertilité. La majeure partie du bassin est encore recouverte de la grande et mystérieuse forêt vierge, dont Stanley nous a laissé d'émouvantes descriptions. Sur ce sol perpétuellement enrichi depuis des siècles par la chute des débris végétaux, toutes les essences se développent avec une intensité si extraordinaire, qu'elle a surpris les explorateurs les plus habitués aux aspects de la nature tropicale. Quelles réserves pour les temps futurs, quand le colon aura porté la hache au milieu de ces ténébreuses retraites et confié à ce sol vierge les moissons de l'avenir !

Lorsque la forêt ne recouvre pas le sol, la savane étend à l'infini ses plaines herbeuses parsemées de hautes graminées et de bouquets d'arbres. Là se développent l'élevage et la culture au milieu de populations denses et industrieuses. Parfois, la saison des pluies et les inondations des grands fleuves transforment en marais certaines régions basses et malsaines; ailleurs, au contraire, dans les parties plus sèches, la brousse aride remplace les riches pâturages. Mais ce sont là des exceptions. Brousse et marais ne recouvrent qu'une faible partie du pays. La savane et la forêt se partagent presque toute la grande plaine africaine, depuis la chaîne des monts de Cristal jusqu'au Tanganyka et la région du Nil.

En somme, cet immense pays, merveilleusement arrosé, dont le sol vierge ne demande qu'à produire, riche en forêts, en mines, en pâturages, suffisamment peuplé pour fournir à la colonisation la main-d'œuvre nécessaire [1], était un excellent champ d'opération pour une nation hardie et entreprenante. Il suffisait d'un homme pour lancer l'affaire. Cet homme fut Léopold, roi des Belges.

[1] On évalue la population de bassin du Congo à 25 ou 30 millions d'habitants.

II

C'est un fait relativement fréquent dans l'histoire que la naissance d'un Etat indépendant. Dans la seule Europe, nous avons vu surgir en ce siècle six puissances nouvelles : la Belgique, l'Italie, la Bulgarie, la Roumanie, la Serbie, la Grèce. Mais ce sont là des événements historiques qui ne sortent pas du droit commun. Qu'une population organisée et autonome, soumise par la force à une puissance étrangère, secoue son joug et proclame son indépendance, c'est un incident normal de l'histoire de la civilisation. Que cette population, désespérant de recouvrer sa liberté par les armes, préfère émigrer en masse et chercher ailleurs de nouveaux foyers où elle puisse vivre en paix sous ses propres lois, c'est encore un fait qui n'est pas rare au cours des siècles. Le dernier exemple nous est fourni par le Transvaal. Mais qu'un homme jette son dévolu sur un pays neuf et inconnu, s'en proclame maître et souverain, c'est une entreprise tout à fait rare, qui n'était jusqu'ici sortie du domaine de la fiction que pour entrer dans celui de l'opérette, témoin le triste sort de cet infortuné roi d'Araucanie et de Patagonie, dont les journaux nous ont, il y a peu d'années, raconté les tribulations. Eh bien, si étrange et anormale que soit son origine, l'entreprise congolaise a été un grand succès. Toutes les puissances du globe ont reconnu le pavillon du nouvel État, ont garanti sa neutralité, son indépendance, et d'immenses débouchés commerciaux ont été ouverts à la mère patrie. Il est vrai que l'audacieux aventurier qui sut mener à bien cette difficile campagne était un des souverains les plus honorés, les plus sages, les plus riches et les mieux apparentés de la vieille Europe, ce qui simplifia singulièrement sa tâche. Mais si le roi Léopold trouva, dans l'autorité qui s'attachait à sa couronne et à son nom, des facilités particulières, rendons également justice à la prévoyance habile et à la patiente sagacité auxquelles la Belgique est redevable de son empire colonial.

La naissance de l'État du Congo remonte à l'année 1876. À ce moment Stanley avait depuis deux ans quitté Zanzibar. Un an encore devait s'écouler avant qu'il reprît contact avec la civilisation aux bouches du Congo et dévoilât au monde les secrets de l'Afrique équatoriale. Le roi Léopold, avec infiniment de prévoyance et de sens politique, prit date pour être le premier à bénéficier des résultats du voyage. Il réunit à Bruxelles, en septembre 1876, une conférence géographique où figurèrent des voyageurs, des géographes, des hommes politiques. L'Allemagne, l'Autriche, la Belgique, la France, l'Angleterre, l'Italie et la Russie y étaient représentées. Les délibérations durèrent trois jours. On s'en tint aux généralités les plus vagues. Le roi, président de la conférence, prit la parole : « L'hon-

neur de l'Europe, disait-il, exigeait que l'on ouvrît
à la civilisation ces immenses régions encore inconnues ; il comptait sur la conférence pour mener
à bonne fin cette croisade de science, d'humanité
et de progrès, digne du XIXᵉ siècle. »

En se séparant, la conférence vota la création
d'une Association internationale africaine chargée
de mettre à exécution les idées qu'elle avait émises.
Cette Association avait son siège central à Bruxelles
où elle était représentée par une commission internationale [1]. Plusieurs missions furent organisées
par ses soins ; mais elles rencontrèrent de grandes
difficultés et donnèrent peu de résultats.

Sur ces entrefaites (août 1877), Stanley arrivait
à Boma et publiait le récit de son voyage. Le roi
était prêt à agir. Sa décision fut prise immédiatement ; il résolut de s'emparer, au nom de l'Association qu'il présidait, des régions qui venaient
d'être découvertes.

Avant tout il fallait s'entendre avec Stanley. Le
roi dépêcha vers lui MM. Greindl et Sansford, qui
le joignirent à Marseille, le jour même de son dé-
barquement (janvier 1878). Les deux ambassadeurs
exposèrent les vues de leur maître et sollicitèrent
son concours. Stanley le promit sans restriction.

Restait à trouver l'argent. Une société en participation, le comité d'études du haut Congo, se
chargea de faire les fonds. Le roi et les personnalités les plus marquantes de Bruxelles, MM. d'Anc-

---

[1] Elle était composée du roi, président, de MM. le Dʳ Nachtigal, Quatrefages, Sansford, le baron Greindl.

than, Bernaert, etc., figurèrent parmi les souscripteurs et, en quelques jours, cette dernière difficulté fut levée. Rien ne retenait plus Stanley. En février 1879, il se rembarquait pour l'Afrique avec les pleins pouvoirs du roi et de l'Association et un crédit illimité.

Quelques mois avaient suffi au roi Léopold pour former son plan, trouver l'homme nécessaire, réunir les fonds et faire partir l'expédition. Il pensait ainsi avoir une belle avance sur tous les concurrents.

Stanley, à bord de l'*Albion*, partit pour Zanzibar, où il allait recruter son personnel. On saisit habilement cette circonstance pour détourner les soupçons. L'explorateur, disait-on, partirait, comme en 1874, de la côte est. Il ferait une seconde édition de son voyage. Le secret fut bien gardé. Dès que ses préparatifs furent terminés, l'*Albion* quitta sans bruit Zanzibar, contourna toute l'Afrique et arriva le 14 août 1879 aux bouches du Congo. L'expédition prit terre à Banana. Le 21, elle partait à la conquête du fleuve : 5 steamers, avec de nombreuses barques et allèges, transportaient l'état-major, la petite armée qui lui servait d'escorte et un matériel considérable. En septembre, la flottille dut s'arrêter à l'endroit où allait s'élever la station de Vivi. Les steamers furent démontés et on s'engagea dans les montagnes en longeant la rive gauche du fleuve. « Ce fut, dit l'historiographe attitré du Congo, M. Wauters, ce fut une année de terribles épreuves que celle pendant laquelle se poursuivit cette interminable série d'ascensions de pentes abruptes et désolées, suivies de descentes de rampes glissantes. L'expédition allait lentement dans ce pays sans routes, par les marais, par les ravins inondés, se frayant un chemin à la mine à travers le roc, à la hache à travers la forêt [1]. » Enfin, en décembre 1881, après deux années d'efforts, la colonne arrivait au Pool : Stanley triomphait. De journaliste il devenait fondateur d'empire ; il allait planter orgueilleusement, sur ce sol vierge, le drapeau étoilé d'or, lorsqu'à sa profonde stupeur, le drapeau tricolore se leva devant lui. La place était prise. C'est à M. de Brazza que nous sommes redevables de cette page élégante et glorieuse de notre histoire coloniale.

La découverte du Congo avait laissé la France dans une indifférence parfaite. Notre pays, chacun le sait, gémissait alors sous la tyrannie. Avant de s'occuper d'expansion coloniale, il fallait asseoir la liberté sur les ruines de l'ordre moral. M. de Brazza, heureusement, veillait sur nos intérêts. Il ne demanda rien, sachant bien que ce serait inutile. Il sollicita seulement et obtint sans peine la permission de risquer une fois de plus sa vie, en compagnie de quelques Sénégalais. Puis il surveilla attentivement les mouvements de Stanley. Son départ

---

[1] *L'État indépendant du Congo*, par A.-J. Wauters. Bruxelles, 1899. — Nous avons beaucoup profité de ce remarquable ouvrage, qui contient une foule de renseignements intéressants. M. Wauters est un des hommes de Belgique qui connaît le mieux le Congo. Secrétaire général de la Cie du Congo pour le commerce et l'industrie, directeur du journal *le Mouvement géographique*, qui est l'organe attitré de l'État indépendant, son nom est inséparable de l'histoire du Congo depuis vingt ans.

pour Zanzibar le surprit. Mais quand il vit l'*Albion*
revenir au nord, passer le canal de Suez, puis le
détroit de Gibraltar, le plan des Belges lui apparut
clairement et son parti fut pris. A peine l'*Albion*
avait-elle quitté la Méditerranée que lui-même
s'embarquait. Il arrivait au Gabon, y trouvait
quelques-uns de ces laptots du Sénégal, admirables soldats, pourvu qu'ils suivent un homme
qui a du cœur, et s'engageait à leur tête dans le
bassin de l'Ogooué. Quelques années avant, il
avait déjà exploré cette région et s'y était ménagé
des intelligences. Il put donc marcher rapidement,
et tandis que la lourde et puissante expédition de
Stanley se débattait péniblement dans les défilés
des monts de Cristal, M. de Brazza, en septembre
1880, débouchait victorieusement sur le Pool, de-
vançant de quinze mois son rival. Là, sans perdre
de temps, il signait des traités d'amitié et de protectorat avec les chefs du pays, obtenait une concession du premier d'entre eux, le roi Makoko, et
fondait sur la rive droite du Pool la station qui
reçut plus tard le nom de Brazzaville. Puis, confiant la garde du pavillon national au second de
l'expédition, le sergent Malamine, il descendait le
fleuve et prenait possession de la rive droite. Un
an après arrivait Stanley avec ses soldats, ses ca-
nons et ses steamers. Le sergent Malamine le reçut
gravement au nom de la France. Ce fut une rude
et amère déconvenue pour l'orgueilleux Stanley.
Il ne nous l'a jamais pardonnée. Pour nous, Français, il nous faut remercier celui qui, en cette circonstance mémorable, sut porter haut nos couleurs

et les maintenir si fièrement; non pas certes que notre drapeau n'ait été bien souvent le premier à l'honneur, mais, hélas ! sur cette terre d'Afrique qu'il a parcourue en tous sens, nombreux sont les rivages témoins de ses hauts faits où d'autres emblèmes l'ont remplacé. Trop rarement nous avons su défendre les conquêtes de nos soldats et de nos explorateurs.

Du moins, sur les rives du Congo, l'œuvre de M. de Brazza est-elle demeurée entière. C'est un beau titre de gloire. Il était bon de le rappeler ici.

Déçu dans ses espérances, Stanley dut repasser sur la rive gauche du fleuve; il y jeta les fondements de Léopoldville (décembre 1881), et mit à flot trois de ses steamers. Dès lors, l'exploration méthodique et la conquête du bassin vont marcher à pas de géant. Les vapeurs de l'Association remontent le fleuve jusqu'au delà des Stanley Falls, et reconnaissent les principaux affluents; peu à peu, le réseau fluvial de l'Afrique apparaît dans toute son ampleur, et les limites du bassin sortent de l'ombre. En trois ans, d'immenses résultats sont acquis.

Mais ces progrès incessants n'étaient pas sans éveiller les susceptibilités des voisins. L'Angleterre était, à cette époque, mal disposée pour l'Association. En 1876, elle avait refusé d'y entrer pour se réserver sa liberté d'action. Le Portugal, fort de ses droits historiques, réclamait la possession de toute l'embouchure du fleuve. Enfin M. de Brazza déployait sur la rive droite une activité merveilleuse, et son habile diplomatie nous permettait, sans tirer un coup de fusil, de reculer au loin nos frontières vers le nord et l'est. Ainsi de tous côtés les agents de l'Association se heurtaient aux puissances voisines. Les relations se tendaient, et la partie devenait trop inégale. L'Association n'était qu'une société particulière. Sa position était fausse et embarrassante, dangereuse même ; ni l'Angleterre, ni le Portugal, ni la France, n'étaient tenus de s'incliner devant elle, moins encore de faire reculer leurs drapeaux devant un pavillon inconnu. Il devenait urgent d'affirmer la prise de possession du Congo, de créer un organisme capable de se défendre et de faire agréer par l'Europe la situation de fait qu'une initiative individuelle avait provoquée en Afrique.

Ce n'était pas une mince besogne que d'introduire dans les formes, auprès des cours et des chancelleries européennes, la création originale d'une société d'explorateurs et d'un comité de gens d'affaires. Si le roi Léopold n'avait pas été de son nom à la tête de cette entreprise, il est fort à croire qu'elle aurait échoué et que la France, l'Angleterre et le Portugal se seraient purement et simplement partagé ses dépouilles. Le roi sut éviter l'écueil et acquérir, pour son œuvre personnelle, droit de cité en Europe. Le Congo eut d'ailleurs cette bonne fortune de trouver un avocat imprévu dans l'homme d'Etat qui faisait alors la loi. Pourquoi M. de Bismarck, autrefois fort indifférent aux choses d'outre-mer, accepta-t-il de servir de parrain au nouvel Etat? Etait-ce simple gracieuseté envers une dynastie allemande, vieille sympathie

entre les Hohenzollern et les Cobourg? Était-ce le
désir de faire pièce aux Français qu'il n'aimait
guère et aux Anglais qu'il goûtait moins encore?
Ou plutôt M. de Bismarck n'a-t-il pas obéi à une
inspiration plus grave et plus élevée et ne faut-il
pas voir dans sa conduite une des premières manifestations et non des moins intéressantes de la
politique africaine de l'Allemagne?

L'initiative du roi Léopold avait profondément
étonné l'esprit ordonné et méthodique du chancelier, non pas qu'il fût choqué de la partie financière et économique du projet; il n'a jamais mé-
prisé les affaires, mais les projets politiques du roi
lui paraissaient chimériques. Il ne concevait pas
qu'un petit État neutre sans armée et sans marine
pût s'annexer un empire grand comme l'Europe
centrale, et, dans l'intimité, il souriait volontiers
de cette conception bizarre d'un royaume indépendant créé en plein milieu de l'Afrique, et rattaché
par un lien personnel à la couronne de Belgique.

Si cependant il ne marchanda pas son concours
à l'Association internationale, c'est qu'il espéra
que la situation nouvelle qui allait se dessiner en
Afrique pourrait ménager à l'Allemagne des
chances heureuses dans l'avenir. Il ne lui déplai-
sait pas que de hardis pionniers fissent le gros ouvrage et courussent les premiers risques, s'il pouvait garder l'espérance de bénéficier de leurs entreprises et de pêcher un jour en eau trouble. Telle
fut, du moins, l'impression générale ressentie à
Berlin pendant la durée des négociations qui rem-
plirent tout l'hiver de 1884 à 1885. On eut bientôt

le sentiment, dans les cercles diplomatiques, que
M. de Bismarck prévoyait un échec pour la Belgique. Il la voyait se heurter à des difficultés financières politiques et militaires trop lourdes pour
elle, et pensait, qu'un jour ou l'autre, elle serait
forcée, sinon de passer la main, du moins de recourir aux bons offices d'un puissant ami. Le moment serait venu alors de démasquer ses batteries
et de présider au partage de ses dépouilles.

Rien ne pouvait mieux servir les desseins de
M. de Bismarck, que de voir un Etat faible, destiné par la force des choses à devenir un jour le
satellite de l'Empire allemand, lui préparer les
voies dans l'Afrique centrale. Aussi ne négligea-t-
il rien pour assurer ses premiers pas, et écarter de
son chemin les compétiteurs qui, en barrant la
route au roi Léopold, gênaient les vues lointaines
de son héritier présomptif.

L'adversaire le plus redoutable était l'Angleterre
qui voyait avec un dépit mal dissimulé un petit
pays, riche et aventureux, mettre la main sur l'immense bassin du Congo, et soustraire à son influence les plus belles parties de l'Afrique centrale.
Partir en guerre contre l'Association internationale était délicat et dangereux ; l'Angleterre n'avait
pas l'ombre d'un prétexte. En eût-elle trouvé un
(avec elle il ne faut jamais désespérer), elle se serait heurtée à l'Allemagne. Le cabinet de Saint-
James crut plus habile et profitable de rester dans
l'ombre et adopta un plan en tout semblable à celui qui avait prévalu à Berlin. Tandis que le gouvernement allemand avait poussé en avant l'Asso-

ciation internationale et cachait ses ambitions
derrière celles du roi Léopold, le cabinet anglais
se dissimula derrière les Portugais et soutint énergiquement leurs revendications. Il avait tout avantage à cette combinaison, car si le Portugal domi-
nait au Congo, l'Angleterre était certaine d'y
garder sa place. Depuis plus de deux siècles ce
pays évoluait dans son orbite. Elle le tenait, ou du
moins, croyait le tenir par les mille liens de la politique, du commerce et de la finance. D'ailleurs,
il fallait compter avec les éventualités de l'avenir,
et il était toujours plus facile de se quereller avec
le Portugal, pays isolé et sans appui en Europe
qu'avec la Belgique, État neutre sur lequel l'Europe entière a les yeux jalousement fixés.

C'est dans ces conditions que, par le traité du
26 février 1884, l'Angleterre reconnut la souveraineté du Portugal sur l'embouchure du Congo et
sur le bas fleuve, tout en retenant pour elle-même
des avantages commerciaux et politiques prépon-
dérants.

Le procédé était habile : c'était un coup droit
porté aux prétentions de Léopold, car la possession du haut fleuve et de tout le bassin central
n'avait de valeur que si le débouché vers la mer
restait libre. C'était également la ruine des espérances allemandes. On conçoit, dès lors, pourquoi
M. de Bismarck accueillit chaleureusement la demande d'intervention qui lui fut, sur l'heure,
adressée par le roi des Belges. Dès le mois
d'avril 1884, il protesta à Londres et à Bruxelles
contre les stipulations de l'accord anglo-portugais.

Deux mois plus tard (23 juin), il informa officiellement le Reichstag des projets des Belges, ajoutant
que le gouvernement impérial leur était favorable.
En même temps il conviait tous les représentants
des puissances à se réunir à Berlin, pour examiner les conséquences qui devaient résulter du nouvel état de choses.

Devant ces manifestations réitérées, le cabinet
anglais céda, et, le 26 juin, le chef du Foreign-office
déclara qu'il renonçait à soumettre à la Reine la
ratification du traité. L'Association internationale
était victorieuse et M. de Bismarck était arrivé à
ses fins. Du même coup l'Allemagne se posait en
grande puissance africaine, et, ceci est au fond la
moralité de l'incident, elle affirmait publiquement
qu'en Afrique comme en Europe aucune question
politique ou économique ne pourrait désormais être
réglée sans la participation et la sanction de l'Empire.

L'Europe acquiesça tacitement, et répondit tout
entière à l'appel de M. de Bismarck. La conférence
de Berlin fut inaugurée le 15 novembre, et s'oc-
cupa d'établir une entente internationale sur les
principes suivants :

1° Liberté du commerce dans le bassin du Congo;

2° Application au Congo et au Niger des principes de la liberté de navigation.

3° Définition des formalités à observer pour que
des occupations nouvelles sur la côte d'Afrique
soient considérées comme effectives.

L'acte général de Berlin, qui fut publié après
la clôture de la conférence, a donné la substance

des résolutions qui furent alors adoptées par les plénipotentiaires.

Cet acte fixait les limites conventionnelles du bassin du Congo, « où devait être appliqué le principe de la liberté commerciale entendu dans son sens le plus absolu ». Les articles 3 et 5 prohibaient spécialement toute concession de monopole ou privilège quelconque, et toute taxe douanière. L'art. 10 proclamait la neutralité de tout le bassin. Enfin, les articles 13, 14 et 15 garantissaient la liberté complète de la navigation sur le Congo et ses affluents, tant pour les bâtiments de commerce que pour les navires de guerre.

Un traité, a-t-on dit, est fait pour être violé. Ce n'est pas le sort réservé à l'acte de Berlin qui aura fait mentir le proverbe. Jamais traité international ne fut foulé aux pieds avec un plus beau sang-froid. On sait ce que l'Angleterre a fait de la liberté de navigation sur le Niger ; nous verrons plus tard ce qui est advenu de la liberté commerciale au Congo.

Malgré tout, la conférence de Berlin gardera sa place dans l'histoire de l'Afrique, parce qu'elle a consacré l'existence de l'Etat indépendant du Congo. M. de Bismarck avait invité officiellement l'Association à la conférence. Le 3 novembre 1884, avant la première réunion, le gouvernement impérial la reconnut comme puissance souveraine. Déjà, les États-Unis l'avaient précédé dans cette voie. Tous les autres gouvernements suivirent cet exemple.

L'Etat indépendant du Congo était fondé et reconnu. Restait à lui donner un souverain. Ici, au-

cune difficulté internationale ne pouvait s'élever,
car le roi Léopold n'avait aucun compétiteur. Il
n'y avait à régler qu'une question de droit consti-
tutionnel. Le roi des Belges pouvait-il être en
même temps souverain du Congo? Les Chambres
belges consultées donnèrent leur assentiment sans
enthousiasme (28-30 avril 1885). L'initiative audacieuse du roi effrayait beaucoup d'esprits. Assurément, il ne s'agissait d'établir entre la Belgique et
le Congo qu'une union personnelle. Le roi et ses
conseillers insistaient sur ce point ; mais il était
évident pour tous que cette fiction légale n'aurait
qu'un temps et qu'un jour ou l'autre la Belgique
aurait à sa charge l'œuvre de son roi. Cette perspective ne souriait pas à tout le monde. Quatre
années à peine s'étaient écoulées et déjà les voiles
tombaient de toutes parts. « Il n'y aura, avait dit
le roi dans son message du 16 avril 1885, entre la
Belgique et l'Etat nouveau, qu'un lien personnel.
J'ai la conviction que cette union sera avantageuse
pour le pays, sans pouvoir lui imposer de charges
en aucun cas. » Malgré cette assurance, le roi n'hésita pas à demander à son parlement 10 millions
pour la compagnie du chemin de fer de Matadi au
Pool. Le crédit fut voté. Quelles que fussent encore les hésitations de l'opinion, l'intérêt économique primait ici la question politique et l'on passa
outre. L'année suivante (1890), surgit un nouvel
incident. Les caisses de l'Etat étaient vides, ses ressources épuisées. L'emprunt à lots de 150 millions
avait échoué. Coûte que coûte, il fallait trouver de
l'argent. Le roi sollicita un prêt de 25 millions

payables en dix ans. Cette fois, le cas était épineux ; on risquait d'indisposer ou même d'inquiéter les esprits. Aussi, le roi crut-il habile de joindre à sa demande de crédit un projet de convention, d'après lequel la Belgique aurait la faculté, à partir de l'année 1900, de s'annexer l'Etat du Congo avec tous les biens, droits et avantages attachés à la souveraineté de cet Etat. En même temps, il faisait présenter au parlement un testament en date du 2 août 1889, par lequel il déclarait léguer, après sa mort, à la Belgique, tous ses droits souverains sur le Congo. C'était là assurément une conception singulière. Qu'un souverain dispose par testament d'un pays soumis à ses lois, c'était jadis un droit admis de tous ; dans nos temps modernes, c'est déjà un étrange anachronisme. Mais que, dédoublant sa personnalité, Léopold, souverain du Congo, lègue ses possessions d'outre-mer aux ayants droit de Léopold, roi des Belges, c'est un expédient bizarre, qui n'a pas son précédent dans l'histoire du droit public. Quoi qu'il en soit, si le testament du roi provoqua quelque surprise, il ne rencontra pas d'hostilité. L'opinion se faisait peu à peu à l'idée coloniale, et la convention financière et politique fut votée sans difficulté (25 et 30 juillet 1890).

La Belgique devra donc en 1900 prendre une décision. Quelle sera-t-elle ? Il est difficile de le préjuger. Au fond, il est impossible qu'elle répudie l'œuvre poursuivie depuis vingt-cinq ans. Mais son intérêt n'est pas de hâter les événements ; la combinaison actuelle lui est plus favorable. La Belgique bénéficie de tous les avantages que procure à la mère patrie un riche domaine colonial et n'en supporte que partiellement les charges. Elle est affranchie de tous les soucis diplomatiques et des difficultés internationales. Un incident a prouvé d'ailleurs que la Belgique n'est pas pressée de faire le pas décisif. En 1895, à l'occasion d'une nouvelle demande de fonds (la question financière est toujours le point faible du nouvel État), le roi Léopold déclara qu'il consentait à céder immédiatement le Congo à son pays, et le cabinet présenta un projet de loi en ce sens. De nombreuses protestations s'élevèrent. Des journaux appartenant aux nuances les plus diverses, depuis l'ultra-clérical *Patriote* jusqu'aux feuilles socialistes les plus violentes, entamèrent une ardente campagne d'opposition. Un parti hostile se dessina à la Chambre, le gouvernement céda. Une crise ministérielle s'ensuivit, et le projet fut retiré.

Telles sont les origines de l'État du Congo. Un jurisconsulte en tirerait un chapitre piquant de droit international. Mais, somme toute, le roi Léopold est parvenu à ses fins. S'il ne s'était pas mis personnellement en avant, il est fort à croire que la Belgique aurait reculé devant l'effort à faire, et qu'elle n'aurait pas aujourd'hui la perspective d'hériter d'un immense empire colonial en plein rapport. Le roi Léopold aura bien mérité de sa patrie.

III

Les quinze années qui se sont écoulées depuis la naissance de l'Etat indépendant ont été fructueusement employées.

Il fallait d'abord reconnaître le pays, en fixer les limites et s'entendre avec des voisins souvent mal disposés. Il fallait ensuite conquérir les territoires qu'on s'était adjugés, réprimer la traite, repousser les incursions des Arabes chasseurs d'esclaves, comprimer des révoltes, enfin donner au pays un embryon d'administration et d'organisation politique. Les débuts furent longs et malaisés, mais le succès répondit aux efforts d'une volonté persévérante.

La question des frontières fut la plus délicate à régler : les premières difficultés furent soulevées par le Portugal. Il voulait défendre, disait-il, des droits historiques qu'il faisait remonter jusqu'au xv⁰ siècle. Des hauts faits de ses anciens navigateurs, il prenait titre pour réclamer la souveraineté des deux rives du fleuve et du littoral avoisinant son embouchure depuis le 8⁰ degré jusqu'au 5⁰12' de latitude sud. Il ne s'en tint pas à des réclamations platoniques ; et il crut habile de profiter des mauvaises dispositions de l'Angleterre envers l'Association pour faire admettre ses prétentions par cette puissance ; mais nous avons vu comment l'opposition de l'Allemagne contraignit les deux parties à revenir sur les avantages réciproques qu'elles s'étaient reconnus par la convention du 26 février 1884. L'année suivante (14 février 1885), un traité intervint entre le nouvel Etat du Congo et le Portugal, qui consacra la renonciation de celui-ci à ses prétentions. Deux autres conventions postérieures (25 mai 1891 et 25 mars 1894) réglèrent définitivement le tracé des frontières. Au nord du fleuve, le Portugal fit reconnaître ses droits sur l'enclave de Kabinda. Au sud, il obtint l'accès de toute la rive gauche jusqu'à Matadi. Toute la rive droite resta à l'Etat indépendant.

Avec la France, la question fut plus épineuse, et l'on fut long à s'accorder. C'est qu'en effet les intérêts de la France et de l'Etat étaient diamétralement opposés.

La France n'entendait pas se laisser confiner sur les bords du fleuve. Elle voulait garder ses communications, d'un côté avec la mer et ses colonies du Gabon, par le bassin de l'Ogooué, le Tchiloango et le Kouilu ; de l'autre avec le Tchad, et sa sphère d'influence du nord-ouest par le bassin du Chari. En outre, elle voulait réserver l'avenir en laissant ouverte au nord-est la route du Nil par l'Oubanghi et le Bahr-el-Gazal. C'était également la prétention de l'Etat du Congo. Le bassin côtier du Kouilu, le haut Ogooué, même le bassin du

Chari nous furent reconnus d'assez bonne grâce ; mais la discussion s'envenima lorsqu'il s'agit de déterminer nos limites au nord et au nord-est. Il faut rendre cette justice à notre diplomatie que dans ses rapports avec l'Etat indépendant elle fut à la hauteur de sa tâche. Peut-être dut-elle son succès à l'habileté de son conseiller technique, M. de Brazza ; mais enfin elle réussit. Dès le premier jour, elle avait pris une position très forte. Lorsqu'en 1884, l'Association était menacée dans son existence par le Portugal, en même temps qu'elle sollicita l'appui de l'Allemagne, elle se tourna vers la France et lui demanda de l'aider à vivre. La France accueillit volontiers ses ouvertures. Elle promit de respecter les territoires de l'Association et de ne mettre aucun obstacle à l'exercice de ses droits. En revanche, l'Association déclara qu'elle ne céderait à personne ses possessions, et que si, par des circonstances imprévues, elle était amenée un jour à les abandonner, elle donnerait à la France un droit de préférence. (Convention du 23 avril 1884.) Ce n'était pas pour nous un médiocre avantage. Non seulement nous acquérions la certitude de n'avoir jamais, en ces parages, que des voisins de notre choix ; mais encore nous prenions barre sur l'Association, et nous pouvions désormais, dans la mesure qu'il nous conviendrait, abandonner tout ou partie de notre droit pour obtenir d'elle, en échange, des avantages considérables. Un prochain avenir allait le montrer.

Le traité du 5 février 1885, le deuxième en date,

fixa les limites communes depuis la mer jusqu'à
l'équateur. La frontière était déterminée à l'ouest
par le cours du fleuve côtier, le Tchiloango ; de la
source de ce fleuve au Congo, par une ligne idéale
qui allait aboutir sur la rive droite, un peu en
amont de Manyanga. De Manyanga, elle suivait le
thalweg du fleuve jusqu'à un point à déterminer,
en amont du confluent de la rivière Likona
Nkoundja. De là, elle quittait le Congo et remontait au nord, le long du 17° degré de longitude est
de Greenwich, en suivant la crête orientale du
bassin de la Likona, qui devait rester en entier à
la France.

Cette convention paraissait, à première vue,
d'une clarté et d'une précision absolues. En réalité,
elle était inexécutable en ce qui concernait nos
limites sur le moyen et le haut Congo. La faute
n'en est pas aux négociateurs de 1885. Les deux
parties ont été de bonne foi ; mais les connais-
sances géographiques étaient alors des plus vagues
sur ces régions. Les coordonnées astronomiques
étaient mal établies. Par la suite, on releva des
erreurs d'appréciation de plus de 1 degré. En
outre, on ignorait absolument le point où la Likona se jetait dans le Congo. En 1878, M. de
Brazza avait découvert le cours supérieur de cette
rivière par 15 degrés de longitude est. Elle se dirigeait vers l'est et le sud-est, et, au dire des indigènes, se transformait en un vaste fleuve, coupé
d'îles que leurs pirogues mettaient plusieurs jours
à traverser. Sur la foi de ces renseignements et
d'autres analogues, on admettait généralement, en

1885, que la Likona n'était autre que l'Oubanghi, dont le confluent seul était alors connu, ou du moins que les deux rivières avaient dans le Congo un confluent commun. C'était une grave erreur; mais elle était universellement accréditée en 1885. Sur toutes les cartes de l'époque, et notamment sur la carte officielle annexée au traité, la Likona était confondue avec l'Oubanghi. En aval du confluent de l'Oubanghi ne figurait aucune autre rivière. Dès lors, l'intention du négociateur était évidente; il avait entendu fixer les limites communes sur le Congo, au point où ce fleuve reçoit le grand affluent du nord. Là-dessus tout le monde était d'accord. Le *Mouvement géographique*, l'organe quasi officiel du Congo, qui l'année suivante devait jeter feu et flammes, n'avait alors aucune hésitation. Il expliquait de la manière suivante la portée de l'article 3 du traité :

« Le traité du 5 février 1885 fixe comme limite le Congo depuis la station du Manyanga jusqu'au delà de celle d'Equateur jusqu'à un point à déterminer entre l'équateur et le 1er degré de latitude nord [1]. » Il suffit de jeter les yeux sur la carte pour voir que cette interprétation semi-officielle de la Belgique étendait nos possessions sur le Congo au delà même de ce que nous avons jamais songé à réclamer. En outre, elle fait ressortir avec la dernière évidence que les deux parties reconnaissaient avoir fixé la frontière commune au vaste estuaire

[1] *Mouvement géographique*, 8 février 1885. Voy. également la carte publiée dans le n° du 8 mars 1885.

voisin de l'équateur, seul confluent alors connu sur une longueur de plusieurs degrés. Cela est si vrai, que l'année suivante la commission mixte qui déterminait sur le terrain les limites matérielles, en exécution de la convention de 1885, n'hésita pas à fixer le point terminus de nos possessions sur le Congo au confluent de l'Oubanghi par 0°6'20" de latitude sud et 17°35' de longitude est de Greenwich. Ce point fixé, les officiers belges et français voulurent continuer leur mission en relevant le cours de l'Oubanghi et la crête orientale de ce bassin qui, d'après eux, aurait dû marquer la limite de la zone française. Mais, dès les premiers pas, ils s'arrêtèrent, car ils reconnurent que l'Oubanghi, loin de venir du nord-ouest, comme tout le monde le croyait, coulait du nord-est. Son bassin s'étendait indéfiniment à l'est, et il devenait impossible de faire coïncider la limite géographique avec la limite astronomique du 17e degré.

Dans l'intervalle, les découvertes géographiques avaient fait des progrès énormes. Le cours de la Likona avait été relevé et reconnu jusqu'à son confluent situé à près de 150 kilomètres au-dessous de l'Oubanghi. Quant à l'Oubanghi lui-même, il apparaissait comme la grande artère si longtemps cherchée qui ouvrait la route vers le Nil. Cette révélation décontenança singulièrement les Belges. Le gouvernement congolais refusa de ratifier les travaux de la commission de délimitation. Il nous invita à abandonner l'Oubanghi, et prétendit nous faire reculer jusqu'au confluent nouvellement reconnu de la Likona, à plus de 1 degré en arrière.

C'était peut-être l'interprétation littérale du traité, mais à coup sûr c'était une interprétation abusive et d'une bonne foi douteuse. Il était au moins étrange de spéculer sur des erreurs géographiques involontaires, et trop souvent inévitables en pays inconnu pour rejeter notre frontière à 150 kilomètres plus bas et lui substituer, au lieu de l'Oubanghi, fleuve immense et d'une importance économique de premier ordre, un ruisseau sans valeur comme la Likona.

Là-dessus s'engagea une discussion longue, âpre et souvent malveillante. Ce fut une belle lutte entre l'esprit et la lettre du traité, entre la bonne foi et l'interprétation judaïque d'un texte inapplicable. En fin de compte, on aboutit à une transaction. Notre frontière resta fixée sur le Congo au confluent de l'Oubanghi et remonta au nord en suivant le thalweg de ce fleuve. Pour prévenir autant que possible tout désaccord ultérieur, il était stipulé que, quelle que fût la direction du haut Oubanghi, le 4e parallèle de latitude nord limiterait les deux sphères. En longitude, nous nous étendions jusqu'à la crête orientale du bassin de l'Oubanghi, située au nord du 4e parallèle.

Ce traité du 29 avril 1887 était équitable. La France assurait définitivement sa liberté d'action au nord et à l'est. Le Congo conservait également le champ libre vers le Nil, au sud du 4º parallèle. Malgré tout, les Belges se plaignirent amèrement. Ils nous ont accusés de la plus insigne duplicité, et M. de Brazza, dont l'activité et l'habile diplomatie avait puissamment secondé notre gouvernement, est resté pour eux le type moderne de Machiavel. C'est vraiment aller un peu loin. Les stipulations arrêtées en 1885 étaient inexécutables, comme contraires à la nature des choses. Elles étaient fondées sur des notions géographiques inexactes qui, un an plus tard, étaient complètement bouleversées. Exiger dans ces conditions l'application stricte du traité de 1885 eût été un procédé exorbitant. A une situation entièrement nouvelle devait correspondre un règlement nouveau. Les Belges auraient, d'ailleurs, mauvaise grâce à se plaindre. Si, en 1887, la balance a été tenue rigoureusement égale entre les deux parties, elle n'a pas tardé depuis à pencher en leur faveur. Les Belges, en effet, au cours de leurs explorations, dépassèrent le 4° degré de latitude, qui avait été fixé comme limite commune ; ils étendirent leurs postes sur la rive droite de l'Ouellé, prolongement de l'Oubanghi, jusqu'au 5° parallèle. Le traité de 1894 consacra cette usurpation et reporta notre limite à un degré plus au nord. Elle est dorénavant déterminée par le cours du M'bomou, principal affluent de droite de l'Oubanghi-Ouellé. Ce fut de notre part un bon procédé. La France a toujours su montrer de la courtoisie envers les Etats faibles. Ici encore, elle n'a pas reculé devant un sacrifice sensible pour assurer des relations de bon voisinage.

Enfin, en même temps qu'était réglée la question de l'Oubanghi, deux avantages politiques et financiers, dont l'un très sérieux, étaient concédés à l'Etat indépendant, et devraient lui faire regarder cette convention de 1887 avec moins de jalousie et de regrets. En premier lieu, le gouvernement français autorisa l'émission et la négociation à Paris des bons à lots du Congo, malgré la forme bizarre de cet emprunt, où l'on aurait pu ne voir qu'une loterie mal déguisée. En outre, et ceci est d'importance capitale, la France s'engagea à ne pas user de son droit de préemption au cas où le souverain du Congo céderait ses territoires africains à la Belgique. C'était là, pour les Belges, un avantage incontestable. Il est infiniment improbable que le roi Léopold aliène tout ou partie de ses territoires africains en faveur d'un tiers étranger; mais, en revanche, il est certain que le Congo sera un jour ou l'autre annexé à la Belgique. C'est pour lui une éventualité nécessaire. C'est également le plus cher désir du roi. Notre droit de préemption y faisait obstacle. En renonçant à cette faculté, nous avons assuré l'avenir de la domination belge au Congo.

Cette année 1894 fut également marquée par un litige où la France, l'Angleterre et le Congo étaient intéressés.

L'Angleterre avait d'abord vu d'un mauvais œil l'influence belge grandir dans l'Afrique équatoriale. L'axiome de la politique britannique est qu'un pays vacant ou inorganisé appartient de droit au peuple anglais. Toute puissance qui acquiert une colonie sur un point quelconque du globe lui fait une injure personnelle. Les progrès des Belges l'ulcéraient; mais ce fut bien autre chose quand les Français s'établirent dans les bassins du Chari et de l'Oubanghi, se rapprochant

ainsi du fleuve sacré, le Nil. Entre deux adversaires, il fallait choisir, et plutôt que de s'opposer
ouvertement à la marche parallèle des rivaux, il
sembla plus habile aux Anglais de les mettre aux
prises, sauf ensuite à pêcher en eau trouble.
D'ailleurs, l'Angleterre avait besoin du Congo pour
faire passer sur son territoire la grande voie ferrée
du Cap au Caire, qui est le rêve de l'impérialisme
britannique. Le Congo, de son côté, avait besoin
de l'Angleterre pour soutenir, vis-à-vis de la
France, ses prétentions territoriales. Aussi les ouvertures de Londres furent-elles accueillies favorablement à Bruxelles, et l'on aboutit à la convention du 12 mai 1894. Par cette convention, la
Grande-Bretagne donnait à bail au souverain du
Congo, pour être occupée et administrée par lui
pendant la durée de son règne, la rive gauche du
Nil, depuis Mahagi, sur le lac Albert, jusqu'à
Fachoda, ainsi que la partie du bassin du Bahr-el-
Gazal, limitée à l'ouest par le 25ᵉ méridien et au
nord par le 10ᵉ parallèle. A la mort de Léopold II,
une partie des territoires ainsi cédés, comprise
entre le Nil et le 30ᵉ méridien, ferait retour à
l'Angleterre, tandis que l'Etat du Congo ou ses
ayants droit resterait propriétaire ou, si l'on veut,
locataire emphytéotique de toute la portion du
bassin de Bahr-el-Gazal, comprise entre le 25ᵉ et
le 30ᵉ méridien. De plus, était cédée au Congo une
route de 25 kilomètres de largeur, entre la frontière la plus proche de l'Etat et Mahagi, sur le lac
Albert. En retour de ces concessions, l'Etat du
Congo donnait à bail à l'Angleterre une bande de

terrain de 25 kilomètres de large, longeant sa frontière est et allant de l'extrémité sud du lac Albert-
Edouard à l'extrémité nord du Tanganyka, sur
une longueur d'environ 2 degrés et demi. C'était
le tracé du futur chemin de fer.

Cette convention du 12 mai 1894, si bizarre
qu'elle soit, ne sort pas des habitudes de la politique anglaise. De tout temps, l'Angleterre s'est
plu à disposer de territoires sur lesquels elle n'a
aucun droit. Elle appliquait ce principe commode
en 1894 en cédant au Congo tout le Bahr-el-Gazal
et la moitié du bassin de l'Oubanghi, où n'avait
jamais paru le trop fameux léopard britannique.

Le procédé lui a souvent réussi. Le monde est
aux effrontés, a dit Emile Augier. Cette fois, du
moins, l'abus était par trop criant et amena des
protestations. L'Allemagne ne voulut pas admettre
l'existence, entre sa frontière et le Congo, de la
route cédée aux Anglais, et les deux partis aban-
donnèrent leurs prétentions (22 juin 1894). Quant
à la France, elle ne pouvait supporter une aussi audacieuse violation du traité signé en 1887. Ce traité
limitait la sphère d'influence du Congo, au nord,
au 4e parallèle ; à l'est, à la source de l'Oubanghi-
Ouellé, c'est-à-dire au 30e degré. La convention
anglo-congolaise de 1894 rejetait cette limite au
nord, du 4e au 10e parallèle, et à l'est du 30e au 25e
méridien. Tout accès sur le Bahr-el-Gazal nous était
fermé. Le cabinet de Bruxelles s'était avancé à la
légère ; il dut céder devant la France comme il
venait de céder devant l'Allemagne. Toutefois, il
fit reconnaître ses droits sur la rive gauche du Nil,

depuis le lac Albert jusqu'à Lado. Ce fut tout le bénéfice qu'il retira de la convention de 1894. Au reste, l'acquisition de cette enclave dite de Lado ou de Redjaf a une réelle importance au point de vue stratégique et économique. Le Congo avait obtenu son accès sur le Nil. La France avait également la voie libre par le Bahr-el-Gazal. La partie demeurait égale.

Mais c'est ici qu'il faut admirer dans toute sa splendeur le triomphe de cette foi vraiment punique de nos voisins d'outre-Manche. Lorsque, à notre tour, nous voulûmes nous avancer sur le Nil par le Bahr-el-Gazal, nous nous heurtâmes à une fin de non-recevoir absolue. Du moment que le drapeau français entrait en ligne, le Nil redevenait le fleuve intangible, et non seulement le Nil, mais la source du dernier ruisseau dont les eaux coulaient vers l'est. Vainement, nous fîmes observer que puisque l'Angleterre avait reconnu au Congo le droit de s'étendre dans tout le Bahr-el-Gazal et le long du Nil, du lac Albert à Fachoda, c'est apparemment que ces régions n'étaient ni anglaises ni égyptiennes. Les ministres anglais n'eurent qu'une réponse. Toutes les eaux qui coulent vers le Nil appartiennent de droit à l'Angleterre. Il fallut s'incliner. Ce triste épisode de notre histoire est trop proche de nous pour insister plus longtemps.

C'est ainsi que furent fixées les limites du Congo. Les Belges se prétendirent spoliés par leurs voisins; mais vraiment leur part est assez belle. Sur les 3 millions et demi de kilomètres carrés du bassin du Congo, ils en possèdent 2 millions et demi. De sa source à son embouchure, le fleuve coule sur leur territoire; ils détiennent la plupart des affluents navigables. Leurs steamers ont accès sur tous les grands lacs de l'intérieur et sur le Nil. Que peut-on demander de plus ?

IV

Les difficultés extérieures ne furent pas les seules qu'eut à surmonter le nouveau royaume. Dans sa marche vers l'est, il allait se heurter à de redoutables ennemis. Lorsque ses colonnes arrivèrent sur le haut Congo, dans la région des lacs et sur le Nil, elles rencontrèrent des populations musulmanes que, depuis de longues années, les expéditions européennes avaient appris à connaître. Que la civilisation apparaisse par le nord, venant de l'Egypte, par l'est, venant de Zanzibar, ou par l'ouest, venant du Congo, elle se trouve, toujours au même point, arrêtée par des races fanatiques, nomades et guerrières, répandues dans les espaces immenses qui vont des lacs à la haute Egypte. De temps à autre, un mahdi les soulève et les jette en avant. Alors quelques jours suffisent pour plonger des contrées fertiles et peuplées dans la barbarie et la désolation. Il a fallu de véritables armées pour les arrêter sur le Nil au delà de Khartoum.

Ces sauvages guerriers sont la plaie et la terreur de l'Afrique. Leur pays est le centre de la traite des nègres. C'est parmi eux que se recrutent les fameux chasseurs d'esclaves dont les expéditions vont au loin, jusqu'au bord du Tchad et du Congo, razzier leur marchandise humaine. L'Europe n'a jamais pu entraver sérieusement leur commerce.

En 1883, Belges et Arabes se trouvèrent en présence aux Falls, où Stanley avait créé une station. Ces régions étaient alors au pouvoir de Tippoo-Tib, sultan du Manyema, homme d'une remarquable intelligence, trafiquant de premier ordre, qui avait monopolisé le commerce de l'ivoire dans tout le pays. Son autorité s'étendait sur un véritable empire. Stanley chercha à tirer parti de la force organisée qu'il trouvait en ces parages. Il persuada à Tippoo-Tib d'entrer au service de l'Etat et le nomma vali des Falls. L'idée était ingénieuse, les braconniers endurcis font souvent les meilleurs gardes ; mais ici l'initiative de Stanley ne réussit qu'à demi, car si Tippoo-Tib fut fidèle (du moins en apparence), ses fils et ses vassaux ne le suivirent pas dans sa soumission. Les hostilités s'engagèrent et s'étendirent à tous les pays musulmans. Toute la frontière de l'Etat, depuis Lado jusqu'au Tanganyka, les bassins de l'Aruwimi, du haut Congo et de la Lomami furent le théâtre de sanglants combats. L'occupation musulmane ne céda le terrain que pied à pied. Même à l'heure actuelle, la paix est loin d'être assurée dans ces régions.

C'est cependant une nécessité pour l'Etat d'en finir avec l'élément arabe et musulman. Tout l'avenir du haut Congo en dépend et l'enjeu en vaut la peine. Aussi les Belges ne ménagent-ils pour triompher ni leur sang ni leur or. Ils ont

conscience de semer pour récolter, et la récolte
donne de belles espérances. Il faut l'avouer, hélas !
les intérêts économiques, bien plus que l'amour de
l'humanité, marchent à l'avant-garde de la civilisation ! La répression de la traite est un beau titre
à inscrire sur un drapeau, mais bien rarement elle
a été autre chose qu'un prétexte honorable pour
déguiser des convoitises et légitimer des ambitions.
Si l'Europe part en guerre contre les chasseurs
d'esclaves, c'est parce que leur sinistre industrie
maintient la barbarie, ruine et dépeuple des régions
riches et fertiles, et pour nous, civilisés, ces régions
sont des capitaux à faire valoir.

Conclusion attristante, dira-t-on. Je ne crois pas
que ce qui se passe au Congo soit de nature à la
modifier. Il n'est pas prouvé que la domination
belge soit beaucoup plus douce aux nègres que
celle des Arabes. Dans une lettre ouverte au roi
Léopold, publiée en 1891, un ancien officier au
service de l'État, le colonel Williams, se faisait
l'écho de bruits atroces répandus sur l'administration civile et militaire du Congo. Plus tard, en 1897,
sir Charles Dilke portait à la tribune du parlement
anglais des accusations plus graves encore et non
moins précises. Les dénégations ne se sont pas fait
attendre ; mais l'impression première subsiste, car
chaque jour apporte un fait nouveau [1]. Il suffit pour

---

[1] Il vient de se produire au Parlement belge une interpellation qui a dévoilé des faits monstrueux à la charge de
nombreux officiers ou agents de l'État. Des districts entiers ont
été mis à feu et à sang pour hâter la récolte du caoutchouc et
la rentrée des redevances (avril 1900).

s'en convaincre de feuilleter les journaux de France, d'Angleterre ou d'Allemagne. L'Européen n'est pas toujours beau à voir dans l'exercice de ses fonctions civilisatrices. Au Congo, il semble avoir passé toute limite. Ceux qui ont assisté au recrutement par les officiers de l'Etat des auxiliaires nègres et des ouvriers du chemin de fer sont édifiés à ce sujet. Récemment encore l'un d'eux nous disait son impression ineffaçable à l'aspect de ces milliers d'hommes arrachés de leurs villages, et conduits chargés de chaînes jusqu'aux stations militaires, en laissant derrière eux des traces sinistres de leur passage. Officiellement on décore ces malheureux du nom de volontaires ; la vérité, c'est qu'entre ces convois de soldats esclaves et les chaînes de misérables nègres razziés par les trafiquants musulmans, il n'y a de différence que dans la religion de leurs conducteurs. C'est ainsi qu'un témoin digne de foi a pu dire de l'Etat du Congo, qui avait si solennellement prêché la croisade contre la traite, qu'il est, à l'heure actuelle, la seule puissance chrétienne ayant des esclaves à son service [1]. Faut-il dès lors s'étonner des révoltes désespérées qui, à certains moments, ont failli compromettre l'œuvre des Belges. Des contingents entiers, exaspérés de leurs souffrances, se soulevaient, massacraient leurs officiers, et retournaient dans leurs villages en dévastant tout sur leur passage. La répression ne se faisait pas attendre,

[1] On trouvera plus loin des détails édifiants sur le recrutement au Togo allemand et dans l'ancien Dahomey des esclaves destinés au Congo.

sauvage et inexorable. Le fer et la flamme disper-
saient les tribus rebelles, mais leur laissaient au
cœur des désirs insatiables de vengeance et de
représailles. Le calme est encore loin d'être revenu.
Sur beaucoup de points, le feu couve sous la cendre.
On saura l'éteindre, je n'en doute pas. Tôt ou tard,
les fusils et les mitrailleuses imposeront partout la
paix et le silence ; mais l'Etat aura inscrit dans son
histoire une page lugubre et peu glorieuse. Le
drapeau étoilé d'or a fait de grandes et belles
choses sur ces lointains rivages. Il est fâcheux
qu'une tache sombre ait terni l'éclat de ses couleurs.

CHAPITRE III

SITUATION ÉCONOMIQUE ET COMMERCIALE DE L'ÉTAT DU CONGO

I

L'Association internationale africaine a pris pied au Congo, en 1880. L'entreprise belge est donc à la veille d'avoir vingt années d'existence. On peut commencer à apprécier les résultats obtenus. Ici quelques chiffres sont indispensables. Ils parleront plus éloquemment que de longs commentaires.

En 1880, le mouvement commercial des bouches du Congo ne dépassait pas quelques centaines de milliers de francs. Deux maisons européennes y avaient des représentants. En 1887, première année de la statistique officielle, le mouvement commercial ne se chiffrait encore que par 7 700 000 fr. à l'exportation et par 3 millions environ à l'importation, ensemble 10 700 000 francs. En 1898, le total atteint 50 millions 1/2 de francs, dont 25 millions 1/2 à l'exportation et 25 millions à l'importation, soit une augmentation globale de 40 millions ou 500 pour 100. Au 30 juin 1899, 42 compagnies belges, congolaises ou étrangères fonctionnaient dans l'État et y dirigeaient des entreprises financières, industrielles, agricoles ou commerciales. Ces sociétés représentaient un capital-actions de 91 millions. Nous ne parlons pas de leur capital-obligations qui, pour la seule compagnie du chemin de fer, s'élève à une somme de 45 millions [1].

En 1880, 6 factoreries centralisaient à Boma tout le commerce de la région.

En 1884, 32 stations européennes étaient disséminées dans tout le bassin; 9 seulement avaient été créées sur le haut fleuve.

[1] Il n'est question ici que des Compagnies créées spécialement en vue d'une exploitation déterminée au Congo. Ces chiffres s'augmenteraient sensiblement si l'on tenait compte d'un certain nombre de puissantes sociétés financières industrielles ou commerciales qui font des affaires dans diverses parties du monde au Congo comme ailleurs.

En 1898, on en comptait 265, dont 169 en amont du Pool.

En 1880, Stanley lança sur le Pool les 3 premiers vapeurs qui aient paru dans l'Afrique équatoriale. En 1898, le Congo et ses affluents étaient sillonnés de 45 steamers jaugeant ensemble 1 650 tonnes. L'Etat en avait 22, dont 2 de 250 tonnes, le commerce belge 10, le commerce étranger 6, les missions religieuses 6, l'Etat français 1. De plus 15 autres bateaux belges étaient en construction ou en cours de transport.

En 1880, le mouvement maritime était à peu près nul. En 1888, les deux ports de Boma et de Banana recevaient 145 navires au long cours, d'un tonnage de 166 000 tonnes, et en 1899, 192 navires jaugeant 370 000 tonnes [1].

Le mouvement de la population suivait une progression analogue.

En 1879, 16 blancs étaient établis à Boma. En 1884, on en comptait 128, et 1678 quinze ans plus tard [2]. Sur ce chiffre, l'Etat entretenait environ 1 000 officiers, soldats, fonctionnaires et agents du domaine privé : 700 individus représentaient le commerce libre.

En 1886, le budget de l'Etat se chiffrait en recettes par 1 074 000 francs, y compris la subvention de 1 million accordée par le roi. En 1897, les

[1] Encore y aurait-il lieu d'ajouter, en 1898, le mouvement du port de Matadi, qui ne figure pas dans la statistique officielle.

[2] Ce chiffre se décomposait de la manière suivante : 1060 Belges, 102 Italiens, 91 Suédois, 87 Anglais, 57 Américains, 26 Français, 238 habitants de nationalités diverses.

recettes se sont élevées à 12 183 360 fr. et, en 1900, elles sont prévues pour 26.256.500, dont 3 millions donnés par la Belgique et par le Roi. Les ressources fournies par l'État ont donc passé, en onze ans, de 74 000 francs à 23 256 500 francs. Enfin, une ligne de chemin de fer de 400 kilomètres de longueur est entrée en exploitation en 1898, et une autre ligne est aujourd'hui en construction [1].

Nous croyons inutile de pousser plus loin cette statistique. Elle en dit assez, dans sa sèche brièveté, pour rassurer les sceptiques sur l'avenir. Déjà elle fait ressortir des progrès considérables, et cependant nous devons l'arrêter au moment précis où le Congo va prendre son essor. L'ouverture du chemin de fer, qui est un fait accompli depuis le mois de juillet 1898, va transformer le pays.

Des résultats aussi féconds sont faits pour surprendre ceux qui connaissent un peu l'histoire de la colonisation. Ce principe semblait acquis que les fondateurs d'une colonie travaillent pour leurs descendants. Ils ont en partage les soucis de la guerre, des peines, des dépenses, des dangers de toute sorte ; ils versent à flots leur or et leur sang, et abandonnent le profit aux générations futures.

Rien de pareil au Congo. Ceux-là mêmes qui ont semé arriveront à temps pour récolter et les ouvriers de la première heure auront été largement rémunérés.

[1] La ligne de Boma à Mayumbe de 60 kilomètres de longueur. Elle est destinée à permettre l'exploitation de la forêt de ce nom.

Pourquoi cette situation exceptionnelle? Tout d'abord, le pays était un terrain d'expérience de premier ordre. Ensuite et surtout, l'État indépendant du Congo était une entreprise exclusivement privée. La politique est l'ennemie, parfois mortelle, toujours dangereuse, des colonies. Au contraire, l'initiative individuelle peut enfanter des miracles.

L'écueil de toutes les jeunes colonies est la rareté des voies de communication. Elles seules peuvent vivifier un pays. Leur absence a longtemps retardé le développement de l'Algérie et arrête encore celui du Sénégal, du Soudan, de Madagascar. Au Congo, au contraire, fleuves et rivières s'épanouissent en tous sens, portant rapidement et sans peine les steamers jusqu'au fond des régions les plus reculées. Avantage incalculable et dont le pays devait largement profiter. Mais ce n'était pas le seul.

A peine le nouvel arrivant était-il débarqué qu'il trouvait sous la main deux produits de valeur qui lui permettaient, immédiatement et sans risques, de réaliser de beaux bénéfices. L'ivoire abondait partout; certaines tribus en possèdent encore de grandes réserves. De vastes troupeaux d'éléphants permettaient, d'ailleurs, au chasseur d'accroître son butin. Quant au caoutchouc, il n'en coûtait, pour le récolter, que la peine d'aller se promener en forêt. Avantage tout aussi appréciable que le précédent; non pas, assurément, que l'avenir d'un pays neuf soit lié à l'existence de l'ivoire ou du caoutchouc, de l'or ou de l'argent, ou autres ma-

tières de grand prix, qui, sous un faible volume et
en échange de peu de travail, laissent un bénéfice
considérable. Loin de là ; mais il est bon qu'un
pays ne décourage pas les premiers efforts de ceux
qui viennent y chercher fortune. Leur exemple
suscitera des imitateurs, il attirera les capitaux, et
lorsque les hommes et l'argent seront là, les vraies
et solides richesses du pays seront découvertes et
exploitées avec moins d'aléa et plus de profit. Cet
avantage a manqué à nos établissements africains.
La culture, l'élevage, la vigne, le minerai de fer,
attiraient nos colons en Algérie et en Tunisie, richesses sérieuses et durables s'il en fut, mais ne
promettant à l'agriculteur et à l'industriel que des
bénéfices lointains, modérés et incertains. Aussi
que de temps et d'argent a-t-il fallu pour obtenir,
dans nos possessions méditerranéennes, les résultats actuels si imparfaits qu'ils soient ! Que de
ruines et d'efforts infructueux ! Au Congo, un
succès facile a, au contraire, encouragé les premiers arrivants. Aussi les hommes et les capitaux
sont-ils accourus. De toutes parts on s'est mis à
l'œuvre. Les forêts ont été exploitées, d'immenses
plantations agricoles ont été créées, chaque jour on
a fait sortir du sol une richesse nouvelle.

La matière première était féconde : le roi Léopold et ses conseillers surent en tirer un brillant
parti. C'est alors qu'on vit à l'œuvre l'initiative
privée confondue avec la plénitude de la souveraineté ; l'indépendance d'un chef d'industrie ayant
toute liberté de mettre la puissance publique au
service de sa maison. Le Congo n'a pas connu la

tutelle lourde et maladroite de Chambres igno-
rantes ou hostiles. Plus heureux encore, il a
échappé à la dictature de bureaux cristallisés dans
une routine séculaire. Depuis vingt ans, ce pays
ne dépend que d'un seul homme ; son intérêt est
la garantie d'une gestion fidèle et habile. C'est, en
somme, le système du *bon tyran*, système d'une
admirable fécondité, mais fragile et dangereux en
affaires comme en politique. Les pages qui vont
suivre nous en fourniront un exemple à ajouter à
tant d'autres. Si le Congo lui doit beaucoup, il y a
perdu sa liberté commerciale.

Savoir ce qu'on veut, exécuter sans tarder ce
qui est décidé, proportionner l'effort aux résultats
et les ressources à l'effort nécessaire, voilà des qualités éminentes pour un chef d'industrie comme
pour un souverain. Au Congo, le roi Léopold a
trouvé tous les jours l'occasion de les employer,
mais jamais elles ne sont apparues mieux en lu-
mière que dans l'histoire du chemin de fer des cataractes.

On se souvient de la disposition orographique
de l'Afrique équatoriale. La côte, basse et malsaine, se relève brusquement à quelques lieues de
la mer. Une région montagneuse et aride lui suc-
cède, puis l'on débouche dans la vaste plaine africaine qui s'étend sur 15 degrés en longitude jusqu'aux grands lacs de l'est. Là, le Congo développe
sans obstacle son cours majestueux, mais, parvenu
aux limites du plateau, il s'engouffre dans un étroit
défilé et n'arrive à la mer qu'après une succession
de cascades et de rapides.

« Du Pool à Matadi, sur une longueur de 400 kilomètres, le seul mode de transport était le portage, qui revient à 1,200 francs la tonne... Aussi les seuls produits de l'intérieur arrivant à la côte étaient ceux dont la valeur élevée n'était pas absorbée par le portage, comme l'ivoire, ou ceux qui se transportent eux-mêmes, comme les esclaves[1]. » Le continent restait donc séparé de la mer.

La solution du problème était facile à trouver, sinon à réaliser. Il fallait supprimer la barrière naturelle des cataractes et remplacer le fleuve impraticable par un chemin de fer. C'était une question de vie ou de mort pour la jeune colonie.

On le comprit à Bruxelles, et tous les efforts furent concentrés sur ce point. Dès 1885, un syndicat de capitalistes anglais s'était constitué et avait demandé la concession. Mais on n'eut garde de laisser les étrangers prendre pied au Congo, et les négociations échouèrent. En 1887, l'affaire fut reprise par une société belge. La Compagnie du Congo pour le commerce et l'industrie, constituée le 26 décembre 1886, avait pour principal objectif de poursuivre l'étude, la construction et l'exploitation d'un chemin de fer entre la mer et le Stanley Pool. En décembre 1888, les études préliminaires étaient faites et le tracé arrêté. Quinze mois après, on donnait le premier coup de pioche, et, en juillet 1898, la ligne entière, longue de 400 kilomètres, était ouverte à l'exploitation. Bel exemple

---

[1] Comte de Castries, *le Congo français et l'État indépendant* (*Revue des Deux Mondes*, 15 juillet 1898).

de persévérance et d'habileté qui fait le plus grand honneur à ses auteurs.

Beaucoup auraient reculé devant les difficultés matérielles, les embarras financiers et les graves mécomptes des premiers jours [1] ; ils se seraient effarouchés des clameurs que suscitait un peu partout leur louable témérité. Eux au contraire eurent le courage de leur opinion et surent porter, hardiment et tête haute, le poids de leur responsabilité.

Là fut le grand mérite du roi Léopold. Dès que le chemin de fer des Cataractes était indispensable à la réalisation de ses vues d'avenir, peu importait qu'il coutât 25 millions ou 70 millions. L'essentiel était d'aller de l'avant. Le roi sut payer de sa personne et entraîner l'opinion. La Belgique, heureusement, ne ménagea pas son concours, et l'argent fut trouvé [2]. L'inauguration de la ligne eut

[1] En 1892, deux ans après l'ouverture des travaux, la ligne n'avait encore que 9 kilomètres, et la moitié du capital avait disparu.

[2] La Compagnie du chemin de fer a été constituée le 31 juillet 1889. Du 31 juillet 1889 au 30 juin 1898, époque de l'inauguration de la ligne, il a été dépensé en chiffres ronds environ 67 millions et demi, ce qui fait ressortir le prix de revient kilométrique moyen à 168 600 francs, chiffre élevé pour une ligne de 0m,75 de large, mais qu'expliquent les difficultés techniques et climatériques qu'on eut à vaincre. Les ressources ont été fournies par l'émission au pair de 60 000 actions de 500 francs, et par l'émission, à des cours divers, de 70 000 obligations de 500 francs; on a joint également au compte de construction le bénéfice net de l'exploitation depuis l'ouverture de la 1re section (4 décembre 1893). Les recettes brutes se sont élevées : en 1893-94 à 72 364 francs ; en 1894-95 à 506 000 fr.; en 1895-96 à 1 690 000 francs ; en 1896-97 à 3 406 000 francs; e 1897-98 à 5 304 690 francs; en 1898-99 à 10 108 542 francs. Le compte de profits et pertes accuse en 1897-98 un bénéfice net de 3 899 000 francs pour 264 kilomètres exploités et en 1898-99, 6 242 000 francs pour la ligne entière. En 1898-99, le nombre des voyageurs a été de 10 932, et le tonnage transporté de 11 583 tonnes.

lieu le 2 juillet 1898. Ce fut un beau jour pour le
Congo. Autour du directeur général, le colonel
Thys, se pressaient les représentants de la France,
de l'Allemagne, de l'Autriche, de l'Espagne, de
l'Italie, de l'Angleterre, du Portugal, de la Russie.
L'heure était solennelle et décisive. L'Afrique était
définitivement vaincue et les portes s'ouvraient
toutes grandes sur les régions de l'intérieur.

Un succès complet allait récompenser onze années d'efforts et d'anxiété. Non seulement la voie
était ouverte, mais elle allait rendre bien au delà
de ce qu'on attendait d'elle. Les résultats acquis
dépassent aujourd'hui les prévisions les plus
optimistes.

Pendant que la Compagnie du chemin de fer,
puissamment soutenue par le gouvernement,
poursuivait son œuvre, le commerce ne restait pas
inactif. Escomptant les perspectives d'avenir que
lui promettait l'achèvement prochain de la ligne,
il se développait tous les jours et étendait au loin
son rayon d'action.

Au 1er janvier 1897, 11 sociétés belges (sans
compter la Compagnie du chemin de fer) et 2 sociétés étrangères possédaient des établissements
commerciaux au Congo. En 1897 et 1898, l'immi-
nence de l'ouverture de la voie ferrée provoqua

Depuis la clôture de l'exercice au 30 juin 1890, les recettes ont
encore augmenté. Durant le 2e semestre 1899, elles ont atteint
7 326 000 francs contre 5 466 000 francs durant la période cor-
respondante de l'année précédente. Le dernier mois connu
(mars 1900) a donné une recette brute de 1 400 000 fr. On peut
dès maintenant prévoir pour l'exercice courant un bénéfice net
de 7 millions au moins, soit 10 0/0 du capital engagé. Les
actions de 500 francs qui, à un moment, oscillaient entre 200 et

un mouvement considérable. Coup sur coup, 20 sociétés[1] nouvelles se constituèrent. Le capital belge, engagé au 1er janvier 1897, était de 18 millions et demi. Au 1er janvier 1899, il avait doublé et s'élevait à 36 millions et demi. C'est dire combien le roi et ses conseillers avaient vu juste en prédisant que l'inauguration du chemin de fer allait transformer le pays. Les nouveaux venus profitaient, d'ailleurs, de l'expérience acquise et des résultats obtenus; ces résultats étaient encourageants. Les 11 premières compagnies qui fonctionnaient en 1897 ont, pour un capital de 18 millions et demi, réalisé un bénéfice net de 5 700 000 francs, soit 30 0/0 du capital engagé[2].

250 francs, valent aujourd'hui plus de 2 700 francs.

[1] Il est vrai que la politique économique de l'État a été pour beaucoup dans la création de ces sociétés. Il avait besoin de leur concours pour exploiter son domaine privé. Mais il n'en est pas moins vrai que l'ouverture du chemin de fer reste la cause première, car elle a permis à l'État de pousser activement l'exploitation de ses terres.

[2] Nous donnons le tableau suivant à l'appui de nos chiffres :

Noms des Compagnies.	Capital.	Bénéfice net.	Perte.
Cᵉ du Congo pour le commerce et l'industrie	1,227,000	816,000	
Cᵉ des Magasins généraux du Congo	1,200,000	170,046	
Société pour le commerce du Haut-Congo	5,050,000	2,490,000	
Cᵉ des produits du Congo	1,200,000	124,231	
Compagnie du Katanga	3,000,000	135,000	
Société anversoise du commerce au Congo	1,700,000	120,697	
Anglo-Belgian India Rubber Cᵒ (Abir)	1,000,000	1,247,455	
Société des produits végétaux du Haut-Kassaï	1,000,000	263,120	
Blegika	2,000,000	333,849	

Or, la doyenne de ces sociétés, la Compagnie du Congo pour le commerce et l'industrie, n'a que douze ans d'existence. De pareils résultats acquis en si peu de temps et avant même l'ouverture du chemin de fer permettent de prévoir l'avenir qui attend le Congo.

Jusqu'ici, l'ivoire et le caoutchouc ont été les deux sources principales de bénéfices. Toutefois, à mesure que les ressources du pays étaient mieux connues et que la confiance venait au public, d'autres industries prenaient naissance. L'agriculture et l'élevage paraissent devoir donner, avec le temps, de bons résultats. Les pâturages de l'île de Mateba, où la Compagnie des produits du Congo a créé une exploitation avantageuse, nourrissent plus de quatre mille bêtes à cornes. D'autres

Comptoir comm. congolais . .	600,000		16,46
Société d'agriculture et du commerce du Congo.	600.000	483	
	18,477,000	5,700,881	16,46
Bénéfice net . . .		5,684,819	

Ces chiffres se réfèrent aux derniers exercices que nous ayons pu connaître, 1897-98 ou 1898-99. Ils sont extraits des comptes des Compagnies. Nous ne les donnons naturellement que sous toute réserve ; rien n'est plus sujet à caution que le montant des bénéfices accusés par des Compagnies dans leurs communications officielles. Toutefois, nous devons ajouter que plusieurs de ces Sociétés n'ont pas appelé l'intégralité de leur capital, ce dont nous n'avons pas tenu compte, faute de renseignements suffisamment précis. Ces deux sources d'erreur agissant en sens contraire, le rapport du bénéfice au capital engagé, soit 30 0/0, ne doit pas être très éloigné de la vérité. Il est d'ailleurs en rapport avec le cours des actions des principales Sociétés. Les actions de la Compagnie du Congo pour le commerce et l'industrie valent 3 900 francs et celles de la Société du Haut-Congo, 4 000 francs.

centres d'élevage vont être organisés dans l'Inkissi et sur le Pool. Le cacaoyer et le tabac semblent prospérer; mais on compte surtout sur le café. Plus de quatre millions de caféiers sont déjà plantés à l'heure actuelle. L'huile de palme et les noix palmistes sont récoltées en grand. L'exploitation des forêts commence; elle est désormais appelée à une extension considérable.

Toutefois, rien encore ne peut être comparé aux bénéfices fournis par l'ivoire et le caoutchouc. Les sociétés qui ont limité leur activité à l'exploitation de ces deux produits, sont dans une situation des plus prospères. La Société du commerce du Haut-Congo, avec ses 14 steamers et ses 30 factoreries, réalisait, en 1898-99, 2 millions et 1/2 de bénéfices pour un capital de 5 millions. La Société des produits végétaux du Haut-Kassaï, 263 000 francs pour 1 million de capital; la Belgika, 334 000 francs pour 2 millions de capital. Mais une destinée infiniment plus brillante était réservée à l'Anglo-Belgian Indian Rubber Company (Abir), fondée en 1892 par le colonel North. Cette Société, au capital de 1 million, n'en a appelé que le cinquième, soit 200 000 francs. Elle ne possède que 12 factoreries employant 24 agents. Ces moyens d'action limités ne l'ont pas empêchée, en 1897-98, de réaliser un bénéfice net de 1 247 455 francs. Elle a distribué 500 francs à chaque action qui n'avait coûté que 100 francs au souscripteur primitif [1].

---

[1] En 1898-99 ces résultats ont triplé. Chaque action a reçu

Le succès général des entreprises congolaises a eu sur la prospérité commerciale du pays une influence considérable. En 10 ans, de 1888 à 1898, le chiffre d'affaires de la colonie a quintuplé, passant de 10 à 50 millions 1/2. Les exportations ont monté de 7 millions à 25 millions 1/2 et les importations de 5 millions 1/2 à 25 millions.

Il est certain que ces chiffres vont s'accroître. Nous ne serions pas étonnés qu'ils aient doublé dans un délai très rapproché. Les statistiques vont d'ailleurs subir une transformation complète. Jusqu'à présent, l'ivoire et le caoutchouc occupaient la place d'honneur. En 1898-99, ils ont représenté plus des 4/5 des exportations (20 millions sur 25 millions). Assurément, le Congo restera un des grands producteurs de ces précieuses matières, et il continuera à en tirer de larges profits. L'industrie moderne promet au caoutchouc un avenir des plus brillants, et les réserves immenses que renferme la forêt équatoriale ménagent encore de beaux jours aux exploitants. Mais aujourd'hui que la voie de la mer est ouverte, beaucoup d'autres produits vont entrer en ligne qui, jusqu'ici, n'auraient pu supporter les frais du portage. Le café, le copal, les bois, les tabacs, encombrent les docks du Pool et les magasins du chemin de fer. C'est le début d'une nouvelle ère commerciale.

environ 1 500. Leur cours en bourse a dépassé 30 000 francs. C'est là assurément un cas exceptionnel, mais on conçoit l'émulation que doivent exciter de pareils exemples.

Cette excursion à travers les statistiques et les bilans commerciaux a dû fatiguer le lecteur qui a bien voulu nous suivre jusqu'ici. Elle était cependant nécessaire pour apprécier les résultats obtenus. Ce n'est pas d'ailleurs le seul avantage que nous allons en tirer.

On a dit des chiffres qu'on pouvait en extraire des arguments pour toutes les thèses, à la seule condition de savoir les grouper ou les présenter avec art. Puisque l'écueil est signalé, tâchons de l'éviter et bornons-nous à copier tels quels certains renseignements que nous fournissent les publications officielles. Nous verrons ensuite s'ils ne nous mettent pas sur la trace de découvertes intéressantes.

Sur les 33 sociétés qui fonctionnaient dans l'État au 1er janvier 1899, 31 étaient belges ou congolaises, 2 seulement étaient étrangères. L'une, hollandaise, la *Nieuwe Africaantche Handelvenootschap*, constituée en 1880, avait groupé les anciens comptoirs créés en 1860 aux bouches du Congo par des commerçants de Rotterdam. L'autre, la Compagnie portugaise du Zaïre, datait de 1885. Elles représentaient ensemble un capital de 7 millions, sur les 80 millions engagés alors dans le pays.

Une vieille maison française, la Société Daumas, qui avait fondé les premières factoreries européennes de Banana en 1858 [1] et qui avait atteint un haut degré de prospérité, ne put lutter contre la concurrence. En 1892, elle fut rachetée au prix de 1 050 000 francs par la Société du Haut-Congo.

Cette prépondérance de l'élément belge a eu une influence nécessaire sur l'orientation du commerce. Les trois quarts des importations sont d'origine belge ; les trois quarts également des exportations sont à destination d'Anvers [2]. Quelques années ont suffi pour amener ici une transformation radicale. La Belgique qui ne recevait en 1888 que pour 250 000 francs de produits congolais, soit 3 0/0 du total, en a acheté, en 1898, pour 20 187 000, soit 80 0/0. En 1893, elle expédiait au Congo pour 4 423 000 francs de marchandises, soit 48 0/0 du total. En 1898, elle en expédiait pour 15 658 000 fr., soit 61 0/0. La Belgique s'est particulièrement attachée à monopoliser le commerce de l'ivoire et du caoutchouc. En 1897, sur les 1 662 000 kilogrammes de caoutchoucs exportés, 60 000 kilogrammes seulement représentent la part du commerce étranger. Pour l'ivoire, c'est mieux encore. Pas un seul kilo-

[1] La presqu'île de Banana est encore aujourd'hui connue sous le nom de Pointe française.
[2] Nous donnons ci-dessous depuis 6 ans le mouvement commercial de l'Etat par pays de provenance et de destination.

Pays	Exportation Statistique par pays de destination en mille francs				Importation Statistique par pays de provenance en mille francs			Mouvement commercial Part de chaque pays en mille francs					
	1888	1893	1897	1898	1893	1897	1898	1893		1897		1898	
	—	—	—	—	—	—	—	Sommes	°/₀	Sommes	°/₀	Sommes	°/₀
Belgique	250	3 185	12883	20187	4 423	16272	15658	7 608	46	29 155	73	35 845	71
Pays-Bas	4 943	1 734	2 348	3 037	724	911	2 137	2 548	14	3 529	9	5 174	10
Portugal et colonies	927	579	1 284	1 450	178	156	244	757	5	1 440	4	1 694	3
Angleterre	937	535	340	321	2 591	2 593	3 756	3 126	19	2 933	8	4 077	8
France et colonies.	23	1 347	295	132	78	281	848	1 425	9	576	1·	980	2
Allemagne	312	134	113	160	907	1 175	1695	1 041	6	1 289	3	1 855	4
Divers		1	194	110	274	793	847	275	1	987	2	957	2
Totaux	7392	7 545	17457	25397	9 175	22181	28084	16 690	100	39 639	100	50 582	100

gramme de cette précieuse matière n'échappe à la Belgique[1].

Le Congo est donc devenu une affaire purement belge. Tous les concurrents ont été supplantés. C'est aujourd'hui une vaste ferme exploitée au profit presque exclusif de la Belgique, ou plutôt c'est un monopole dont les bénéfices sont répartis entre un très petit nombre de hauts privilégiés.

Il nous a paru piquant, dans cette histoire d'un pays destiné à être le champ d'asile et le lieu d'élection de « la liberté commerciale entendue dans son sens le plus absolu[2] », de pouvoir intituler ce dernier chapitre : « Du monopole d'Etat au Congo ; les associés et le partage des bénéfices. »

Lorsqu'un particulier se lance dans des opérations commerciales, il n'a pour lui que ses propres ressources et son crédit. Si l'affaire est belle, son crédit et sa fortune en bénéficieront ; s'il échoue, c'est la ruine. Le succès est pour lui une question de vie ou de mort. Telle est précisément l'histoire du Congo. Du moment que le roi Léopold, de sa propre initiative et sous sa seule responsabilité, faisait du Congo son affaire personnelle ; dès qu'il y mettait son nom, sa personne, ses deniers, il fallait à tout prix réussir. Pouvait-il en cas de crise compter sur le concours de la Belgique ? Il travaillait pour elle, assurément ; mais la Bel-

---

[1] Exportation totale de l'ivoire en 1897 : 247 tonnes, dont 188 pour l'Etat, et 59 pour le commerce belge privé (Wauters, *Mouvement géographique*, et op. cit., p. 335).
[2] *Acte de Berlin*, chap. I.

gique, satisfaite d'échapper aux risques et aux hasards des débuts, ne donnerait son argent qu'à bon escient ; elle exigerait des résultats déjà acquis et la certitude du succès.

Il fallait donc que le pays rendît et compensât les sacrifices faits pour le conquérir. Mais, dans le début surtout, on ne pouvait agir seul. Attirer les colons et les capitaux, leur ouvrir toutes les portes, aplanir le terrain devant eux, au besoin les aider et prévenir des échecs retentissants qui eussent compromis tout le système, fut la préoccupation maîtresse du roi et de ses conseillers. Ils devinrent les promoteurs, les patrons, les soutiens de toutes les entreprises congolaises. On vit leurs noms en tête des listes de souscription et des comités de propagande ; même, ils ne dédaignèrent pas de descendre dans l'arène pour réchauffer l'enthousiasme, gourmander les tièdes et stimuler les fidèles.

Leur appel fut entendu : l'élan était donné et le premier pas franchi. Le second acte allait commencer.

De pareils résultats n'avaient pas été obtenus sans peines et sans risques. Assurément, l'entreprise congolaise a été conduite avec une sagesse rare, et l'esprit d'économie le mieux entendu : mais encore fallait-il consentir les sacrifices indispensables, et la mise en valeur d'un territoire de 2 millions et demi de kilomètres carrés est une lourde charge pour un budget privé, voire même pour une liste civile. Les ressources tirées du pays étaient alors insignifiantes. On eut recours au cré-

dit, le résultat fut des plus médiocres[1]. Il devenait urgent d'aviser.

Avant tout, il fallait pourvoir à des dépenses

[1] Il est impossible de se faire une idée même approximative
de la situation financière du Congo. M. Wauters qui, cependant, est bien placé pour connaître la vérité, l'avoue lui-même.
« Pour se rendre compte des recettes et dépenses effectives,
dit-il dans son ouvrage (p. 480), il faudrait connaître les résultats financiers de chaque exercice. Ceux-ci n'ont été publiés
que pour les années 1890 à 1893. Les chiffres qui y figurent
diffèrent très sensiblement de ceux des budgets. » Malgré tout,
M. Wauters affirme dans le *Mouvement géographique* que de
1879 à 1890 la conquête du Congo n'a coûté que 25 millions et
demi. De son côté, la Compagnie du Congo pour le commerce
et l'industrie porte ce chiffre à 28 millions et demi jusqu'en
1892 (Rapport sur l'ex. 92-93). Il nous est impossible d'accepter ces chiffres qui sont contredits par des faits officiels et
positifs. On va pouvoir en juger.

De 1879 à 1892, l'État du Congo a eu à sa disposition les
sommes suivantes :

	Fr.
1° Les souscriptions des anciens membres du comité d'études du Haut-Congo. En 1887, on les a remboursées par une émission d'obligations de 2 1/2 0/0 au capital nominal de 11 037 000 (a). En supposant ces titres émis à 75 0/0, ce qui est un minimum, ils correspondraient à une dépense effectivement réalisée par le comité d'études de . .	8 315 250
2° Le produit de l'emprunt à lots de 1888. Il a été émis 700 000 titres de 100 francs à 80 0/0, cours moyen, soit un capital réalisé de 56 millions, sur lesquels il a dû être prélevé environ 35 millions pour la constitution du fonds de garantie. Reste disponible	21 000 000
3° Les versements de l'État belge effectués conformément à la convention de 1890	7 000 000
4° La subvention du roi (1 million par an, depuis 1885, soit pour 7 ans)	7 000 000
5° Les recettes fournies par l'État (d'après les évaluations budgétaires de 86 à 91	2 840 563
Total	46 155 813

(a) Sur ce total de 11 037 000 francs, une somme de 9 665 000 francs représentait les titres inscrits au nom du roi, en remboursement de ses dépenses. Le roi avec beaucoup de générosité refusa d'être remboursé et fit an-
nuler ses titres.

sans cesse grandissantes. Le budget de 1892 prévoyait une dépense de 4 millions et demi. Ce
chiffre allait s'élever à 7 millions et demi en 1894,
8 millions et demi en 1896, 17 millions et demi
en 1898, et ce ne sont là que des prévisions qui,
de l'aveu des hommes les mieux informés, ont été
largement dépassées. Quant aux ressources d'impôt, elles ne figuraient au budget que pour
1 502 000 francs en 1892, soit 32 0/0 des dépenses
prévues. L'écart était comblé par la Belgique et
les largesses de la liste civile. Dès cette époque, le
roi avait versé près de 16 millions dans les caisses
de l'État, sans compter ses participations dans des
entreprises commerciales. Sa fortune était gravement compromise. Pareille situation ne pouvait se
prolonger sans lasser la bonne volonté du parlement belge et sans ruiner totalement le souverain.
Le roi songea d'abord aux droits de douane.

Cette somme de 46 155 813, ainsi mise à la disposition de
l'État, de 1879 à 1892, avait été certainement dépensée, et on
se trouvait à cette date sans aucune ressource. Les documents
financiers ne le disent pas, mais les faits parlent clairement;
car, à partir de cette date (1892), l'État vit d'expédients et,
plus que jamais, a recours au crédit. En 92, 93 et 94, il emprunte 5 millions à des conditions exorbitantes à M. Brown de
Tiège, banquier à Anvers. En 1895, dans l'impossibilité de
rembourser cette dette, le roi recourt à la Belgique qui fait
les fonds en même temps qu'elle avance 1 500 000 francs pour
couvrir le déficit budgétaire. En 1896, l'État émet un emprunt
de 1 500 000 francs ; en 1898, nouvel emprunt de 12 millions et
demi. — De tout ce qui précède, il faut tirer les conclusions
suivantes, qui vont expliquer bien des choses :
 1° En 1892, la situation financière de l'État était très critique ;
 2° Sur les 46 millions dépensés de 1879 à 1892 (chiffre minimum), 15 ou 16 millions au moins avaient été fournis par le
roi.

L'acte de Berlin avait interdit les droits d'entrée au nom de la liberté du commerce. On réunit à Bruxelles une conférence internationale qui revisa sur ce point les stipulations arrêtées en 1884. Mais ces ressources étaient bien insuffisantes (120 000 fr. en 1893).

C'est alors que, pressé par la nécessité, le roi se décida à entrer à pleines voiles dans un système où il s'essayait déjà depuis plusieurs années. Il se fit commerçant.

L'idée était en germe depuis l'arrivée des Belges au Congo. Dès 1885, des mesures avaient été prises pour constituer un domaine privé, et réserver à l'Etat une part importante dans l'exportation de l'ivoire et du caoutchouc. On allait prudemment pour ne pas éveiller des susceptibilités. Malgré tout, la politique du roi se dessinait déjà assez clairement pour avoir provoqué des réclamations à la tribune du parlement français [1].

Ce n'était pas là un obstacle. La décision du roi était prise, son plan arrêté, et il alla de l'avant. Les années 1891 et 1892 marquent le début d'une série de mesures qui allaient faire de l'Etat le prin-

---

[1] Le 25 juin 1891, la convention de Bruxelles était soumise à la Chambre française. Elle la repoussa en raison de certaines stipulations relatives à la répression de la traite, et qu'elle jugeait incompatibles avec la liberté des mers. En même temps, le rapporteur, M. Charmes, examinant la situation générale en Afrique, s'exprimait ainsi : « Votre commission a acquis la certitude que l'Etat indépendant pratiquait ouvertement le commerce en tant qu'Etat, de sorte que s'il payait des impôts comme négociant, c'est lui-même qui les recevait à un autre titre. Il en résultait pour nous... un motif légitime de craindre que les commerçants français ne se trouvassent pas au Congo dans des conditions égales à celles de leurs concurrents. »

cipal commerçant du Congo. Mais un commerçant investi de la toute-puissance civile et militaire est un dangereux concurrent. La tentation est trop forte de décupler ses bénéfices en écrasant ses rivaux ou en les associant à ses destinées. Il y céda. Quant au fameux acte de Berlin, jamais on n'en parla avec plus de déférence [1]. « Tourner la loi, c'est toujours la respecter. » Ce n'est pas d'hier que le monde connaît et pratique cette maxime. Au Congo, elle a permis de remplacer la liberté absolue pompeusement promise et proclamée en 1884 par un monopole commercial établi au profit de l'État et de quelques hautes personnalités.

Les moyens employés furent très simples, mais d'une habileté rare.

Le décret du 1er juillet 1885 déclara que toutes les terres vacantes appartenaient à l'État. C'était lui attribuer presque l'intégralité du territoire. On attendit quelques années avant de tirer parti de cette situation, mais à partir de 1889 tous les voiles commencèrent à tomber. Le 17 octobre 1889, l'exploitation du caoutchouc, du copal, et autres produits végétaux, fut interdite dans toute l'étendue des terres vacantes, sauf permission spéciale. Ce décret fut complété et aggravé en 1891 et 1892 par trois circulaires qui prohibaient absolument la récolte du caoutchouc et de l'ivoire dans le domaine

[1] On ne saurait trop admirer le préambule du décret du 9 juillet 1890. « Considérant qu'il y a lieu de régler la récolte de l'ivoire dans l'État, *de manière à favoriser la libre concurrence...* » Suivaient des prescriptions et des taxes si exorbitantes qu'elles soulevèrent une réprobation unanime et que, bon gré mal gré, il fallut y renoncer.

privé. Ces mesures alarmèrent singulièrement le commerce libre et soulevèrent des protestations énergiques. La *Nieuwe Africaantche Handelsve-noosschap* abandonna le pays et transporta ses établissements sur le territoire portugais et à Brazzaville. La Société du Haut-Congo qui, en 1891-1892, avait réalisé un bénéfice de 704 000 francs, ne recueillit que 310 000 fr. en 1892-1893. En 1893-1894, elle perdait 140 000 fr. Les exportations totales qui s'étaient élevées à 14 110 000 francs en 1890 tombèrent à 7 515 000 francs en 1893. Il fallut transiger. L'État abandonna au commerce libre le Mayumbe et la région des Cataractes, les rives du Haut-Congo, du Stanley Pool aux Stanley Falls, sauf les districts de l'Équateur et de l'Aruwimi, la rive gauche de l'Oubanghi et celles de Ruki, de l'Ikélemba, de la Lulongua et du Kassaï. Il se réservait tout le reste, c'est-à-dire à peu près les quatre cinquièmes du bassin. Il allait tirer de cet immense domaine un parti merveilleux.

Près des trois quarts de l'ivoire récolté dans le pays, et plus de la moitié du caoutchouc sont vendus directement par l'État et à son profit [1].

[1] Voici, pour les trois dernières années, la part de l'État dans les exportations d'ivoire et de caoutchouc :

Ivoire (en kilogrammes)

Années	Exportation totale du Congo	Part de l'État	Pour 100
1897	247 000	183 000	76
1898	263 000	215 000	81
1899	227 000	158 000	70

Aussi ses finances se sont-elles améliorées sensiblement. Les produits du domaine figuraient pour la première fois au budget de 1893 pour une somme de 237 000 francs. Ils atteignirent 1 250 000 francs en 1895, 3 millions et demi en 1897, 6 millions et demi en 1898, 10 200 000 francs en 1899. Mais ce n'est pas tout.

Il était impossible à l'État d'exploiter lui-même les 1 500 000 ou 1 800 000 kilomètres carrés qu'il s'était adjugés. Force lui était de s'adresser à l'industrie privée s'il ne voulait pas laisser la plus grande partie de son domaine improductive. Il résolut alors de se faire aider dans sa tâche par des compagnies fermières. Il présiderait à leur constitution, et pour mieux les tenir en main, il leur donnerait des directeurs de son choix ; ses propres officiers allaient remplir ce rôle. On leur laisserait des avantages suffisants, car on avait besoin d'elles ; mais on leur imposerait des redevances considérables [1]. En outre, toutes les fois qu'il serait pos-

Caoutchouc (en kilogrammes)

Années	Exportation totale du Congo	Part de l'État	Pour 100
1897	1 662 000	722 000	45
1898	1 875 000	766 000	42
1899	3 200 000	1 712 000	53

[1] Les redevances sont habituellement de 300 francs par tonne de caoutchouc, 150 francs par tonne de copal, 5 0/0 du prix de l'ivoire, etc.

sible, l'Etat se ferait attribuer, soit des actions d'apport, soit une fructueuse part de bénéfices.

Sur ce modèle ont été établies : la Compagnie du Katanga, dont l'Etat possède 1 400 actions ; la Société anversoise du commerce au Congo, dirigée par le commandant Lothaire ; l'Etat détient la moitié du capital social, soit 1 700 parts de 500 fr. ; la Société agricole du Lubéfu, dirigée par le lieutenant Cassard ; la Société d'agriculture et de plantations au Congo, dont l'Etat s'est fait adjuger 400 actions sur 1 200 ; la Société la Kassaïenne, dont le directeur est le commandant Rom ; la Société d'Ikélemba, dirigée par le capitaine Christiaëns ; le Comptoir commercial du Congo, dont l'Etat prélève le tiers du bénéfice ; la Compagnie du Lomami, où il s'est réservé une participation du quart, etc., etc.

Ces sociétés, dirigées par des officiers de l'Etat, n'exploitant que des concessions temporaires, révocables en cas d'infraction au cahier des charges, soumises à de lourdes redevances, forcées de partager leurs bénéfices avec l'Etat, ne sont en somme que des entreprises officielles. C'est plus ou moins le caractère de presque toutes les sociétés créées en ces dernières années, et on se rappelle que vingt compagnies, représentant un capital de 18 millions, se sont installées au Congo de 1894 au 1er janvier 1899 ; ceci donne une idée de l'énergie avec laquelle l'Etat s'est mis à tirer parti de son domaine.

Là ne se bornent pas les bénéfices que l'Etat retire de l'exploitation du pays. Des droits de sortie très élevés ont été établis sur tous les produits. Ils atteignent 210 francs pour 100 kilos d'ivoire de première qualité et 40 fr. pour 100 kilos de caoutchouc. Pour la seule Compagnie du Haut-Congo, ces tarifs représentent une imposition d'environ 270 000 francs en 1897, soit près du quart de ses frais d'Afrique, et ce ne sont pas les seuls impôts qu'elle doit payer. Aux réclamations qui se sont élevées, l'Etat répond que, commerçant lui-même, il paie sans se plaindre les mêmes droits que ses concurrents. Plaisante raison, comme si l'Etat ne recevait pas d'une main ce qu'il payait de l'autre. Même pour les compagnies fermières, l'intérêt de l'Etat est de les taxer lourdement, puisqu'il perçoit, sous forme d'impôt, plus qu'il ne perd comme bénéfice industriel.

Cet ensemble de dispositions a été complété par la mainmise sur tous les moyens de transport. C'est un procédé infaillible pour tenir tout le commerce d'un pays. En 1897, 38 vapeurs [1] apportaient au Pool les produits du Haut-Congo. L'Etat en possédait 22. En outre, il avait à bail, depuis 1896, 6 autres vapeurs appartenant à la Société du Haut-Congo. Cette compagnie avait consenti à cette combinaison, au lendemain d'une période de crise, moyennant la promesse faite par l'Etat de lui garantir un revenu de 350 000 fr. Si la compagnie réalisait par ses seuls moyens ce bénéfice de 350 000 francs, l'Etat ne lui devrait plus aucun loyer. Or, comme la Société du Haut-Congo a gagné, dès 1897, plus d'un million de francs, il en

[1] Il y en avait 45, dont 1 appartenait à l'Etat français et 6 aux missions religieuses ; restent 38 affectés au commerce.

résulte que l'État a acquis 6 vapeurs sans bourse délier. Avec 28 steamers sur 38, il fait la loi sur tout le bassin et y maintient des tarifs draconiens [1]. C'est une lourde charge pour le commerce libre et une source de bénéfices considérables pour l'État.

Reste enfin le fameux chemin de fer, qui entre les mains de l'État est devenu une arme incomparable. Il convient d'abord de préciser quelle est, vis-à-vis du chemin de fer, la situation de l'État belge et de l'État indépendant. L'État indépendant a obtenu une participation de 20 pour 100 dans le bénéfice net de la compagnie, en échange de l'abandon consenti par lui de son droit de rachat pendant 10 ans. (Convention du 19 avril 1898.) L'État belge possède la totalité des actions de capital (24 000 titres), et 6 000 actions ordinaires sur 36 000, ensemble 30 000 actions, soit la moitié du fonds social. En outre, il lui a été cédé 1800 parts de fondateur sur 4 800.

L'État belge et l'État congolais ont donc dans la compagnie une situation prépondérante. Ce sont de beaucoup les plus forts actionnaires et les principaux intéressés. Leurs prélèvements s'élèvent à environ 36 0/0 du bénéfice net de la So-

[1] Voici le tarif de transport, tel qu'il a été établi par décret du 12 mars 1892.

À la montée, 300, 350 ou 400 francs la tonne, suivant la destination.

À la descente, quel que soit le lieu d'origine, 500 francs la tonne pour l'ivoire, 200 francs pour le caoutchouc, 150 francs pour les autres marchandises.

ciété [1]. Ajoutons enfin que les 30 000 actions ordinaires qui sont dans le public, sont pour la plupart réparties entre un très petit nombre de porteurs.

	Fr.	Fr.
[1] Nous avons admis plus haut que, selon toute vraisemblance, la Compagnie du chemin de fer réaliserait dans un très prochain avenir un bénéfice net de.		7,000,000
D'après les statuts (art. 37 à 40) et la convention du 19 avril 1898, ce bénéfice serait réparti de la manière suivante :		
1° 5 pour 100 à la réserve légale . . .	350,000	
2° Annuité nécessaire pour l'intérêt et l'amortissement de 24,000 actions de capital de 500 francs, productives d'un intérêt annuel de 3 1/2 pour 100 et remboursables au pair en 99 ans, — et de 36,000 actions ordinaires de 500 francs, productives d'un intérêt annuel de 7 pour 100 et remboursables par 1000 francs en 99 ans . .	1,738,500	2,088,500
Reste disponible une somme de		4,911,500
Sur laquelle il est prélevé 20 pour 100 en faveur de l'État indépendant, ci .		982,300
Reste disponible une somme de		3,929,200
Qui est partagée de la manière suivante :		
1° 50 pour 100 aux 36,000 actions ordinaires	1,964,600	
2° 10 pour 100 au Conseil d'administration	392,920	
3° 40 pour 100 aux 4,800 parts de fondateur	1,571,680	
L'État belge touchera donc :		
1° Pour ses 24,000 actions de capital 3 1/2 pour 100, 17 fr. 50 par titre, soit	420,000	
2° Pour ses 6,000 actions ordinaires 7 pour cent, 35 fr. par titre; dividende supplémentaire, francs par titre, total 89 francs par titre . .	534,000	1,542,600
3° Pour ses 1,800 parts de fondateur, 327 fr. par titre .	588,600	

7

Ceci est de notoriété et on nous dispensera de citer des noms souvent très illustres [1].

De tout ce qui précède, il résulte que le chemin de fer est entre les mains de l'État et de quelques privilégiés qui ont tout intérêt à en tirer les plus gros bénéfices [2]. De là les tarifs formidables, qui stupéfient à la première lecture. De Matadi à Léopoldville le billet de première classe coûte 500 francs pour un trajet de 399 kilomètres. En deuxième classe, le prix n'est que de 110 francs, mais on n'y admet que des noirs. Pour les marchandises, le tarif varie selon le sens du trajet. À la montée, il est uniformément de 1 000 francs la tonne, sauf quatre ou cinq exceptions [3]. À la descente, il est

L'État indépendant touchera pour sa part de bénéfices.	982,300
Ensemble les deux États.	2,524,000
Soit 36 pour 100 du bénéfice distribuable. Or l'État belge seul a contribué à la construction du chemin de fer pour une somme de 15 millions. S'il se bornait à prélever l'intérêt légal à 3 pour 100 de cette avance, il n'aurait droit qu'à . . .	450,000
La différence, soit	2,074,000

représente réellement la part de bénéfice que les deux États s'adjugent dans l'entreprise du chemin de fer.

[1] Le lieutenant-colonel Thys, officier d'ordonnance du roi et directeur général de la Compagnie, souscrivait à l'émission pour 2 710 actions. (Voy. les statuts de la Société.)

[2] La nouvelle ligne de Mayumbe, actuellement en construction, subira le même sort. L'État a émis, en 1898, un emprunt de 12 millions et demi, dont une partie a été employée à souscrire des actions de la Société.

[3] Quelques réductions ont été consenties au mois de janvier dernier, notamment pour les machines et les matériaux de construction qui ont été dégrevés de moitié. Mais l'aspect général du tarif n'a pas changé.

fixé par tonne kilométrique à 2 fr. 50 pour l'ivoire, à 1 fr. 08 pour le caoutchouc, à 0 fr. 80 pour le copal, à 0 fr. 65 pour le tabac. Sept articles jouissent d'un tarif réduit : les noix de palme, les arachides, les bois, le sésame (0 fr. 25), le café (0 fr. 42), l'huile de palme (0 fr. 30), l'orseille (0 fr. 43). Toutes les autres marchandises non dénommées payent 0 fr. 45 la tonne kilométrique.

Avec de pareils tarifs, il n'est pas étonnant que la ligne fasse de beaux bénéfices. M. Wauters reconnaît lui-même qu'ils sont excessifs. Il ajoute qu'ils n'en représentent pas moins une économie considérable sur les anciens frais de voyage et de transport par la route des caravanes. Nous le reconnaissons volontiers [1], mais véritablement le contraire eût été surprenant. La modération des tarifs de transport semblait jusqu'ici un axiome universellement admis en économie politique. Au Congo nous trouvons une théorie diamétralement opposée. Le prix du transport n'est plus la rémunération du service rendu accrue de l'intérêt et du bénéfice légitime de l'exploitant ; c'est un tribut prélevé au passage sur la valeur des marchandises. Aussi les tarifs varient-ils à poids égal selon la valeur intrinsèque des produits transportés. L'ivoire

---

[1] Encore, dans certains cas, la différence est-elle peu sensible. Avant le chemin de fer, le prix du portage, de Matadi au Pool, revenait à 1 000 ou 1 200 francs la tonne. Or à la montée, le tarif du chemin de fer est fixé à 1 000 francs, et à la descente, l'ivoire paye 1 010 francs. Jusqu'ici, l'économie est légère. L'avantage ne devient considérable qu'à la descente, et seulement pour les produits de faible valeur intrinsèque. Nous ne parlons pas naturellement des immenses bienfaits résultant de la sécurité et de la rapidité du transport.

qui vaut à Anvers 18 à 20 000 francs la tonne paie
1 010 francs; le caoutchouc qui ne vaut que 7
à 8 000 francs paie 430 francs. La proportion est
presque exactement la même (5 1/2 0/0); si le
Congo produisait de l'or, on l'aurait taxé à raison
de 150 à 200 000 francs la tonne.

En définitive, l'Etat, grâce au chemin de fer, a
pu surélever, dans des proportions énormes, les
droits de sortie et les droits d'entrée que des conventions internationales l'empêchaient de fixer à
sa guise [1].

De pareils procédés auraient soulevé bien des
récriminations si le commerce du Congo avait été
entre les mains de sociétés indépendantes. C'est
ainsi que l'opinion s'est révoltée, au Transvaal,
contre les tarifs de la Société néerlandaise de che-

[1] Une tonne d'ivoire de première qualité récoltée sur le
haut fleuve, transportée jusqu'au Pool par les bâtiments de
l'Etat, et du Pool à la mer par chemin de fer, est grevée de
1 510 francs de frais de transport (transport fluvial, 500 francs,
transport par voie ferrée, 1 010 francs). Or, les marchandises
de dernière catégorie (arachide, sésame, etc.), ne payent que
150 francs sur le fleuve et environ 100 francs sur le chemin de
fer, total, 250 francs. Il est bien évident que l'Etat et la Compagnie du chemin de fer n'ont consenti ces derniers tarifs que
s'ils leur laissent encore un beau bénéfice : ils auraient pu
tout aussi bien les appliquer à l'ivoire, dont le transport n'est
pas plus difficile. La différence entre 250 et 1 510, soit
1 260 francs, représente donc pour ce produit une surtaxe absolument arbitraire. Comme l'Etat est intéressé à raison de
36 0/0 dans les bénéfices du chemin de fer, il est facile de cal-
culer qu'il prélève sur l'ivoire un droit de sortie supplémentaire de 683 francs. Le droit de sortie légal étant de 2 100 francs,
le total s'élève à 2 783 francs. Enfin, si l'ivoire a été récolté
sur le domaine privé, il a dû payer 1 000 francs de redevance
environ. Les taxes prélevées directement ou indirectement par
l'Etat s'élèvent donc à 3 783 francs pour une tonne d'ivoire
qu'on vendra à Anvers de 18 à 20 000 francs.

mins de fer, qui, cependant, restent bien au-dessous de ceux-ci. Mais le Congo, nous l'avons vu,
est presque entièrement la chose de l'Etat. On a
laissé protester le commerce étranger. Il est si fai-
blement représenté qu'il n'a pas grande autorité.
Le commerce belge libre aurait évidemment préféré un régime plus libéral, mais son influence
tend de jour en jour à diminuer, et sauf la Compagnie du Haut-Congo, il est localisé sur le bas
fleuve. D'ailleurs, on a su l'intéresser à la prospérité de la voie ferrée. La plupart des compagnies ont en portefeuille des actions du chemin de
fer et rentrent ainsi dans une partie de leurs dépenses. La Compagnie du Congo pour le commerce
et l'industrie, mère ou marraine de toutes les premières entreprises congolaises, en a pour sa
part 620. Enfin, les administrateurs du chemin de
fer peuplent les conseils des autres compagnies et
les maintiennent dans son orbite. Les compagnies
fermières n'ont garde de se plaindre ; elles savent
que le prix de leur bail a été réglé en conséquence.
Quant à l'Etat lui-même, il est le premier à bénéficier de la situation. S'il paye cher ses transports,
il encaisse de beaux bénéfices comme actionnaire
et copartageant.

En somme, le chemin de fer a permis à l'Etat
de compléter et de perfectionner son système.
Grâce à lui, tout le pays est à sa discrétion, et la
prépondérance de l'élément belge est définitivement
assurée dans toute l'Afrique centrale.

Ce n'est pas la faute du fondateur de notre Congo
français si nous nous trouvons aujourd'hui les tri-

butaires du roi Léopold. Dès le premier jour,
M. de Brazza avait deviné les intentions des Belges.
Il avait prévu que leur projet, en allant au Congo,
n'était pas de fonder « un comptoir international
et franc où leur pays n'aurait eu qu'une légitime
suprématie, mais un véritable monopole commercial [1] ». Il se mit en travers et leur imposa notre
présence. C'était déjà beaucoup, mais il aurait
voulu davantage. S'il avait dépendu de lui, le chemin de fer de l'Océan serait aujourd'hui une voie
française. Il ne nous ménagea ni les avertissements
ni les objurgations. Le succès était certain ; nous
avions l'avance sur nos concurrents, et le tracé par
le territoire français était bien plus praticable que
par l'autre rive. Mais pareille entreprise était au-
dessus du génie de nos gouvernants. On préféra en-
gloutir sans profit une centaine de millions dans la
grande kermesse de 1889 et jeter de la poudre aux
yeux de quelques centaines de milliers de ba-
dauds. Si l'on avait confié la moitié de cette somme
à M. de Brazza, la France serait aujourd'hui la
maltresse de l'Afrique équatoriale.

[1] M. de Castries, op. cit.

III

Nous avons essayé, dans les pages qui précèdent, de donner un aperçu de l'entreprise originale du roi Léopold. Le moment n'est pas venu encore de formuler un jugement définitif. L'Etat du Congo est bien jeune, et il est dangereux de regarder de trop près les débuts d'un empire. Tout événement historique, si grand soit-il, et fécond en conséquences, a des ombres qui font tache au tableau et masquent ses grandes lignes. Le temps en fait justice si l'œuvre est vraiment belle : laissons-le faire.

Lorsque les années auront passé, bien des incidents qui sollicitent aujourd'hui la curiosité plus ou moins bienveillante, des contemporains seront ensevelis dans l'oubli. La postérité s'occupera peu de savoir si le premier qui fut roi du Congo fut un commerçant heureux, ou si les tribus indigènes furent traitées selon les préceptes de la charité chrétienne ; elle ne verra qu'un pays immense ouvert à la civilisation, devenu le prolongement de la terre belge, et le plus petit Etat de l'Europe parvenu au premier rang des grandes puissances coloniales.

Son arrêt ne saurait être douteux ; le fondateur du Congo peut l'attendre en toute sécurité.

Ce sera, pour le roi Léopold, une juste récompense. Rarement souverain aura mis au service d'une grande œuvre un plus bel ensemble de précieuses qualités : œuvre intéressée, dira-t-on, puisque le Congo est son domaine privé. C'est possible, mais, derrière le roi, il y a la Belgique que l'équité doit retrouver par delà les fictions constitutionnelles, et pour qui le patrimoine royal sera un héritage incomparable.

Ce fut, en effet, la caractéristique de l'entreprise congolaise que cette confusion perpétuelle de l'intérêt public et de l'intérêt privé. Dans l'origine, le Congo en a bénéficié, car, seul, l'aiguillon de l'intérêt personnel pouvait triompher des obstacles dont la route était semée. Aujourd'hui, il va peut-être en souffrir. Entre l'État investi de la toute-puissance civile et militaire et les simples particuliers, la lutte est devenue trop inégale. Partout ceux-ci ont dû céder devant l'extension d'un monopole qui, chaque jour, a gagné du terrain.

Assurément, les hardis pionniers de l'Association internationale africaine méritaient une récompense. Ils l'ont cherchée dans la rémunération la plus large de leurs travaux et de leurs longs efforts ; c'était leur droit strict : étant seuls à supporter les risques de l'aventure, ils pouvaient réclamer pour eux le bénéfice des chances heureuses. Toute la question est de savoir si un gouvernement ne doit pas placer plus haut son idéal, si sa véritable gloire n'est pas d'ouvrir la voie à ses

peuples et d'abandonner le profit aux énergies individuelles. Une théorie plus moderne s'est fait
jour au Congo. On a pensé qu'aucune assimilation
n'était possible entre les vieux États de la chrétienté et un jeune royaume qui marchait à la conquête de l'inconnu, et que dans une entreprise si
neuve et si hasardeuse les intérêts matériels étaient
trop intimement associés aux intérêts politiques et
moraux pour être utilement séparés. De là l'aspect vraiment extraordinaire de ce pays et de ce
gouvernement.

Pour nous Français qui, malgré la décadence de
nos mœurs publiques, avons conservé très profondément, sinon le respect, du moins la superstition
de l'*Autorité*, pour qui un chef d'État, qu'il soit
roi, empereur ou président, représentera toujours,
en dépit des violences superficielles des partis,
quelque chose de sacré et de mystérieux, nous
restons étonnés et un peu scandalisés d'un spectacle aussi nouveau.

Un roi qui se fait chef d'industrie et devient le
grand patron ou mieux le seul patron du pays;
qui délègue ses aides de camp à la gestion de ses
affaires commerciales; des officiers transformés en
directeurs d'exploitation, des fonctionnaires en représentants de commerce : un budget dressé
comme un bilan, d'après des cours de bourse, tout
cela choque nos imaginations éprises des formes
traditionnelles. Nous comprenons autrement le
rôle des conducteurs de peuples; ils n'ont pas à
prendre leur part de nos travaux journaliers, ni à
jouer leur partie dans nos compétitions financières

et mercantiles. Leur mission est plus noble : ils doivent s'élever au-dessus des mesquines ambitions et des appétits vulgaires de la foule ; pour veiller de haut dans une sereine impartialité « sur les intérêts profonds et silencieux de l'Etat ».

Tel est du moins l'idéal cher à notre vieux pays de France. Il se plaît aux allures chevaleresques et désintéressées qui autrefois entouraient de je ne sais quelle auréole de grandeur de noblesse et de poésie les lointaines expéditions vers des terres ignorées, aujourd'hui encore dédaigneux des sourires de rivaux plus jeunes et plus ardents, il conserve pieusement des traditions d'un autre âge, honneur et gloire de son patrimoine.

Avons-nous tort ou raison ? Il faut l'avouer, le système opposé a, depuis vingt ans, fait ses preuves au Congo.

C'est que nous sommes en retard sur notre siècle. Les Belges, au contraire, sont dans le mouvement. Le monde est aux marchands, telle est l'épigraphe que nous aurions pu mettre en tête de cette étude, et l'histoire du Congo en aurait été la confirmation éclatante. Financiers et gens d'affaires sont les rois des pays neufs. Léopold II et ses conseillers l'ont compris et ont agi en conséquence. D'autres se seraient bornés à leur ouvrir toutes grandes les portes du pays. Eux, plus audacieux et plus habiles, se sont simplement transformés en gens d'affaires. Le résultat était le même et ils y gagnaient de garder pour eux le bénéfice de l'entreprise.

Il serait puéril de leur en faire un reproche ; il

ne faut jamais blâmer personne d'être de son temps. Gardons, si l'on veut, un regret pour les siècles passés où les âpres exigences de la lutte pour la vie n'avaient pas encore détruit toute grâce et toute générosité, mais sachons aussi rendre hommage au prince patriote et pratique, qui justement soucieux des nécessités de l'heure présente, comme des conditions de la vie moderne, sut concilier ses devoirs de chef d'État et de bon père de famille.

Il nous reste un droit cependant, celui de nous demander si le père ne fut pas plus avisé que le prince, et si l'œuvre politique de Léopold II est établie sur des bases aussi solides que sa fortune privée, et c'est ainsi que nous nous trouvons ramené aux questions délicates et complexes que nous avions entrevues au début de cet ouvrage. Je ne crois pas que les perspectives lointaines qui nous étaient alors apparu aient pu être modifiées par le récit qu'on vient de lire. Les compétitions ardentes et nombreuses qui ont entouré le berceau du jeune royaume et qui depuis n'ont jamais désarmé, l'avenir incertain de la Belgique isolée en Europe au milieu de nationalités grandissantes, tout nous confirme dans cette idée que le sort du Congo indépendant n'est pas de survivre très longtemps à son fondateur. Ce qui se passe aujourd'hui, ce qui se pense, et ce qui se dit, prouve que jamais l'heure n'a été moins propice aux « expressions géographiques », aux États neutres, aux « États tampons » qu'une sage précaution avait jadis semés à travers le monde pour amortir les chocs et faciliter les rouages.

Est-ce donc que le roi Léopold aurait eu tort de lancer la Belgique en avant, et faut-il l'accuser d'imprévoyance pour avoir créé un État sur lequel ses lointains successeurs ont peu de chances de régner ? Assurément non, car les sociétés humaines ne disparaissent pas comme les combinaisons politiques et les descendants des Belges actuels garderont toujours le bénéfice des labeurs de leurs aïeux. Peut-être le roi n'a-t-il pas travaillé pour le royaume de Belgique, mais il aura certainement travaillé pour les populations dont il avait charge. Heureux les peuples si l'on pouvait en dire autant de tous les chefs d'État !

CHAPITRE IV

ORIGINE ET HISTORIQUE DES POSSESSIONS PORTUGAISES DE L'AFRIQUE DU SUD

I. — Des différents systèmes de colonisation propres aux nations latines et aux nations anglo-saxonnes. Grandeur et décadence de l'Espagne et du Portugal.

II. — Origines du mouvement colonial en Espagne et en Portugal. Partage du monde entre les deux couronnes. L'Afrique et l'Asie sont adjugées aux Portugais. Etablissements des Portugais en Afrique. Leur ancienne prospérité et leur chute. Réveil du Portugal en présence de l'expansion européenne. La question portugaise dans l'Afrique du sud.

III. — Coup d'œil sur la géographie physique de l'Afrique du Sud. Comment les conditions physiques, climatériques et économiques de ces régions ont très rapidement attiré les Européens à l'intérieur.

IV. — Situation avantageuse des Portugais en Angola et au Mozambique. Leur politique d'expansion à l'intérieur. La question du Congo et l'Hinterland de l'Angola.

V. — La pénétration par le Mozambique. Progrès des Anglais qui s'avancent du Cap jusqu'au Zambèze. Missionnaires et commerçants anglais. La Compagnie des Lacs. Anglais et Portugais se heurtent dans le bassin du Zambèze. Création de la Chartered Cy. Le consul Johnston. Conflit sanglant sur le Chiré. Ultimatum de l'Angleterre. Convention préliminaire de septembre 1890. L'Angleterre annexe violemment le Manica au cours des négociations. Traité du 11 juin 1891 qui consacre la spoliation du Portugal. Résumé de la politique portugaise.

I

Tous les systèmes de colonisation pratiqués depuis l'origine des sociétés civilisées peuvent se

ramener à deux méthodes générales : le système
de la pénétration économique et le système de la
conquête militaire. Dans le premier cas, marchands, agriculteurs et gens de finance partent en
tête et s'installent dans le pays. La métropole reste
prudemment en arrière et laisse la partie s'engager. Si l'affaire est mauvaise, elle n'a garde de
bouger ; mais si l'enjeu en vaut la peine, elle jette
le masque au bon moment et étend son empire sur
les régions déjà soumises à l'influence pacifique de
ses nationaux. Dans le second cas, au contraire,
telle nation envoie à l'avant-garde ses soldats et
ses explorateurs. De hardis officiers, munis d'instructions précises, plantent leur pavillon sur les
points choisis à l'avance par la sagacité des gouvernants : ils s'emparent des voies stratégiques,
poussent au loin leurs reconnaissances et prennent
possession du pays. Cela fait, on appelle les colons
et les marchands. Le procédé est hasardeux. Parfois, on a la main heureuse, mais souvent aussi on
annexe triomphalement des sables et des marais,
et le colon fait la sourde oreille. Les Allemands,
les Anglais, les Américains, c'est-à-dire tous les
Anglo-Saxons ont, le plus souvent, adopté la première méthode ; les Franç..., les Italiens, les Espagnols et les Portugais, c'est-à-dire tous les
Latins, ont préféré la seconde. C'est ainsi que,
selon les temps et les pays, les colons ont appelé
les gouvernements ou les gouvernements ont appelé les colons.

Quant aux Belges, ils ont essayé d'un procédé
inédit. Ils ont concentré entre les mêmes mains les

deux grandes forces sociales, jusque-là séparées, qui, chez leurs voisins, concouraient chacune de leur côté à la création des colonies. Au palais du prince, ils ont annexé une maison de commerce. Le roi gouverne l'Etat et vend son caoutchouc. C'est une application ingénieuse du système anglo-saxon porté à sa plus haute puissance, qui, depuis vingt ans, a donné de brillants résultats sous la raison sociale « Léopold de Saxe-Cobourg, souverain du Congo, et Compagnie ».

Si maintenant nous quittons les brumes de l'Escaut pour nous transporter aux bords ensoleillés du Tage, nous allons rencontrer un petit peuple héroïque et fier, riche de gloire, mais pauvre d'argent, en qui s'est incarné le génie latin avec toutes ses grandeurs et toutes ses faiblesses. Belges et Portugais, que les hasards de l'expansion coloniale ont rendu voisins en Afrique, ont eu des destinées profondément dissemblables. *Les ruches flamandes*, peuplées d'artisans infatigables et âpres au gain, ont fait de leur pays un centre incomparable de richesses et de prospérité. Aujourd'hui, l'industrieuse nation déborde par-delà ses frontières et va jusqu'en Afrique chercher de nouveaux champs d'activité. Pendant ce temps, les Portugais, peuple de preux et de poètes, couraient les grands chemins du globe, moissonnant à foison la gloire des lointaines découvertes et des brillants coups d'épée. Tout autour du monde, ils ont fourni une éblouissante carrière, mais nulle part ils n'ont su féconder leurs conquêtes par l'ordre et le travail: Il s'est trouvé un Camoëns pour chanter leurs exploits, mais ils n'ont jamais eu d'homme d'État pour en tirer parti, et quand eut sonné l'heure de la concurrence universelle, le Portugal se trouva plus pauvre qu'avant ses hauts faits, désarmé et impuissant; génie aimable et généreux, séduisant par ses dehors chevaleresques, mais dépourvu de la froide raison qui juge sainement du but et se préoccupe des moyens. Le résultat a été cruel; il tient en deux lignes. Anvers, qui n'existait pas il y a quatre siècles, est aujourd'hui le troisième port de l'Europe. Lisbonne, qui venait, il y a quatre siècles, en tête des grandes métropoles commerciales, est aujourd'hui reléguée dans les derniers rangs des places maritimes de quelque importance.

Et, cependant, aucun peuple n'a de plus magnifiques annales que les deux fières nations de la péninsule ibérique. Sentinelles de la chrétienté, elles l'ont, pendant des siècles, vaillamment défendue contre l'invasion musulmane. Puis, leur territoire affranchi et la croix triomphante, elles s'élancent à la conquête du globe. Leurs vaisseaux sillonnent toutes les mers, et les plus lointains rivages obéissent à leurs lois. Aujourd'hui, l'une d'elles, refoulée dans ses étroites limites, vient de céder les dernières parcelles de cet empire sur lequel le soleil ne se couchait jamais. L'autre, après avoir perdu les plus beaux fleurons de sa couronne, défend mal quelques lambeaux de sa puissance contre l'avidité de voisins plus forts et sans scrupules.

Certes, l'Espagne et le Portugal sont, en grande partie, responsables de leur sort. Ce n'est pas ici le lieu de raconter la longue incurie et les praliques insensées qui, tout autant que les vicissitudes politiques, provoquèrent la chute de leur domination. Mais, si une gestion plus sage et plus intelligente eût pu retarder les événements ou, du moins, donner aux pays latins d'outre-mer l'essor et la prospérité que la race anglo-saxonne a su imprimer à ses propres établissements, il est certain que les empires immenses fondés, aux xvᵉ et xviᵉ siècles, par l'Espagne et le Portugal, étaient voués à un démembrement et à une chute inévitable. Trop grande était la disproportion entre les métropoles et les continents entiers qu'elles prétendaient s'annexer. Comment 2 ou 3 millions de Portugais et 7 à 8 millions d'Espagnols auraient-ils pu conserver dans leur orbite l'Asie, l'Océanie, l'Afrique et la majeure partie de l'Amérique? De là, les sécessions qui détachèrent toute l'Amérique latine de la mère patrie. Enfin, le développement de l'histoire de l'Europe donna le coup de grâce à cette organisation éphémère et artificielle.

Si l'Espagne et le Portugal avaient réussi à jeter à travers le monde les bases d'une souveraineté universelle, c'est que ces deux nations tenaient alors la tête des États militaires et maritimes de la chrétienté. Jamais il n'exista d'empire comparable à celui de Philippe II; l'empire romain lui-même n'eût été qu'une faible province en regard des domaines du fils de Charles-Quint. En Europe, il régnait sur l'Espagne, le Portugal, la Sicile, la Sardaigne, Naples, Milan, la Franche-Comté, l'Artois, les Flandres et les Pays-Bas. Il possédait toutes les côtes africaines de l'Atlantique et de l'océan Indien, les rivages d'Arabie, de Perse, de l'Inde, de l'Indo-Chine, l'Océanie et l'Amérique du Sud. Toute la terre s'inclinait devant la vieille couronne de Castille.

C'était un beau rêve, mais c'était surtout un défi jeté à la raison humaine, et le jour vint où, du fond de sa cellule de pierre, le moine couronné de l'Escurial sentit chanceler le colosse. Ses forces, dispersées aux quatre coins du globe, laissèrent grandir contre lui de formidables rivaux. Chaque jour la France et l'Angleterre croissaient en nombre et en vigueur, fécondant leur patrimoine par un labeur incessant. Contre elles, l'Espagne se dressa menaçante dans tout l'orgueil de sa puissance, mais elle retomba blessée à mort. Le désastre de l'invincible *Armada* coûta à Philippe II l'empire de la mer ; et, quelques années plus tard, *la redoutable infanterie de l'armée d'Espagne* succombait, à Rocroy et à Lens, sous les coups d'un prince de vingt ans, dont rien n'étonnait la jeune gloire. Dès lors, c'en fut fait de la grandeur de l'Espagne. Vaincue, affaiblie et ruinée, elle perdit à chaque règne un rang dans l'échelle des nations.

Le sort du Portugal fut plus triste encore. Après qu'il eut séparé ses destinées de celles de sa voisine, il eut à subir l'amitié onéreuse de l'Angleterre et devint en quelque sorte une province de l'empire britannique. Lui qui avait tant colonisé, il tomba au rang de colonie[1]. *Sic transit gloria mundi.*

---

[1] Par le traité de Methuen, conclu en 1703, l'Angleterre imposait au Portugal l'obligation de n'importer que des pro-

Aujourd'hui, il a secoué son joug, mais l'avenir reste pour lui sombre et chargé de nuages. Il attache désespérément sa fortune aux débris qui lui restent de son empire colonial, débris imposants et dont il peut encore être fier. Malheureusement, les temps sont durs pour les peuples faibles et pauvres qui ne peuvent lancer dans la mêlée ni gros bataillons ni gros capitaux. Nous voudrions ici retracer les derniers épisodes de cette histoire. Aussi bien le Portugal joue-t-il en Afrique un rôle important. Il assure, dans cette partie du monde, l'équilibre politique et économique. La disparition de son pavillon en Angola, et surtout au Mozambique, est une éventualité grave dont l'Europe s'inquiète à bon droit. En ce jour où les événements semblent se précipiter, le moment paraît propice de jeter un coup d'œil sur les possessions portugaises du continent africain [1].

duits anglais. Le résultat fut que le travail national fut ruiné par les importations anglaises, et que tout l'or du Brésil passa aux producteurs anglais.

[1] Le Portugal possède aujourd'hui en Afrique : les archipels des Açores, de Madère et du Cap-Vert dans l'océan Atlantique ; quelques îles dans le golfe de Guinée, dont la principale est Sao Thomé ; un territoire de 50 000 à 600 00 kilomètres carrés sur la côte de Guinée ; enfin, dans le sud, les grandes colonies d'Angola et de Mozambique. Dans les pages qui suivent, nous ne nous occuperons que de celles-ci. De beaucoup les plus importantes, elles sont le pivot de la politique coloniale du Portugal ; leur histoire est intimement liée aux destinées générales de l'Afrique. Les îles de l'Atlantique, si remarquables sous tant de rapports, sont généralement considérées comme des provinces écartées de la métropole, et non comme des colonies d'exploitation.

II

Le roi Dom Sébastien qui régnait en Portugal au commencement du xvie siècle fut le premier à prendre le titre d'empereur d'Afrique.

C'est par l'Afrique, en effet, que les Portugais avaient commencé la conquête du monde. Là, comme ailleurs, ils avaient devancé tous les autres peuples, sauf peut-être nos hardis marins de Dieppe, dont les vaisseaux avaient, vers la fin du xive siècle, abordé aux côtes de Guinée. Au xve siècle, les Portugais avaient déjà reconnu toute la côte occidentale d'Afrique, depuis Madère jusqu'au cap de Bonne-Espérance, où Barthélemy Diaz parut en 1484. Quelques années après, Vasco de Gama se hasardait sur ces mers orageuses qui, jusque-là, avaient fait reculer les plus braves, doublait le continent africain et remontait le long de la côte orientale jusqu'à Mombassa. Pendant deux siècles, les expéditions se poursuivirent sans interruption. Les Portugais s'établirent successivement aux Açores, à Madère, aux îles du Cap-Vert; sur les côtes des deux Océans, ils fondèrent une ligne ininterrompue de villes et de comptoirs, s'arrêtant de préférence à toutes les embouchures des grands fleuves, le Sénégal, la Gambie, le Niger, le Congo, le Coanza, le Limpopo, le Zambèze. De là ils rayonnaient dans l'intérieur. On a dit des Portugais qu'ils n'avaient jamais paru ailleurs que sur les côtes où leurs navires venaient chercher l'ivoire et la poudre d'or, et qu'ils n'avaient eu avec les indigènes que des relations éphémères et intermittentes. Les Anglais ont dépensé beaucoup de peines pour accréditer cette légende dont ils prétendent tirer profit. Rien n'est plus faux. Le Portugal, au contraire, a, en maint endroit, laissé des traces impérissables de son passage.

Au Congo, les premiers arrivants avaient trouvé un potentat nègre dont l'autorité était reconnue sur tout le bas fleuve. Diego Cao donna le nom de San Salvador à sa capitale, située assez loin du Congo, sur la rive gauche, à plus de 250 kilomètres dans l'intérieur. Le roi du Congo accepta la suzeraineté du Portugal et se convertit au christianisme. San Salvador devint en peu de temps un centre commerçant et relativement civilisé. Dès 1530, la ville possédait une cathédrale monumentale et un évêque. Cette prospérité dura peu; au XVIIe siècle, les Portugais transférèrent le siège de leur administration à Saint-Paul de Loanda, sur la côte. La nouvelle capitale grandit aux dépens de la vieille cité indigène. Aujourd'hui, il ne reste à San Salvador que des huttes perdues dans la brousse, du milieu desquelles émergent les ruines des constructions portugaises, et ce n'est pas pour le voyageur un médiocre sujet d'étonnement que

de voir surgir en pleine nature sauvage de l'Afrique
tropicale les arceaux mutilés d'une cathédrale go-
thique. Plus bas, à Ambaca, à 300 kilomètres de la
côte, dans un district fertile et peuplé, on rencontre
une population catholique et portugaise. Depuis
trois cents ans, 50 000 à 60 000 noirs se sont reli-
gieusement transmis le culte et la langue que les
Jésuites y avaient introduits au xvie siècle. Sur le
versant oriental du continent africain, les traces de
l'ancienne domination portugaise sont tout aussi
visibles. Les villes de Tété et de Senna, sur le
Zambèze, de Mozambique et de Sofala sur la côte,
ont été fondées au xviie siècle. De là, les Jésuites
envoyaient leurs missions sur tout le moyen Zambèze. Au xviiie siècle, les Portugais s'engagèrent
dans le Nyassa, et il est aujourd'hui avéré que
l'illustre Livingstone retrouva et suivit les traces
de leur passage. Plus haut, les Portugais avaient
fondé un établissement important à Mombassa, où
de vieilles fortifications portent encore une inscrip-
tion du xviie siècle attestant le passage de Cabrera
qui, en 1635, conquit la côte de Mélinde.

Cependant l'heure de la décadence allait sonner
pour le Portugal. Les grands hommes qui avaient
fondé son empire colonial étaient morts. Ceux qui
les remplacèrent étaient de moindre envergure et
ne surent pas conserver ce qui avait été acquis.
Mêlé aux querelles intestines de l'Europe, le Portugal dut payer d'une partie de ses colonies les
fautes et les malheurs de sa politique. La
Hollande le remplaça aux Indes. En Afrique, il
perdit le cap de Bonne-Espérance, car de tout

temps, la puissance qui domine aux Indes a voulu posséder les étapes du chemin. C'est ainsi que le Cap appartint successivement aux Portugais, aux Hollandais, et enfin à l'Angleterre. De même, depuis l'ouverture du canal de Suez, les Anglais, envers et contre tous, se sont maintenus en Egypte.

Puis, peu à peu, le magnifique élan qui avait entraîné le Portugal sur toutes les mers s'atténua et finit par disparaître. Appauvri, en proie à des discordes intestines, affaibli par la guerre et une administration déplorable, le Portugal se replia sur lui-même. Il délaissa l'Afrique, ou du moins il n'y vit plus qu'un réservoir humain où l'on recrutait à volonté les esclaves réclamés par les planteurs américains. La traite prit en peu de temps une extension considérable, non que le Portugal, comme veulent bien le dire les Anglais, ait inventé ce honteux trafic, et en ait gardé le monopole : en réalité, il ne fit ni plus ni moins que toutes les puissances coloniales, l'Angleterre y compris; mais, ayant à approvisionner de noirs les immenses plantations du Brésil, et possédant, d'autre part, la totalité des côtes les plus populeuses de l'Afrique, il fut amené par la force des choses à donner au commerce des noirs une triste importance. Ce fut la ruine des possessions portugaises de l'Afrique. On renonça à pénétrer dans l'intérieur. Seuls, les ports gardèrent quelque importance, grâce à la fréquentation des négriers. Plus tard enfin, lorsque disparut la traite, les colonies portugaises furent abandonnées, et pendant près d'un siècle végétèrent misérables et inconnues. La métropole y envoyait ses criminels et ses déportés politiques, et bornait là ses relations avec son domaine d'outre-mer. A peine voit-on quelques hardis chercheurs d'aventures quitter de temps à autre les rivages et s'enfoncer dans l'ombre. C'est ainsi que Graça, de 1843 à 1847; Silva Porto, Montanha, Texeira, de 1852 à 1856, s'efforcèrent courageusement d'interrompre la prescription et d'affirmer les *droits dormants* du Portugal sur les régions de l'intérieur.

On atteignit ainsi l'époque où l'Europe attentive s'aperçut que de toutes les terres dispersées à la surface du globe, l'Afrique seule, isolée dans sa masse, restait sans maître. Nous avons vu récemment comment ce vaste continent fut envahi et dépecé par des nations en quête de débouchés commerciaux. L'appétit dévorant de voisins riches et puissants donna l'éveil au Portugal. Il secoua sa longue torpeur et se mit résolument à l'œuvre. L'expansion coloniale redevint sa préoccupation maîtresse. Dès lors, la question portugaise va se poser en Afrique avec une acuité singulière. Entre le Portugal et l'Angleterre s'engagera un duel inégal, où le courage du petit peuple ne sera dépassé que par la fourberie insolente du plus fort. Déjà le premier acte du drame est accompli; peutêtre le dénouement n'est-il pas loin.

Un rapide examen de la carte de l'Afrique du Sud fera clairement ressortir les données du problème. En Afrique, plus que partout ailleurs, la géographie physique et économique est la cause déterminante des révolutions politiques.

III

L'Afrique du Sud s'étend sur 30 degrés en latitude, du 5° degré au 35° degré. La configuration du
pays est extrêmement simple. Comme dans toute
l'Afrique, l'intérieur est séparé de la mer par une
chaîne ininterrompue de montagnes. Mais tandis
qu'au nord de l'équateur cette région montagneuse
est le plus souvent étroite et peu élevée (7 à
800 mètres en moyenne), elle s'élargit et devient
plus haute à mesure qu'on s'avance vers le sud;
en même temps, elle se rapproche insensiblement
de la mer. Dans l'Angola portugaise, la chaîne côtière atteint déjà une altitude moyenne de 1 500 à
2000 mètres. Elle court sans discontinuer le long
de l'Atlantique, s'épanouit dans le sud de la colonie
anglaise du Cap en un chaos de montagnes arides
où les sommets de 3 à 3 500 mètres ne sont pas
rares, et tombe en falaises abruptes dans la mer
australe. Sur le versant de l'océan Indien, le même
phénomène se reproduit. Du massif montagneux
qui couvre le Cap, le Natal et le Swaziland, se dé-
tache une chaîne qui suit l'intérieur de la colonie
du Mozambique et remonte au nord le long des
rives orientales du Nyassa et du Tanganyka. Plus

haut encore aux environs du lac Victoria, elle se relie dans l'est africain allemand au puissant massif de Kilimandjaro, qui dresse jusqu'à plus de 5 000 mètres ses champs de neige et ses glaciers étincelants.

Entre la montagne et la mer s'étend la région côtière qui offre les aspects les plus variés. Dans le nord de l'Angola, elle est très chaude, marécageuse et malsaine comme au Congo. Plus au sud, dans la province de Mossamédès, elle devient habitable pour l'Européen, fertile et tempérée. Au delà du Counène, dans les régions soumises à l'influence allemande, elle se transforme en un affreux désert de sable, où jusqu'ici ont échoué toutes les tentatives de colonisation. Dans l'extrême sud, la région côtière disparaît et la montagne tombe à pic dans la mer. La plaine ne reparaît que dans le Mozambique, au nord de la baie Delagoa. Elle s'élargit à mesure que l'on remonte vers l'équateur et reprend peu à peu son aspect tropical.

L'intérieur du pays est une succession de plateaux immenses, dont l'altitude va s'élevant depuis le bassin du Congo jusqu'au Cap. Dans l'Afrique équatoriale, le plateau central ne dépasse guère 4 à 500 mètres. Déjà le sol s'élève sensiblement dans le sud de l'Etat indépendant. Le lac Tanganyka est à plus de 900 mètres ; le Katanga, le Nyassa, l'Angola portugaise, dépassent partout 1 000 mètres et atteignent parfois 2 000. En avançant toujours vers le sud, au delà de la vallée du Zambèze qui traverse presque tout le continent de l'est à l'ouest, on trouve le Machona, le Matébélé, le Manica ; plus bas encore, le Béchuanaland, le Transvaal et l'Orange, où les plateaux atteignent leur maximum d'élévation [1] et viennent enfin se rattacher au système montagneux du Cap.

Sur toutes ces immenses étendues, les plaines succèdent aux plaines sans autres accidents de terrain que les vagues dépressions creusées par les cours d'eau. Peu ou point d'arbres. La grande forêt ne dépasse pas la limite méridionale des affluents de gauche du Congo. Pendant six mois de l'année, c'est le steppe aride et brûlé de soleil. En certaines régions complètement déshéritées, toute végétation disparaît, comme dans le grand désert de Kalahari, qui s'étend au centre des possessions anglaises et sur une grande partie du sud-ouest allemand. Ailleurs, au contraire, dans les parties bien arrosées du bassin du Zambèse ou plus au sud sur les hauts plateaux du Vaal, du fleuve Orange et du Limpopo, la prairie, fertilisée par les pluies de la mauvaise saison, déroule au loin ses nappes verdoyantes ; mais l'aspect général n'en est pas moins âpre, triste et sévère. C'est un pays d'une monotonie désespérante où rien ne vient égayer la vue ni distraire la pensée, également éloigné de la majestueuse grandeur de la nature tropicale et des riants paysages de la zone tempérée ; terre de prédilection des pasteurs et des nomades qui, durant de longues années, y ont promené librement leur ombrageuse indépendance,

[1] Johannesburg et le Witwatersrand sont à 1700 mètres d'altitude.

au hasard de l'eau courante et des gras pâturages.

Tel était ce pays ; tel également se dessinait son avenir, lorsque les découvertes minières de ce dernier quart de siècle ont soudain transformé ses destinées. De toutes les contrées du globe, l'Afrique du Sud est apparue comme la plus favorisée dans la distribution des richesses du sous-sol [1]. Nous n'avons pas à parler ici des champs d'or du Transvaal, qui ont fait de ce petit pays le plus gros producteur de métaux précieux et l'un des centres industriels les plus actifs du monde entier. Dans le Matébélé, le Manica, le Machona, c'est-à-dire dans toute la région qui s'étend au nord du Transvaal, entre le Limpopo et le Zambèze, sur 7 degrés de latitude, les exploitations aurifères se créent et se développent de jour en jour. L'or est également signalé au sud, dans le Béchuanaland et le Khama; à l'ouest, dans les possessions allemandes ; au nord, sur le haut Zambèze portugais et dans le Nyassa.

[1] Il est vrai que de tout temps l'Afrique du Sud a été connue pour ses mines, mais rien ne pouvait faire prévoir les richesses colossales que la fin du xixe siècle allait mettre à jour. Une vieille tradition voulait même que ces mines aient été exploitées à l'époque des premières civilisations du bassin méditerranéen. On n'y attachait pas autrement d'importance lorsqu'une découverte étrange faite à Zymbabye, dans le Matébélé, vint lui donner une vie nouvelle. On a trouvé à Zymbabye des fortifications, des temples, et tout un ensemble de constructions gigantesques attestant le passage d'une race puissante et civilisée. Autour de la cité et dans tout le pays, des restes de travaux souterrains étonnent encore les mineurs modernes. D'où venaient ces premiers chercheurs d'or? On a voulu y voir des Phéniciens venus de Tyr, ou des Hébreux envoyés par Salomon. Les uns ont identifié Zymbabye avec l'antique et mystérieuse Ophir. D'autres y voient des traces de civilisation arabe. Jusqu'ici la vieille cité a gardé son secret.

On a trouvé de l'argent et du cuivre à Windhoec, dans le Damara allemand, et dans le Machona anglais ; du charbon partout, et parfois en quantité considérable. Cette succession fabuleuse de découvertes est un fait capital dans l'histoire économique de ce siècle.

De tout ce qui précède, la conclusion découlera facilement. Dans l'Afrique du Sud, l'intérêt n'est pas sur la côte ; il est tout entier dans l'intérieur. Les premiers qui voulurent s'installer dans le pays durent demander à l'élevage et à l'agriculture les ressources nécessaires. Sauf de rares exceptions, la côte ne pouvait nourrir une population nombreuse, pas plus que les montagnes arides et désertes qui bornaient l'horizon. Aussi le mouvement d'expansion vers les hauts plateaux commença-t-il immédiatement. Là seulement, les colons européens trouvaient un sol à ensemencer, des pâturages pour leurs bestiaux et un climat tolérable. Sur la côte et dans les bas-fonds, ils ne pouvaient vivre. La fièvre les en chassait, et plus encore la terrible mouche tsétsé, le fléau de l'Afrique du Sud dont la piqûre, mortelle pour les bestiaux, décimait les troupeaux et réduisait les colons à la misère. Aussi, dès qu'il y eut en Afrique autre chose que des stations navales, des comptoirs d'échanges ou des ports à négriers ; du jour où les Européens entreprirent de s'acclimater et de s'installer dans le pays sans esprit de retour, la marche en avant commença. Ni les difficultés de la route, ni les dangers d'une émigration au milieu de tribus farouches et hostiles ne les arrêtèrent. C'était pour eux une question de vie ou de mort. Nulle part la pénétration du continent ne s'effectua aussi vite et aussi loin.

Mais ce fut bien autre chose lorsque les découvertes minières vinrent enflammer les imaginations. Chaque trouvaille nouvelle provoquait le déchaînement des convoitises et un afflux des populations voisines. Or, c'est un fait caractéristique que tous les bassins miniers de quelque importance s'étendent à l'intérieur. Johannesburg, la ville de l'or, est à plus de 600 kilomètres de la mer ; Kimberley, la cité du diamant, à 1 000 ; Boulouwayo, la capitale de la Rhodésie britannique, est à 2 000 kilomètres au nord du Cap et à 700 kilomètres de Sofala, le point le plus rapproché de la côte orientale. Salisbury, le centre de la région aurifère du Manica et du Machona, est à 600 kilomètres de Beira sur l'océan Indien et à 2 700 kilomètres du Cap.

Ainsi tout contribuait à faire délaisser les côtes et à entraîner la population à l'intérieur. C'est là qu'était l'enjeu de la partie, le champ de bataille des intérêts et des passions. Dès lors, la politique européenne dans l'Afrique du Sud était clairement indiquée. Il ne s'agissait plus comme ailleurs de s'attarder sur le rivage, il fallait se lancer en avant, sans perdre un jour. L'avenir appartiendrait à la nation qui aurait su s'approprier les grandes plaines du centre et leurs inépuisables trésors. Les Portugais le comprirent et ils entrèrent en ligne avec une énergie digne de leurs aïeux.

IV

Personne n'était mieux placé que les Portugais pour prétendre à la domination de la vallée du Zambèze et des hauts plateaux de l'Afrique du Sud. Sur l'Atlantique comme sur l'océan Indien, ils avaient une base d'opération de premier ordre. A l'ouest, leurs établissements s'étendaient depuis les bouches du Congo jusqu'au sud du 13e parallèle : c'est la province d'Angola. A l'est, la colonie de Mozambique couvrait 17 degrés en latitude depuis le 10e jusqu'au 27e degré. Les deux pays étaient riches et peuplés : certains districts étaient même habitables pour l'Européen. Les ports étaient nombreux et sûrs, avantage des plus rares en Afrique, où les côtes, généralement basses et plates, sont peu hospitalières. Enfin et surtout, le Portugal détenait les meilleures voies de pénétration vers l'intérieur. De l'Equateur au Cap, on ne rencontre, outre le Congo, que trois fleuves de quelque importance, le Coanza, le Counène et le fleuve Orange : il n'y en a que trois également sur la côte orientale, le Limpopo, le Pungwé et le Zambèze. Sur ces sept cours d'eau, quatre débouchent sur le territoire portugais. Deux autres, le Congo et le

Counène, servent de frontière à l'Angola. Seul le fleuve Orange coule en dehors des possessions portugaises. Il est vrai qu'à part le Congo, aucun de ces fleuves n'offre de grandes ressources à la navigation. La plupart du temps, les vapeurs doivent s'arrêter à 200 ou 300 kilomètres de la côte. Le Zambèze lui-même, bien que le troisième fleuve de l'Afrique, n'a pas répondu aux espérances qu'il avait fait concevoir. Il est impossible de remonter au delà de Teté, à moins de 500 kilomètres de la mer.

Cependant, si insuffisantes qu'elles fussent, ces voies de pénétration avaient leur importance, et le Portugal, disposant librement de six embouchures sur sept, avait sur ses rivaux un avantage incontestable [1]. Cet avantage aurait centuplé du jour où il aurait réussi à mettre la main sur les deux rives du Congo. Maître du Congo à l'ouest, et du Zambèze à l'est, il aurait régné sur toute l'Afrique au sud de l'Equateur.

Malheureusement pour lui, le Portugal allait perdre la première partie : il se laissa distancer sur le Congo par des concurrents plus actifs et plus entreprenants. Trop confiant en la valeur de ses droits historiques, il ne prit pas soin de les appuyer par des faits positifs et des résultats acquis moins sujets à discussion, et lorsque Stanley, au mois d'août 1877, arriva à Boma, il était bien tard

[1] Le seul fleuve qui n'appartint pas aux Portugais, l'Orange, était incapable de modifier cette situation. Son cours est torrentueux, encombré de rapides et presque à sec une partie de l'année.

pour agir. Néanmoins, le cabinet de Lisbonne prétendit faire obstacle aux projets de l'Association internationale africaine, et il chercha un appui auprès des deux grandes puissances qui dominaient en Afrique, la France et l'Angleterre. Il s'adressa d'abord à la France et lui demanda d'admettre sa souveraineté sur la côte jusqu'au 5°12' parallèle de latitude sud ; c'était réclamer, dans son intégralité, l'embouchure du Congo. La France répondit d'une façon évasive, faisant observer que ses possessions se trouvaient au nord du parallèle 5°12' et qu'elle n'était pas directement intéressée dans la question.

L'Angleterre, assurément, l'était moins encore, puisqu'elle n'avait aucun établissement sur cette partie de la côte. Cependant, lord Granville accueillit favorablement les ouvertures du Portugal. Nous avons montré précédemment ce qu'il fallait penser de cette mansuétude du cabinet britannique et comment, en favorisant les ambitions portugaises, il avait voulu faire échec aux Allemands qui se servaient habilement de l'association internationale pour prendre pied dans le pays [1]. Les Anglais n'entendaient pas concéder au Portugal des avantages gratuits. Le Portugal n'était pour eux qu'un homme de paille. En soutenant ses revendications, ils n'avaient en vue que leurs propres intérêts.

C'est ce qui apparaît clairement dans le traité anglo-portugais du 26 février 1884. Aux termes de

[1] Voir chapitre II.

ce traité, la souveraineté du roi de Portugal était reconnue le long du rivage de l'Atlantique, depuis le 8e parallèle jusqu'au 5°12' de latitude australe. Il était expressément stipulé que, dans la région susdite, le Portugal renonçait à toute prétention sur l'intérieur. Sur le Congo, ses droits ne s'étendraient pas au delà de Noki. En revanche, le Portugal promettait d'ouvrir le Congo à la libre navigation et concédait à l'Angleterre le traitement de la nation le plus favorisée. Un tarif maximum de douanes était prévu, qui ne devait jamais être dépassé. Pour l'exécution de ces diverses mesures, une commission mixte anglo-portugaise était établie à Noki. Elle avait des attributions très larges, mais encore plus vagues, touchant la police du fleuve et de ses affluents. En outre, deux clauses territoriales importantes étaient imposées par les Anglais. Le Portugal leur concédait, en cas d'aliénation, un droit de préemption sur ses possessions de la côte de Guinée, depuis le 5e degré de longitude ouest jusqu'au 5e degré de longitude est; d'autre part, sur le Chiré, il acceptait comme limites le confluent du Ruo, ce qui équivalait à renoncer à toute expansion dans le Nyassa.

On a dit de ce traité qu'il constituait de la part de l'Angleterre un grand acte de générosité. J'avoue que cette générosité m'échappe. J'y trouve au contraire la marque caractéristique des procédés anglais. « Donner ce qui ne vous appartient pas, et prendre ce qui appartient aux autres. » L'Angleterre concédait royalement au Portugal 400 kilomètres de côtes où elle n'avait jamais eu ni un marchand ni un soldat. En échange, elle se réservait au Congo une situation politique et commerciale prépondérante. Par l'institution d'une commission mixte, elle prenait pied dans le pays : elle se ménageait pour l'avenir des prétextes faciles d'intervention, et surtout écartait les compétitions allemandes qui de jour en jour se dessinaient avec plus de vigueur. Enfin, outre les droits éventuels qu'elle acquérait dans le nord sur quelques postes peu importants, il est vrai, mais occupés depuis longtemps par le Portugal, elle obtenait au sud-est un avantage incontestable. Le Portugal renonçant à toute prétention sur le haut Chiré, l'Angleterre acquérait par ce fleuve et le Nyassa une voie d'accès de premier ordre vers la région des lacs, de beaucoup la plus courte et la plus sûre. En somme, le Portugal faisait des sacrifices très sensibles et n'obtenait qu'une part de souveraineté sur le Congo, sorte de condominium où le plus faible serait un jour dévoré par le plus fort. Loin de voir dans le traité de 1884 une concession bienveillante de l'Angleterre, nous le considérons plutôt comme un marché de dupes consenti par le Portugal. Telle fut d'ailleurs à Lisbonne l'impression de l'opinion publique et des Cortez. En Angleterre également, mais pour d'autres motifs, la convention du 26 février reçut un accueil des plus froids ; la presse et le Parlement, ne la jugeant que sur ses clauses immédiates, se révoltèrent à l'idée de voir des rivaux inattendus s'emparer du grand bassin navigable de l'Afrique équatoriale. Quant à l'Europe, elle manifesta une vive surprise.

De cet état d'esprit général, le roi Léopold sut
tirer un parti fort habile. Il réussit à obtenir de la
France et de l'Allemagne une protestation motivée
contre l'accord anglo-portugais. Devant cette opposition, lord Granville céda. Le 26 juin, il déclara
qu'il renonçait à poursuivre la ratification du traité,
et qu'il se ralliait à l'idée mise en avant par M. de
Bismarck d'une conférence internationale chargée
de résoudre toutes les questions pendantes. Cette
conférence se réunit à Berlin dans l'hiver de 1884
à 1885. Son but était d'établir une législation économique pour toute l'étendue du bassin du Congo,
mais les diplomates profitèrent de leur réunion
pour discuter les questions territoriales qui divi-
saient plusieurs des puissances représentées au
congrès.

La France s'entremit entre le Portugal et l'Association internationale. Finalement on aboutit à
la transaction suivante [1] : le Portugal s'étendait
au nord jusqu'à la rive gauche du Congo. Il renonçait à toute prétention sur la rive droite. Toutefois, au nord de l'embouchure, le Portugal réussit
à faire reconnaître ses droits sur deux points qu'il
occupait depuis plusieurs siècles, les ports de Lan-
dana et de Cabinda. Ils lui furent abandonnés avec

[1] Traités du 14 février 1885 avec l'Etat indépendant, et du
12 mai 1886 avec la France. Quelques mois plus tard (30 décembre 1886), un traité passé avec l'Allemagne déterminait au
sud la frontière entre l'Angola et les nouvelles possessions
allemandes. On adoptait pour limites communes l'embouchure
du Counène, et de ce point aux rapides de Catima sur le Zambèze une ligne astronomique suivant à peu près le 17e parallèle.

un petit territoire environnant qui constitue aujourd'hui une enclave entre les possessions françaises du Gabon et l'Etat indépendant.

La question des bouches du Congo se trouvait ainsi définitivement résolue. Le Portugal devait renoncer à ses prétentions sur le haut fleuve. Désormais, il ne pouvait plus faire du Congo sa grande voie de pénétration.

Au fond, l'échec était plus apparent que réel. S'il perdait le Congo, du moins il avait de nouveau le champ libre, car le traité de 1884 avec l'Angleterre, qui limitait au Mozambique son expansion dans l'intérieur, n'ayant pas été ratifié, était devenu caduc. Instruits par l'expérience, les Portugais vont maintenant précipiter leur mouvement en avant avec une ardeur fiévreuse. Déjà, le major Serpa Pinto, parti de Saint-Paul de Loanda, avait exploré tout le bassin du haut Zambèze, et gagné le Transvaal par le pays des Matébélés. En 1884, Capello et Ivens, partis de Mossamédés, traversaient les contrées, à peu près inconnues, qui s'étendaient entre les bassins du Zambèze et du Congo, et débouchaient à Quilimane sur l'océan Indien. A peu près en même temps, le major Carvalho parcourait en tous sens l'arrière-pays de l'Angola (1885-87). Là s'étendait un royaume indigène, le Mouata-Yanvo, dont la puissante organisation féodale étonna singulièrement le voyageur. Le roi accueillit favorablement le major Carvalho, et signa un traité de protectorat. C'était un coup de maître. Malheureusement, le Portugal ne sut pas garder tous ses avantages. Peu après le départ du major

Carvalho, la guerre éclata entre le souverain indigène et ses grands vasseaux, et le pays tomba dans
l'anarchie. L'Etat du Congo, qui chaque jour ga-
gnait du terrain dans ces régions, profita de l'occasion pour intervenir à main armée et annexer le
Mouata-Yanvo. Le gouvernement portugais protesta justement, mais il n'obtint qu'une partie de
ce qu'il réclamait. Le traité du 25 mai 1889 fixa la
frontière au cours du Kassaï, depuis le 7e degré de
latitude sud jusqu'à sa source : de ce point, elle se
dirigeait à l'est en suivant la ligne de partage des
eaux du Congo et du Zambèze.

Le Portugal avait dû céder la moitié du terrain
conquis ; néanmoins, il venait de faire en avant un
pas gigantesque qui l'amenait d'un bond jusqu'au
cœur de l'Afrique et doublait le territoire de l'Angola. Il se voyait à la veille de réaliser le beau rêve
qu'il caressait orgueilleusement depuis de longues
années. Encore un effort, et l'Angola, reliée au
Mozambique, allait constituer, d'un océan à l'autre,
ce grand empire lusitanien que l'imagination populaire entrevoyait au loin comme le couronne-
ment de l'œuvre coloniale du peuple portugais.
Mais alors s'élevèrent contre lui de nouveaux concurrents. Ses alliés d'hier transformés soudain en
adversaires acharnés vont réduire en fumée ses
projets de gloire et de grandeur.

V

Pendant que le Portugal s'ingéniait à reculer au loin les frontières de l'Angola, l'Angleterre ne perdait pas son temps. Son expansion dans le sud de l'Afrique est certainement une des choses les plus remarquables de l'histoire coloniale. Elle était fort mal placée, confinée au sud, dans l'étroite colonie du Cap ; le Portugal avait sur elle des avantages considérables. Mais l'Angleterre avait le nombre, l'argent et une absence de scrupules qui a rarement été égalée.

Jusqu'en 1870, l'Angleterre était restée immobile sur les côtes de l'océan Austral. Ses anciens sujets boërs, qui s'étaient séparés d'elle depuis un demi-siècle, avaient été chercher dans le Nord un asile contre la tyrannie britannique. Ils avaient fondé deux États indépendants sur les rives du Vaal, l'État d'Orange et le Transvaal. La meilleure partie des hauts plateaux de l'intérieur échappait ainsi à l'Angleterre.

Les choses restèrent en cet état jusqu'en 1870. A cette époque, des diamants trouvés à Kimberley attirèrent l'attention sur l'État d'Orange. L'Angleterre n'hésita pas. Un pays où l'on ramassait des diamants à la pelle ne pouvait appartenir qu'aux Anglais. Les Boërs ayant émis une opinion différente furent facilement mis à la raison et l'Angleterre annexa le Griqualand de l'ouest avec Kimberley et le Basutoland.

En même temps, le bruit se répandait avec insistance de découvertes aurifères au Transvaal. Un voyageur allemand, Karl Mauch, qui avait parcouru le pays de 1864 à 1870, vantait son incomparable richesse. Des exploitations aurifères s'étaient créées à Tati en 1868, et à Lydenburg en 1869 ; à Eersteling et dans le district de Komati en 1872. Les champs d'or de la vallée de Kaap étaient découverts en 1875. Le pays entier s'annonçait comme une mine d'or inépuisable. Tout aussitôt, l'Angleterre, profitant des dissensions civiles où les Boërs étaient plongés, leur déclarait la guerre et annexait leur pays. (avril 1877). Sir Garnet Wolseley déclarait pompeusement « qu'aussi longtemps que le soleil brillerait, le Transvaal resterait à l'ombre du drapeau britannique ». Mais ici, l'Angleterre trouva à qui parler. Les Boërs se soulevèrent en masse et repoussèrent l'envahisseur après lui avoir infligé des pertes sanglantes. Les Anglais ont avoué, depuis, qu'ils avaient éprouvé au Transvaal la plus humiliante défaite de leur histoire coloniale. Il est vrai qu'ils n'avaient pas encore à leur actif Maggersfontein, Colenso et Splon-Kop.

Repoussés du Transvaal, les Anglais avaient encore une ressource : c'était de tourner les Boërs par le nord et de les cerner dans leurs frontières.

Ils acquéraient ainsi des régions où l'or paraissait également abondant. En outre, ils comptaient bien que le Transvaal, enveloppé de toutes parts, serait un jour absorbé par l'État le plus fort, le plus riche et le plus peuplé. Enfin, du même élan, ils coupaient la route à l'Allemagne qui, installée depuis 1884 sur la côte de l'Atlantique, ne cachait pas ses projets ambitieux.

En 1885, les Anglais se décidèrent à l'action et passèrent le fleuve Orange. La même année, le Béchuanaland fut annexé. En 1887, ils s'emparèrent du royaume de Khama. Désormais, ils étaient les maîtres de la situation. Les Allemands, rejetés au delà du grand désert de Kalahari, les Boërs du Transvaal, refoulés en deçà du Limpopo, ne pouvaient plus se donner la main au centre de l'Afrique.

Mais les Anglais avaient dès lors à compter avec le Portugal. Ils étaient arrivés, en effet, jusqu'au 20e degré de latitude. Là, ils touchaient au bassin du Zambèze que les Portugais avaient toujours revendiqué. Devant eux s'étendaient le Matébélé, le Machona, le Manica ; puis, sur la rive gauche du fleuve, le pays des Barotsés, et, plus haut encore, le Nyassa. Sur tous ces pays, les droits du Portugal étaient indéniables. Dès 1569, Francisco Barreta, le fondateur de Tété et de Senna, avait pénétré dans le royaume légendaire du Monomotapa et conclu avec le souverain un traité qui ouvrait au commerce portugais la région du Manica. Les cartes du xviie siècle prouvent d'une façon péremptoire que, dès cette époque, les cours du Zambèze et de plusieurs de ses affluents avaient été reconnus, et que des colonies avaient été fondées autour du lac Nyassa. Au xviiie siècle, Pereira, Lacerda, Monteiro, Gamitto, avaient exploré les bassins de la Louanza, du Tchambési et du lac Moero.

Il est vrai toutefois qu'au cours du xixe siècle les Portugais avaient progressivement restreint leur occupation et s'étaient repliés sur la côte. Les Anglais en profitèrent. Depuis longtemps, leurs missionnaires inondaient le pays. En 1859, des missions anglaises et écossaises s'étaient établies en divers points du bassin du Zambèze. Dès ce jour, le Portugal aurait dû prendre l'éveil, car lorsqu'un missionnaire anglais met le pied dans un pays, l'Angleterre en a bientôt quatre.

Lorsque nos admirables prêtres des Missions étrangères s'en vont en Afrique ou en Asie chercher des âmes à sauver, ils suivent à la lettre les divins enseignements du Sauveur : « Vous avez reçu gratuitement, donnez gratuitement. N'ayez ni or ni argent. N'emportez pour le voyage ni sac, ni deux vêtements, ni souliers, ni bâton, car l'ouvrier mérite sa récompense. » Et on les voit partir avec respect, sans autre viatique que l'Évangile, la bénédiction de leur pasteur et le pieux enthousiasme de l'apôtre. Peut-être peut-on leur reprocher leur imprévoyance et la témérité de leur foi, mais il faut s'incliner très bas devant leur admirable renoncement, leur charité non moins touchante, et le courage tranquille qui les entraîne aux pires dangers pour faire un peu de bien à l'humanité souffrante.

Tout autre est le procédé des missionnaires an-

glais. Ce peuple, essentiellement pratique, n'a
garde de négliger l'influence religieuse, mais il entend qu'elle serve ses intérêts politiques et commerciaux. Le missionnaire protestant qui fait ses
préparatifs de départ ne va pas demander des forces
aux pieds des autels ; il s'adresse aux maisons
d'exportation en gros et apporte tous ses soins au
choix de ses marchandises et objets d'échange. De
là il va au « Colonial office » chercher le mot
d'ordre et les instructions secrètes de la politique
impériale. Il ne quitte l'Angleterre que dûment
approvisionné de cotonnades, de bibles, de whisky,
d'armes à feu, et fortifié par la bénédiction du secrétaire d'Etat de Sa Gracieuse Majesté.

Arrivé dans le pays qu'il a choisi, son attitude
est non moins caractéristique. Il met une habileté
merveilleuse à s'insinuer partout. Tour à tour marchand, pasteur, consul, il se plie à toutes les situations et profite de toutes les occasions avec la même
adresse. S'il rencontre des peuplades réfractaires à
l'idée chrétienne, il laisse ses bibles au fond de ses
cantines et tire les spiritueux et les pièces de Manchester sans lesquelles un bon Anglais ne voyage
jamais. Si, au contraire, les indigènes écoutent sa
parole, c'est une chance heureuse qui lui permet-
tra de développer son influence, au plus grand profit de ses affaires et de la politique britannique.

Assurément, il y a parmi les pasteurs protestants des âmes pieuses et désintéressées, mais combien y en a-t-il chez qui la religion n'est qu'un
prétexte commode pour dissimuler les passions les
moins évangéliques ? En tout cas, chaque fois qu'un

missionnaire anglais apparaît dans l'histoire coloniale, le résultat n'est guère à son honneur. Peut-
être n'est-ce qu'un hasard, mais un hasard qui se
répète aussi régulièrement est au moins bien fâcheux
et singulièrement compromettant. Il suffira de rappeler ici les abominations dont l'Ouganda a été récemment le théâtre et où la responsabilité des missions anglicanes est clairement engagée. Nous-
mêmes, au cours de nos expéditions coloniales,
soit à Tahiti, soit à Madagascar, nous avons vu des
missionnaires anglais soulever les indigènes et leur
faire passer des armes. Que dire enfin du Révérend
Stokes, ce pasteur trafiquant de l'Etat du Congo,
qui approvisionnait de poudre les bandes d'escla-
vagistes, et qu'un officier belge, moins patient que
nos amiraux, fit pendre haut et court, au grand
scandale de la vertueuse Albion ?

Les missions anglaises s'étaient donc répandues
dans tout le bassin du Zambèze et du lac Nyassa,
et y avaient fondé des établissements importants.
Des stations florissantes s'élevaient à Blantyre, à
Bandawé, à Livingstonia. Le terrain étant favorable, leur situation prospéra et les affaires ne tardèrent pas à prendre le pas sur la prédication. Ce
fut l'origine de l'African lakes Cᵒ, qui engloba
toutes les missions du lac Nyassa et accapara en
quelques années tout le commerce de la région
située au nord du Zambèze. Des sociétés analogues
se fondèrent également au sud du fleuve : la Central
British African Cᵒ, qui évangélisait et exploitait le
Matébélé et le Machona ; la British Bechuanaland
Cᵒ, qui étendait son action sur le royaume de Khama.

Entre ces sociétés bibliques et commerciales et le gouvernement portugais, les relations de bon voisinage avaient duré longtemps. A maintes reprises, l'Angleterre avait protesté de son respect pour les droits du Portugal. Lord Salisbury, qui, alors comme aujourd'hui, dirigeait les affaires de son pays, s'exprimait en ces termes au Parlement : « Le gouvernement favorisera volontiers les entreprises de ses nationaux, mais ces territoires (ceux où opérait la Société des Lacs), *n'appartenant pas à l'Angleterre et n'étant pas placés sous son protectorat*, l'action du gouvernement se trouve limitée. » Et sir James Fergusson, sous-secrétaire d'État permanent des affaires étrangères, répondant à une interpellation d'un député, déclarait « que le gouvernement ne pouvait entreprendre aucune expédition militaire dans ces régions, *parce qu'il est incontestable que le Portugal, maître de la côte, a aussi des droits souverains sur les territoires de l'intérieur* ».

Toutefois, au fur et à mesure des progrès des Anglais dans le Sud, le ton changeait. Les nuages grossissaient à l'horizon, et le Portugal commençait à s'inquiéter des allures de ses voisins. Le consul anglais résidant à Mozambique, M. Johnston, traitait directement avec les chefs indigènes, au nom de l'African lakes Company, sans se préoccuper de la souveraineté du Portugal, et défendait auprès des autorités de la colonie les intérêts religieux et commerciaux des missions anglaises comme aurait pu le faire le représentant d'une puissance indépendante. Enfin, les sociétés an-

glaises s'appliquaient avec un soin jaloux à repousser toute intervention des autorités locales.
C'est ainsi que la Société des Lacs, bien que menacée par le soulèvement des Arabes, s'obstinait à
refuser le concours de la force armée portugaise
pour ne pas être obligée de reconnaître que le pays
appartenait au Portugal. Il était clair que les missionnaires et les marchands préparaient le terrain
et qu'une crise éclaterait à la première occasion.

Le Portugal résolut de prendre les devants et
d'affirmer ses droits sur les régions occupées par
ses voisins. En même temps que le major Carvalho
reculait les frontières de l'Angola jusqu'au centre
de l'Afrique, d'autres officiers portugais se répan-
daient dans le Machona et le haut Zambèze. Le
lieutenant Cordon, parti de Zumbo, sur le Zambèze,
parcourait les vallées du Panamé, du Sanyati et
de l'Unfuli, tandis que le lieutenant de Païva d'Andrade traversait tout le Machona. Sans tirer un
coup de fusil, ces deux officiers reçurent la soumission et l'hommage de tous les chefs indigènes
(1885-87). De même en 1886, huit autres chefs
des environs du lac Nyassa venaient à Ibo reconnaître à nouveau la suzeraineté du roi de Portugal.

Malheureusement, il était bien tard pour agir.
Les Anglais, qui avaient poussé leurs colonnes
jusqu'au bassin du Zambèze, voyant devant eux des
régions plus riches où l'or s'annonçait comme
abondant, n'eurent garde de s'arrêter. Ils résolurent de couper en deux les possessions portugaises
et de s'assurer ainsi un immense empire d'un seul

tenant qui, du Cap au Tanganyka, s'étendrait sur
20 degrés en latitude. En outre, par le Zambèze, le
Chiré et le Nyassa, ils acquéraient définitivement
sur la région des lacs, qui apparaît à juste titre
comme la clef du centre africain, cette voie de pénétration qu'ils s'étaient fort habilement ouverte
en 1884, mais que la non-ratification du traité
leur avait aussitôt refermée. L'objet en litige était
de grande valeur ; il valait la peine de tenter un
coup de force et de supprimer une fois de plus les
règles gênantes du droit des gens.

Les hostilités s'ouvrirent le 13 août 1887. Le cabinet de Saint-James informa le gouvernement
portugais de ses intentions et lui déclara qu'il ne
reconnaissait pas ses prétentions sur le Machona et
le Nyassa, car il n'entretenait pas dans ces pays
d'autorité capable d'exercer les droits ordinaires de
souveraineté. « Le droit de souveraineté, ajoutait
la note anglaise, ne pouvait naître d'une simple
déclaration : il fallait qu'elle fût suivie d'une occupation réelle, constante, permanente et d'une
organisation administrative, judiciaire et militaire. »

A cette argumentation, le cabinet de Lisbonne
répondit que de tous temps les pays en question
avaient dépendu de la couronne portugaise, qu'elle
y avait jadis entretenu des troupes et bâti des forts ;
que si son occupation effective avait été interrompue, les chefs indigènes n'avaient jamais cessé
de reconnaître sa suzeraineté ; ils venaient précisément de renouveler leur serment d'obéissance
entre les mains de ses officiers qui avaient par-

couru leurs territoires en pleine paix, sans répandre une goutte de sang. Le gouvernement portugais rappelait également que l'Angleterre n'avait jamais mis en doute les droits du Portugal, qu'elle avait reconnu maintes fois que les sociétés anglaises vivaient sous l'autorité et la protection du gouverneur de Mozambique, représentant de la couronne portugaise.

Il n'y avait rien à répondre à ces arguments. La tradition historique comme la plus simple équité étaient du côté du Portugal. Aussi l'Angleterre ne perdit pas son temps à discuter ; mais elle envoya dans les régions contestées une expédition conduite par MM. Colquhoun et Seelous, qui s'aboucha avec le fameux Lobengula roi des Matébélés et suzerain nominal du Machona ; ce chef, habilement circonvenu, accepta le protectorat anglais et concéda aux explorateurs le monopole des concessions minières dans ses domaines (11 fév. 1888). Le Portugal protesta énergiquement, mais l'Angleterre passa outre et commença l'organisation du pays. Les deux sociétés anglaises installées au sud du Zambèze, la Bristish Bechuanaland Cᵒ, et la Central British African Cᵒ fusionnèrent, et de leur alliance naquit la puissante Compagnie de l'Afrique du Sud, destinée à un si bruyant avenir. Chaudement appuyée par les plus hauts personnages de l'aristocratie, du gouvernement et de la finance, cette compagnie fut dotée, le 27 octobre 1889, d'une charte impériale qui lui conférait des droits souverains sur tous les pays situés au nord du Béchuanaland, c'est-à-dire sur le Khama, le

Matébélé et le Machona. M. Seelous recevait immédiatement du directeur de la Compagnie, le
trop célèbre Cecil Rhodes, l'ordre d'occuper militairement les territoires annexés.

C'était une provocation brutale et sans exemple.
Le Portugal y fit face avec un grand courage. Le
9 novembre 1889, douze jours après la constitution
de la Chartered C°, la *Gazette officielle* de Lisbonne
publiait un décret royal qui réorganisait l'administration du Mozambique, détachait l'Hinterland des
districts côtiers, et constituait une nouvelle province dite de Zumbo, comprenant le Machona et le
Nyassa. Le Portugal tranchait le litige à son profit
et réalisait la jonction à travers l'Afrique du Mozambique et de l'Angola.

Le 21 novembre, le cabinet anglais faisait savoir
à Lisbonne qu'il ne tiendrait aucun compte de la
protestation portugaise : en même temps, la presse
de tout le Royaume-Uni entrait en ligne avec le
débordement de violences et d'invectives auxquelles
elle nous a fréquemment habitués. Mais la situation était trop tendue pour qu'on s'en tînt à une
guerre de plume : un incident de frontières allait
précipiter les événements.

Depuis un an, le major Serpa Pinto, à la tête
d'une troupe nombreuse, opérait sur le moyen
Zambèze et dans la vallée du Chiré. En novembre
1889, il reçut du consul Johnston l'avis que l'Angleterre avait étendu son protectorat sur le Nyassa
et le bassin du Chiré. Serpa Pinto, trouvant la
prétention exorbitante, continua d'avancer. Sur
ces entrefaites, il apprit que les Makololos avaient

attaqué sur le Chiré un vapeur de la Compagnie des Lacs. Il se dirigea vers les tribus rebelles, mais Johnston protesta contre cette intervention, déclarant qu'il n'avait nul besoin des troupes portugaises pour se défendre, et que, d'ailleurs, le pays étant anglais, Serpa Pinto, en venant le protéger, violait le territoire de la Grande-Bretagne.

Fort de son droit et de son devoir, l'officier passa outre : il attaqua les Makololos, les mit en déroute..., et ramassa sur le champ de bataille plusieurs drapeaux anglais que les indigènes tenaient de l'agent britannique.

Tout, dans cette aventure, témoignait, de la part des Anglais, d'une duplicité sans exemple. Voici un consul anglais agréé officiellement par les autorités portugaises et muni, par leurs soins, d'un passeport qui lui permet de résider et d'exercer ses fonctions dans le pays. Un beau jour il vient déclarer au gouvernement auprès duquel il est accrédité qu'il n'a jamais eu aucun droit sur ce pays, dont seule l'Angleterre est légitime souveraine. Ceci déjà est un procédé international d'un goût au moins douteux et certainement unique en son genre. Mais ce qui suit est mieux encore. Les Anglais prétendant avoir été attaqués par les Makololos, Serpa Pinto s'avance pour les protéger ; il se heurte aux bandes nègres dont les Anglais s'étaient plaint et les trouve armées de fusils anglais, approvisionnées de poudre anglaise et couvertes du drapeau anglais. Il est bien permis à l'esprit le moins prévenu de ne voir en cette affaire

qu'une machination ingénieuse, ourdie par l'imagination fertile d'un agent dénué de tout scrupule,
en vue de provoquer un éclat et de mettre le feu
aux poudres.

Il atteignit son but sans coup férir. A la nouvelle du conflit sanglant survenu entre Serpa
Pinto et les protégés britanniques, une belle indignation se manifesta en Angleterre. Le Portugal
s'était mis au ban des nations. C'était un peuple
de flibustiers et de pirates.

> Rien que la mort n'était capable
> D'expier son forfait; on le lui fit bien voir.

Au cabinet de Lisbonne, qui demandait naïve-
ment de soumettre le différend à l'arbitrage des
puissances, en application de l'art. 12 de la conférence de Berlin, lord Salisbury répliqua en en-
voyant, le 12 janvier 1890, l'ultimatum suivant :

« Le gouvernement britannique désire et in-
siste pour que les instructions suivantes soient
envoyées immédiatement, par télégraphe, au gouverneur de Mozambique. Rappelez aussitôt toutes
les forces portugaises se trouvant actuellement sur
le Chiré, ainsi que sur les territoires des Makololos
et du Machona. Le gouvernement britannique est
d'avis que, faute de cela, les assurances données
par le gouvernement portugais sont illusoires, et
M. Pètre (le ministre anglais à Lisbonne) se verra
forcé, conformément à ses instructions, de quitter
immédiatement Lisbonne, avec tous les membres

de la légation, s'il ne recevait pas, cette après-midi, une réponse satisfaisante. »

C'était la guerre. Que pouvait faire le Portugal, sinon se résigner?

Le jour même, M. Pètre reçut la réponse de M. Gomez, ministre portugais des affaires étrangères. Elle était conçue en ces termes :

« En présence d'une rupture imminente avec la Grande-Bretagne et considérant toutes les conséquences qui pourraient en résulter, le gouvernement portugais se soumet aux exigences formulées dans la dernière note du gouvernement anglais. Tout en réservant les droits de la couronne portugaise sur les territoires sus-mentionnés de l'Afrique, ainsi que le droit qu'elle possède, en vertu de l'art. 12 de la conférence de Berlin, de recourir à un arbitrage pour la solution de la question en litige, le gouvernement du roi envoie au gouverneur de Mozambique les ordres que lui impose la Grande-Bretagne. »

Cette insulte faite à une nation qui, jusqu'alors, se vantait d'être la fidèle alliée de l'Angleterre, provoqua en Portugal une violente émotion qui faillit dégénérer en mouvement révolutionnaire. La foule se porta tumultueusement à la légation anglaise, brisa l'écusson et traîna son drapeau dans la boue. Le buste de Serpa Pinto fut promené en triomphe à Lisbonne et couronné de fleurs. Le patriotisme surchauffé appelait à grands cris la guerre et, en quelques jours, une souscription nationale produisit plus de 10 millions, chiffre respectable pour un petit pays pauvre et peu peuplé.

De toutes parts, des ligues se formèrent pour mettre à l'index les produits anglais [1], et la plupart des Portugais administrateurs de compagnies anglaises donnèrent leur démission.

L'irritation n'était pas moins vive dans les sphères politiques. Le Parlement refusa de ratifier ce qu'il appelait la capitulation du gouvernement et renversa le ministère. C'était injuste, car M. Gomez avait été jusqu'au bout du possible et avait courageusement défendu l'honneur de la couronne et l'intégrité du territoire. Enfin, le roi lui-même, s'associant à l'indignation populaire, renvoya à la reine Victoria les insignes des ordres du Bain et de la Jarretière.

L'Angleterre supportait philosophiquement ces colères légitimes mais impuissantes. Elle avait atteint son but, peu lui importait d'avoir violé le droit.

Cependant, il devenait urgent de délimiter les sphères d'influence qui résultaient du nouvel état de choses. Telle était, au Mozambique, l'exaspération des esprits que de nouveaux conflits parais-

---

[1] Il est curieux de constater que ces menaces furent mises à exécution, et que les événements de 1890-1891 eurent un contrecoup sensible sur l'orientation du commerce portugais. Il est très rare de voir ainsi la passion politique dominer les intérêts matériels. En 1882, sur un mouvement commercial total de 332 millions, la part de l'Angleterre s'élevait à 145 millions, soit 43 0/0. En 1889, sa part n'est plus que de 39 0/0, en 1890, de 34 0/0 et de 27 0/0 en 1897 (102 millions sur 377 millions). Si l'on s'en tient aux seules importations, la diminution est plus frappante encore. Elles ont passé de 85 millions en 1882 (44 0/0 du total) à 54 millions (soit 21 0/0) en 1890, et à 35 millions (soit 15 0/0) en 1897. En quinze ans, l'Angleterre a donc perdu un débouché de 61 millions.

saient imminents. Déjà un premier traité avait été conclu le 20 août 1890, mais les Cortez l'avaient repoussé. Pour gagner du temps, on s'accorda à signer un *modus vivendi* d'une durée de six mois, qui neutralisait en quelque sorte les territoires litigieux, les deux parties s'engageant à n'y signer aucun traité et à n'y faire aucun acte de souveraineté. Ces territoires étaient délimités de la façon suivante : à l'est, le cours du Ruo, affluent du Chiré ; le Chiré jusqu'à son confluent avec le Zambèze ; la frontière orientale du Machona, jusqu'au fleuve Sabi ; au sud, la ligne de partage des eaux entre les bassins du Zambèze et du Limpopo, jusqu'aux rapides de Catima sur le Zambèze ; à l'ouest, le cours du Zambèze jusqu'au confluent du Kabompo, et le cours du Kabompo jusqu'aux frontières de l'Etat du Congo.

L'Angleterre obtenait gain de cause sur toute la ligne. Néanmoins, elle ne se crut pas obligée de respecter les stipulations si larges de la convention précédente. A peine l'accord était-il conclu que l'expédition de M. Colquhoun pénétrait au cœur du Machona, en plein territoire contesté, et s'arrêtait à la frontière portugaise où elle fondait le Fort Salisbury (15 septembre 1890). Là elle était aux portes du Manica, qui avait été laissé en dehors des clauses du traité et par cela même demeurait au Portugal. Un colonel portugais, M. de Païva d'Andrade y résidait, avec des troupes sans aucune opposition du gouvernement anglais. Malheureusement, le Manica renfermait de grandes richesses aurifères. Son sort était donc réglé dans l'esprit des administrateurs de la Chartered. A la fin de novembre, M. Colquhoun écrivit au colonel Païva d'Andrade pour le sommer d'évacuer le pays, où il allait installer un résident anglais. Le colonel crut à une mauvaise plaisanterie, mais quelques jours après sa troupe fut surprise dans le Kraal d'Oumtasa par les gens de la Chartered. Sans armes et sans défiance, les Portugais ne purent opposer aucune résistance: tous les officiers furent faits prisonniers et dirigés sur le Cap.

Le gouvernement de Lisbonne protesta contre cette nouvelle violation du droit des gens: l'Angleterre répondit en faisant forcer par une escadrille de canonnières les passes du Zambèze.

Il n'y avait rien à espérer d'un adversaire qui ripostait par des coups de canon à des notes diplomatiques et à des demandes d'arbitrage. Cédant à la force, le cabinet de Lisbonne s'inclina de nouveau et signa, le 11 juin 1891, un traité qui réglait définitivement toutes les questions en litige. Ce traité reproduisait les principales dispositions de la convention de 1890. Tous les territoires neutralisés l'année précédente étaient reconnus appartenir à l'Angleterre. En outre, le Manica était détaché du Mozambique, mais le Portugal recevait en échange un territoire de 80 000 kilomètres carrés entre le Chiré et Zumbo. Il est inutile d'ajouter que l'or n'avait pas été signalé dans ce district [1]. Le Zambèze était ouvert à la libre navigation; le

[1] Il faut également signaler une modification singulière imposée au Portugal, en ce qui concerne la frontière est de la province d'Angola. Au Zambèze et au Kabompo, qui, en 1890,

Portugal s'engageait à construire, à bref délai, une ligne de chemin de fer dans la vallée du Pungwé jusqu'à la frontière anglaise. Enfin, les deux parties s'accordaient, en cas d'aliénation, un droit de préemption réciproque sur leurs possessions. Ce traité, a jusqu'ici été respecté.

Nous avons insisté sur ces événements qui constituent une phase capitale de l'histoire de l'Afrique. Entre les deux puissances, dont l'une avançait à marches forcées du sud au nord, et l'autre s'étendait hâtivement de l'ouest à l'est, un choc était inévitable, où le plus faible devait succomber. En fait, le traité de 1891 consacra la ruine du rêve séculaire des Portugais. Désormais, l'Angola et le Mozambique étaient séparés par les possessions britanniques, et toute espérance de constituer un grand empire inter-océanique était irrémédiablement perdu. L'Angleterre était parvenue à ses fins. Son territoire s'étendait sans interruption du Cap au Tanganyka, sur une moitié de l'Afrique. Cette expansion prodigieuse est assurément une belle œuvre de persévérance et d'adresse ; mais elle est, avant tout, un monument sans exemple de déloyauté, et c'est sous cet aspect que l'histoire doit la juger. Envers les Portugais comme envers les Boërs de l'Orange et du Trans-

---

avaient été fixés comme limite, l'Angleterre substitua, en 1891, « la limite occidentale du pays des Barotsés ». L'Angleterre prétendit que les deux expressions étaient équivalentes. Mais alors pourquoi remplacer une expression précise et nette par une formule vague et indéterminée ? L'Angleterre n'a-t-elle pas intentionnellement déposé le germe des discordes futures ?

vaal, l'Angleterre ne s'est jamais souciée de la plus vulgaire équité. La ruse ou la violence ont marqué chacun de ses pas en avant. Rarement le droit des gens a été foulé aux pieds avec une aussi parfaite sérénité.

Quant au Portugal, il a porté la peine de ses fautes. Installé depuis des siècles sur les rives des deux Océans, en possession des meilleurs ports de la côte, toutes les espérances lui étaient permises. Il n'avait qu'à vouloir pour dominer dans toute l'Afrique du Sud. Toutefois, jusqu'en 1880, rien n'était perdu. A ce moment, l'Angleterre n'avait pas dépassé le fleuve Orange ; si alors le Portugal avait vigoureusement poussé ses colonnes le long du Zambèze et du Chiré, occupé militairement le Machona, le Matébélé, le Nyassa, les Anglais arrivant dix ans plus tard se seraient trouvés en face d'une situation de fait qu'il aurait bien fallu respecter.

Malheureusement, les Portugais commirent alors une faute capitale qui leur fit perdre un temps précieux. Ils s'entêtèrent à chercher querelle au roi Léopold au sujet du Congo, sans se rendre compte qu'il était trop tard, que leurs droits historiques ne pouvaient tenir devant les découvertes de Stanley et l'initiative du roi des Belges et qu'ils acceptaient un rôle un peu ridicule en faisant le jeu des Anglais. Lorsque cette question fut réglée à leur détriment, ils dirigèrent tous leurs efforts sur l'Hinterland de l'Angola et la délimitation de leurs frontières avec l'Etat indépendant. C'étaient là autant de fautes de tactique. Leur meilleure base d'opération n'était pas l'Angola, mais bien le Mozambique, où ils avaient, par le Zambèze et le Chiré, une voie d'accès facile sur l'intérieur. Leurs voisins les plus redoutables n'étaient pas les Belges, mais bien les Anglais. Le but le plus avantageux à atteindre comme aussi le plus rapproché et le plus accessible, n'était pas l'Hinterland de l'Angola, mais bien celui du Mozambique et les régions aurifères du Manica et du Machona. Or, ils ne se décidèrent à agir par l'est que vers 1886 : il n'était plus temps, les Anglais étaient là.

Au reste, ceci n'est pas pour justifier les procédés inqualifiables de l'Angleterre, ni pour diminuer la belle défense du Portugal et l'énergie honorable qu'il a montrée au cours de la lutte : c'est tout simplement une preuve à ajouter à tant d'autres, qu'en matière coloniale comme en toute chose.

Rien ne sert de courir, il faut partir à point.

Le précepte est d'autant plus vrai qu'on a affaire à un adversaire moins scrupuleux.

Le Portugal est donc aujourd'hui réduit à ses deux colonies de Mozambique et d'Angola. Si ce domaine de 2 200 000 kilomètres carrés et de 6 millions et demi d'habitants est peu de chose auprès de son vieil empire colonial et des espérances qu'il pouvait légitimement concevoir, il n'est pas à dédaigner. Par sa situation géographique et son développement économique, il pèse encore d'un grand poids dans la balance des intérêts européens en Afrique. Nous n'en voulons pour preuve que les compétitions ardentes dont il est toujours l'objet.

Assurément, il reste au Portugal beaucoup à faire pour tirer parti de ses vastes colonies, mais il y travaille avec ardeur et s'il ne dépendait que de lui, il demeurerait une grande puissance africaine. Nous verrons malheureusement que sa route est semée des plus graves dangers et qu'il a tout à craindre des années qui s'avancent.

CHAPITRE V

SITUATION ÉCONOMIQUE ET COMMERCIALE DES POSSESSIONS PORTUGAISES

I

Les événements de 1890-1891 ont été, pour le Portugal, une leçon cruelle, mais l'issue désastreuse de sa lutte avec le puissant larron qu'il eut le malheur de trouver sur son chemin eut au moins pour résultat de lui ouvrir les yeux sur ses fautes passées. Trop fier de ses lauriers anciens, il avait cru longtemps que rien ne pourrait prévaloir contre ses droits historiques ; mais dans la mêlée universelle des intérêts et des passions, de pareils droits n'ont de valeur que s'ils sont défendus par des soldats et justifiés par un labeur quotidien. Le Portugal l'apprit à ses dépens. Il paya de ses plus légitimes et de ses plus chères espérances la faute d'avoir, pendant près d'un siècle, fait faillite à ses glorieuses traditions. Il expia ses longues dissensions intestines, les misères de sa politique et la déplorable gestion de son patrimoine et de ses finances. Nous allons maintenant assister à ses généreux efforts pour sauver ce qui n'était pas irrémédiablement compromis, et pour tirer parti, au nom du progrès et de la civilisation, du domaine qui lui était reconnu.

Si la question politique et territoriale était réglée sans appel (car on peut être sûr qu'un procès gagné par 40 millions d'Anglais sur 4 millions de Portugais ne sera jamais ni cassé ni revisé, du moins en faveur de la partie perdante), la question économique restait entière. Aux colonies portugaises, tout manquait à la fois, les colons comme les capitaux. La mère patrie y avait dépensé beaucoup d'or, versé le sang de ses enfants, encouru à son sujet de dures humiliations et de longs soucis, mais elle n'en obtenait aucun accroissement de puissance ou de richesses. Rien n'attirait, dans les ports de l'Angola ou du Mozambique, les vaisseaux portugais, et parmi les 20 000 ou 30 000 émigrants, qui, chaque année, quittaient les bords du Tage et du Douro pour aller chercher fortune dans les pays d'outre-mer, à peine quelques-uns se dirigeaient-ils vers l'Afrique du Sud.

En quinze ou vingt ans, la situation va changer complètement; arrêtons-nous ici quelques instants et montrons quel long chemin a été parcouru en ce court espace de temps.

Dans l'œuvre de colonisation entreprise par les Portugais, la nature du sol et du climat, comme aussi la situation géographique de leurs deux provinces, devaient avoir une influence considérable.

L'Angola, nous l'avons vu, se partage selon la latitude, en deux régions distinctes. Le Nord est soumis au régime des tropiques, et, comme au Congo, la forêt vierge et la savane produisent en abondance l'ivoire, le caoutchouc et le café. Au delà du fleuve Coanza, tout change de caractère. L'Européen s'acclimate facilement dans le district de Mossamédès et le bassin du Counène, sur un sol favorable à l'élevage et à la culture de tous les produits de la zone tempérée. Colonie d'exploitation dans le nord, colonie de peuplement dans le sud, voilà l'avenir de ce pays.

Le Mozambique est tout différent. Sur ses 17 degrés en latitude, il conserve plus ou moins son aspect tropical. Tantôt aride et désert, tantôt, au contraire, marécageux et couvert de massifs forestiers impénétrables, il est partout très chaud, toujours malsain et le plus souvent peu fertile. Ce n'est pas une colonie d'exploitation avantageuse; c'est bien moins encore une colonie de peuplement. Le Portugal pouvait seulement espérer s'en faire une base d'opération de premier ordre; mais les Anglais lui ayant barré le chemin, le Mozambique n'était plus pour lui qu'une colonie de transit, destinée à drainer les richesses de l'intérieur.

Tels étaient, pour ces deux pays, les éléments de prospérité qui pouvaient être mis en œuvre. Après de longues hésitations et quelques erreurs, les Portugais finirent par les discerner et ils agirent en conséquence.

Installés en Angola depuis quatre siècles, les Portugais étaient, pendant longtemps restés confinés sur la côte. Ils y avaient fondé plusieurs villes, dont quelques-unes, de réelle importance. Au premier rang figurent Saint-Paul de Loanda, la capitale de la province, et Saint-Philippe de Benguella, qui datent toutes deux du xviiᵉ siècle, et furent en leur temps les premières places commerçantes de l'Afrique occidentale. Plus tard, elles ont connu des revers de fortune; elles sont aujourd'hui, grâce aux chemins de fer, sur la voie d'une nouvelle prospérité.

C'est un fait remarquable que les Portugais, si décriés pour leur inertie par leurs voisins d'Afrique, ont été les premiers à créer des chemins de fer dans l'Afrique tropicale. Dès 1875, ils avaient décidé la création d'une ligne qui, partant de Saint-Paul de Loanda, remonterait la vallée du Coanza et aboutirait à Ambaca. Des embarras financiers entravèrent l'exécution de ce plan. Néanmoins, en 1894, le Portugal présentait 260 kilomètres de lignes exploités, dépassant de beaucoup ce que les Français, les Belges, les Allemands et même les

Anglais avaient fait dans de semblables conditions.
Enfin, le 8 mai 1899, la première locomotive arrivait à Ambaca. Ce long travail fait honneur à
ceux qui l'ont mené à bien. La compagnie portugaise n'avait pas derrière elle, comme la compagnie du chemin de fer du Congo, un État riche
disposé à tous les sacrifices pour la réalisation de
ses projets. Elle n'avait pas non plus le mirage
d'un immense bassin navigable à relier à la mer;
on allait un peu au hasard avec des ressources très
limitées, sans autre appui qu'une garantie d'intérêt
promise par un gouvernement toujours menacé de
la faillite. La compagnie royale a vaincu les plus
graves difficultés. Tout fait espérer qu'elle sera ré-
compensée de ses efforts [1]. Là, d'ailleurs, ne se

[1] La ligne d'Ambaca était projetée depuis 1875. Le tracé fut
arrêté en 1879. En 1887, la compagnie royale des chemins de
fer transafricains reçut la concession. Les travaux commencèrent en 1888 et furent terminés en mai 1899. La ligne a
305 kilomètres de long. Partie de Loanda, sur la mer, ell suit
à quelque distance la rive droite du Coanza, s'engage dans une
région montagneuse et aride où elle s'élève jusqu'à 822 mètres,
et débouche dans la vallée de la Loucalla, tributaire du Coanza,
où est située la ville d'Ambaca. Le cahier des charges de la
compagnie est assez lourd. En revanche, le gouvernement lui
a accordé une garantie d'intérêt de 6 pour 100 et un minimum
de recettes kilométriques de 6666 fr. Les travaux ont été conduits avec beaucoup d'habileté et d'économie par des ingé-
nieurs français. On a dépensé environ 53 millions de francs, ce
qui fait ressortir le prix de revient kilométrique à 145 000 fr.
en moyenne. Au Congo, il s'est élevé à 169 000 fr., alors que
l'écartement des rails n'est que de 0m,75, tandis qu'il est de
1 mètre sur la ligne d'Ambaca. Quant aux difficultés techniques,
elles apparaissent à peu près équivalentes.
L'affaire paraît devoir devenir avantageuse avec le temps. La
recette totale a passé de 77,000 fr. en 1889-90 (soit 902 fr. par
kilom.) à 1 150 000 fr. en 1896-97, ce qui représente 3 833 fr.
par kilom. Il faut d'ailleurs remarquer qu'en 1896-97, la ligne
n'était encore exploitée que sur 300 kilom., et s'arrêtait à

sont pas bornées ses ambitions. Elle construit en ce moment 60 kilomètres d'embranchement dans la vallée du bas Coanza et étudie le prolongement de sa ligne principale jusqu'à Cassandje, sur le Couango ; elle en a déjà accepté la concession. Le Portugal aurait alors une voie de pénétration de 800 à 900 kilomètres, reliant le bassin du Congo à la mer, s'approchant à moins de 400 kilomètres du Zambèze et constituant une amorce des plus sérieuses au futur transafricain.

Un autre chemin de fer de 30 kilomètres de long a été établi plus au sud entre Saint-Philippe de Ben-

65 kilom. de la région riche et fertile qu'il s'agissait de relier à la mer. Les exercices suivants, et surtout l'exercice 1899-1900, durant lequel la ligne entière aura été exploitée seront évidemment très supérieurs. (176 000 fr. en octobre 1899.) On restera loin évidemment des résultats extraordinaires obtenus au Congo. C'est que la situation n'est pas la même. Le chemin de fer d'Ambaca n'aboutit pas à un réseau fluvial de 20 000 kilom. Il se borne à ouvrir un débouché à une région très fertile, mais dépourvue de voies de communications naturelles. D'autre part, la compagnie d'Ambaca, ayant de son rôle un sentiment plus juste et plus élevé, n'a pas voulu profiter de son monopole effectif pour imposer aux voyageurs et au commerce des tarifs fantastiques. On peut en juger par les chiffres suivants :

TARIFS PAR KILOMÈTRE

	C⁰ d'Ambaca.	C⁰ du Congo.
Voyageurs de 1re classe	0 fr. 222	1 fr. 25
Voyageurs indigènes	0 fr. 055	0 fr. 275
Marchandises tarif max.	0 fr. 333	2 fr. 50 à la montée.
		2 fr. 525 à la descente.
— min.	0 fr. 200	2 fr. 50 à la montée.
		0 fr. 212 à la descente.

En somme, la compagnie d'Ambaca, qui rend d'immenses services au commerce, est à la veille d'obtenir des résultats satisfaisants. Ces résultats augmenteront sensiblement lorsque les divers embranchements entrepris par la compagnie seront terminés.

guella et la rade de Lobito, à quelque distance de l'embouchure du fleuve Catumbella. De Lobito, un projet actuellement très en faveur consisterait à lancer une ligne vers le haut Coubango, qui est navigable sur la plus grande partie de son cours. On desservirait ainsi le marché important de Caconda et la région aurifère du Cassinga. Un syndicat anglo-allemand-belge a pris l'affaire en main (janvier 1898) et paraît devoir aboutir.

Enfin la compagnie de Mossamédès, qui exploite un immense territoire dans le district de ce nom, projette un chemin de fer qui relierait la côte à la grande ville de Huilla, située dans une région très riche, très fertile et absolument saine à près de 1 700 mètres d'altitude.

Si tous ces plans se réalisent, l'Angola ne tardera pas à compter parmi les plus belles colonies tropicales. Déjà sa prospérité s'accroît rapidement. Sur la côte et dans l'intérieur, les maisons de commerce et les entreprises industrielles se sont multipliées et ont considérablement étendu leurs affaires. La grande compagnie hollandaise de l'Afrique occidentale, la *Nieuwe Africaansche Handelsvenootschap*, a de nombreuses factoreries dans le Congo portugais. Elle s'occupe exclusivement du commerce de l'ivoire et du caoutchouc. Il en est de même du *Comptoir commercial belge*, créé en 1898 à Benguella. D'autres sociétés ont fondé des exploitations agricoles. Dans le nord, une société belge a obtenu une concession de 10 000 hectares sur la rive du Congo et dans l'île de Bulicoso. Non loin de là, une société allemande a créé une grande exploitation de cannes à sucre. Dans la même région un syndicat anglo-allemand s'est fait attribuer 45000 kilomètres carrés, où il pratique avec succès la culture et l'élevage.

Outre ces sociétés étrangères, plusieurs maisons portugaises tirent des profits importants de la culture du café qui réussit en maint endroit, surtout dans le district d'Ambaca où d'immenses plantations ont été créées. D'autres s'adonnent plus spécialement au commerce de l'ivoire, qui malheureusement diminue, du caoutchouc, des gommes, des cires, etc. Enfin, les côtes, extrêmement poissonneuses, fournissent à l'exportation des cargaisons entières du poisson salé.

A côté de ces entreprises nombreuses et souvent prospères, mais constituées généralement avec de petits capitaux, il convient de faire une place à part à la puissante compagnie de Mossamédès. Cette société, constituée en 1894, a été dotée d'une charte qui lui confère les droits les plus étendus. C'est un véritable gouvernement fermier que le Portugal s'est substitué à lui-même. La compagnie a reçu, non à titre de concession, mais en toute propriété, 23 millions d'hectares peuplés de 2 à 3 millions d'habitants, et desservis par trois ports, Mossamédès, Port-Alexandre et la baie des Tigres. Les chances de succès ne lui manquent pas. La plus importante est le climat qui est favorable à l'Européen. Aussi la compagnie avait-elle pu prendre l'engagement d'installer dans le pays 500 familles portugaises ; elle a tenu parole au moins en partie, car la ville de Mossamédès, sur 6 000 ha-

bitants, compte déjà plus de 2000 Portugais.
D'autre part, des Boërs nomades se pressent à la
frontière orientale. Ils avaient même eu l'idée de
s'y constituer en État indépendant, et ne renon-
cèrent à ces projets téméraires que sur les sages
conseils du président Krüger. Depuis lors, ils vivent
en bonne intelligence avec les autorités portugaises.
On peut prévoir que les deux éléments se fondront
peu à peu ensemble et constitueront avec le temps
une nouvelle famille d'*Afrikanders* semblable à
celle qui peuple déjà la moitié de l'Afrique du Sud.

Le développement de la race blanche sera
d'ailleurs facilité par la nature du sol, qui se prête
à toutes les sortes de cultures. En plaine, la canne
à sucre, le café, le coton, prospèrent. Sur les hauts
plateaux, on récolte les céréales et les fruits de la
zone tempérée : le blé, le seigle, la vigne, etc.
Quant à l'élevage, il a réussi au delà de ce qu'on
pouvait espérer, et cette industrie est déjà si bien
organisée que, lors de l'expédition du Dahomey,
nos intendants ont pu s'adresser à Mossamédès
pour assurer le ravitaillement de nos troupes.

Enfin, le pays paraît bien pourvu de richesses
minières. Déjà le guano et le nitrate sont exploités
sur la côte. Dans l'intérieur, l'or a été signalé de
côté et d'autre et a fait l'objet de deux concessions
importantes, l'une à la *Cassinga concession Company*, l'autre à la *South African concession Company*. Ces deux sociétés, constituées à l'aide de
capitaux anglais, ont acquis de la compagnie de
Mossamédès le droit de rechercher et d'exploiter
toutes les mines sur une grande partie de son

territoire. Une troisième concession est en voie
d'être attribuée aux docteurs. Esser et Hoesch, qui
demandent 700 000 hectares dans la vallée du rio
Jabo. Tous ces événements sont encore de date
trop récente pour que l'on puisse juger de leurs
conséquences, mais les nouvelles paraissent favorables, et les expéditions de recherches envoyées
par les sociétés intéressées sont revenues pleines
d'espoir.

Somme toute, la compagnie de Mossamédès, où
la France a mis de nombreux capitaux, a un bel
avenir devant elle [1]. Jusqu'à présent, les résultats
sont encore insignifiants, mais ce n'est pas en
cinq ans qu'une affaire de cette nature peut se
dégager des embarras et des difficultés de la première heure. D'autre part, il manque à la compagnie un débouché vers la mer. Elle a trois bons
ports, mais aucun d'eux n'est sérieusement amé-

---

[1] La compagnie de Mossamédès a été constituée sous la forme
anonyme le 28 février 1894, au capital de 13.750.000 fr. Le siège
social est à Lisbonne. Le conseil est portugais, mais un comité
français fonctionne à Paris. La majeure partie du capital a été
souscrite en France. Le premier exercice 1894-95 a laissé un
déficit de 72 000 fr. A la fin de 1897, ce déficit n'était plus que
de 29 000 fr., ce qui tend à faire croire que l'ère des difficultés est passée. Le capital est représenté par un droit de
propriété sur 23 millions d'hectares, des comptoirs à Mossamédès, Port-Alexandre, Chibia, Humbé, une grande ferme à
Ediva, des troupeaux, etc. Elle possède en outre 110 000 actions
de la *Cassinga concession* et 200 000 actions de la *South African concession Cy*, ainsi qu'un droit à une rente annuelle de
120 shellings pour chaque claim exploité par ces sociétés. Enfin, elle n'a aucune dette. Pour être moins tapageuse que sa
redoutable voisine, la Chartered anglaise, la compagnie de Mossamédès n'en est pas moins dans une situation financière infiniment meilleure.

nagé, et on ne s'est pas encore décidé à établir la voie ferrée de Mossamédès à Huilla, qui serait d'une utilité primordiale pour l'entreprise. Il faut laisser faire le temps et l'initiative des intéressés, qui sauront pousser leurs avantages au plus grand profit du pays tout entier [1].

[1] Le pays a déjà largement profité des progrès de tout genre réalisés depuis vingt ans. Le mouvement commercial a passé de 9 millions en 1880, à 50 millions en 1896, se partageant à peu près par moitié à l'exportation et à l'importation. Saint-Paul de Loanda fait à lui seul plus de 30 millions d'affaires. Les recettes de douanes ont doublé en douze ans et atteignent aujourd'hui 2 millions, soit le cinquième du budget de la province.

II

Traversons maintenant le continent, et voyons ce qui, depuis quinze ans, s'est passé au Mozambique. Là, nous ne trouvons plus les immenses régions pastorales et agricoles de l'Angola. Le Mozambique n'est qu'une longue et étroite bande de territoire, sauf dans le nord où il s'élargit entre la mer et le lac Nyassa. A mesure qu'on avance vers le sud, la frontière se rapproche de l'Océan. De Beira au Machona anglais, il n'y a, par le chemin de fer, que 331 kilomètres. De Delagoa-bay au Transvaal, on n'en compte plus que 90.

Dans tout ce pays, et principalement dans le nord, les ressources naturelles, sans faire complètement défaut, ont été parcimonieusement mesurées. Sauf exception, le sol ne se prête guère ni à la culture ni à l'élevage. Seul, le café paraît prospérer, notamment aux environs de Quilimane. Les forêts de l'intérieur produisent de l'ivoire et du caoutchouc, mais en petite quantité. Quant aux richesses minières, elles ont été, pour la plupart, violemment arrachées au Portugal, en 1890. Toutefois, l'or a été reconnu dans le district de Massi-kessi, ainsi que sur quelques points du moyen

Zambèze, et on a signalé l'existence du charbon autour de Tété et de Lourenço-Marquez. Mais ces mines sont encore peu ou point exploitées, et l'industrie locale est pour ainsi dire nulle.

Tout l'intérêt de la colonie est dans le transit. Il ne s'effectue pas, comme on pourrait le croire, par le Zambèze. Ce fleuve superbe déroule son cours sur près de 4 000 kilomètres, mais il est peu propice à la navigation qui, toujours entravée par des bancs de sable, s'arrête définitivement un peu en amont de Tété. Aussi a-t-il fallu recourir au chemin de fer. Deux lignes mettent le Mozambique en communication avec l'intérieur : la ligne de Lourenço-Marquez au Transvaal et celle de Beira à la Rhodésie britannique. Ces deux ports, Lourenço et Beira, sont, par la force des choses, devenus les deux pôles de la colonie. Les autres villes végètent et sont vouées à une décadence inévitable. Inhambane, Sofala, Quilimane et même Mozambique [1], la capitale de la province, voient peu à peu leur ancienne activité disparaître. A Beira, au contraire, et surtout à Lourenço-Marquez, l'activité est intense. C'est là qu'est centralisée la vie de toute la province. Là, également, est tout son avenir.

A l'extrémité méridionale du Mozambique, dans une étroite langue de terre resserrée entre la mer et le Transvaal, à très peu de distance de la frontière anglaise de l'Amatonga, s'ouvre la magnifique rade de Delagoa. Abritée par de hautes mon-

---

[1] Mozambique ne fait pas 6 millions d'affaires, et Quilimane, malgré son excellente rade, n'atteint pas 3 millions 1/2 (1898).

tagnes, protégée contre les vents du large par les îles d'Inyack et des Eléphants, offrant presque partout de grandes profondeurs qui permettent aux plus gros navires de mouiller à 80 mètres du bord, Delagoa-bay est assurément le plus beau port de l'Afrique. En 1544, le voyageur portugais Lourenço-Marquez en prit possession au nom du roi de Portugal et y créa un comptoir d'échanges. Par malheur, le rivage était malsain et le sol peu fertile. De plus, les communications avec l'arrière-pays étaient extrêmement malaisées : les tribus cafres qui campaient aux environs étaient farouches et guerrières, et le Limpopo, seul fleuve important de la région, n'était navigable que sur une faible section de son cours. Toutes ces causes retardèrent longtemps le développement de la station à laquelle Lourenço-Marquez avait donné son nom. Mais lorsque les Européens partis du Cap se furent établis dans l'intérieur, lorsque les Etats d'Orange et du Transvaal se furent constitués, elle apparut comme le débouché naturel des régions nouvellement ouvertes à la civilisation. Peu à peu s'établit à Lourenço-Marquez un courant d'échanges auquel les mines d'or et la prospérité croissante du Transvaal donnèrent une extension rapide. En 1880, la factorerie était devenue une ville commerçante de 3 000 habitants.

C'est à cette date qu'on commença à parler d'un chemin de fer destiné à relier Johannesburg à Delagoa-bay. Pour les Portugais comme pour les Boërs, l'affaire était de haute importance. Les premiers acquéraient une voie d'accès jusqu'au centre industriel le plus actif de l'Afrique ; les seconds y gagnaient un débouché vers la mer à travers un pays ami. Cernés sur trois côtés par les Anglais, tributaires des lignes anglaises qui, parties du Cap, de Port-Elisabeth, de East-London et de Durban, s'élançaient à l'assaut de leur pays, les Boërs avaient un intérêt vital à ce qu'une voie ferrée qui ne fût pas aux mains de leurs mortels ennemis les reliât au monde civilisé. Aussi l'accord ne fut-il pas long à s'établir. En 1885, une convention intervint aux termes de laquelle une compagnie néerlandaise s'engageait à construire la voie de Johannesburg jusqu'à la frontière transvaalienne. En même temps, une compagnie anglaise entreprenait la construction du tronçon portugais. En 1890, le gouvernement, qui s'était substitué à la Compagnie à la suite d'incidents sur lesquels nous aurons à revenir, ouvrait à l'exploitation les 90 kilomètres qui séparent Lourenço-Marquez de Komati-poort, première station transvaalienne. En août 1895, les deux sections se rejoignirent, et l'on put aller sans rompre charge de l'océan Indien à Johannesburg [1].

---

[1] La ligne de Delagoa-bay à Komati-poort est, depuis 1889, administrée et exploitée par le gouvernement portugais. Elle a 90 kilom. de long et a coûté une vingtaine de millions, soit un prix de revient de 175 à 200 000 fr. le kilomètre. L'immense avantage de cette voie ferrée est qu'elle constitue la voie de beaucoup la plus courte entre la mer et le Witwatersrand. Johannesburg est en effet, par chemin de fer, à 635 kilom. de Lourenço-Marquez, alors qu'il est à 700 kilom. de Durban, 1 071 d'East-London, 1 149 de Port-Elisabeth, et 1 627 du Cap. En dehors des raisons politiques, les raisons économiques militaient en faveur de cette voie. Elle a pris dès son ouverture

Le résultat obtenu était considérable. Pour la ville, ce fut le signal d'une ère nouvelle. En quelques années, la population doubla, et le mouvement commercial passa de 18 millions à 73 millions en 1898 [1]. Les plus grandes compagnies maritimes y firent relâcher leurs paquebots [2]

une grande importance. En 1898, le chemin de fer a transporté 158 000 tonnes de marchandises contre 190 000 en 1897; 160 000 en 1896 et 80 000 en 1895. Les recettes se sont élevées en 1897 à 2 600 000, les dépenses à 1 975 000 fr., soit un bénéfice net de 625 000 fr., représentant 3 à 4 pour 100 du capital engagé, ce qui est assez brillant, étant donné que la ligne n'avait alors que deux années d'existence et que les tarifs étaient relativement très bas. La tonne kilométrique paye dans la plupart des cas 0 fr. 24 par kilomètre et exceptionnellement 0 fr. 55 au lieu de 2 fr. 50, prix normal sur le chemin de fer du Congo. Les résultats actuels seront certainement dépassés dans l'avenir. En effet, sur un total de 339 millions importés par le Transvaal en 1897, il en est entré 252 millions par le Cap et les autres voies anglaises, et 87 millions seulement par Delagoa. C'est que les courants commerciaux ne s'établissent pas du jour au lendemain. En outre, le port de Lourenço-Marquez n'est pas encore suffisamment aménagé. Enfin, la question politique s'en mêle; les Anglais qui tiennent tout le commerce du Transvaal mettent leur point d'honneur à ne pas se servir des voies portugaises et transvaaliennes. C'est ainsi que sur 52 millions de marchandises transitées en 1896 par le chemin de fer, 38 1/2 millions représentaient des transports effectués pour le compte du gouvernement du Transvaal et des compagnies de chemins de fer nationales, et 13 1/2 millions des importations du commerce et de l'industrie minière, soit un chiffre infime comparé au total. Il est évident qu'avec le temps, ces difficultés s'aplaniront. Si le chemin de fer ne transportait en 1897 que 25 pour 100 des importations du Transvaal, il n'en avait que 15 pour 100 en 1896, et 10 pour 100 en 1895. Ces progrès sont de bon augure pour l'avenir.

[1] Ce chiffre se décompose de la manière suivante : Importations, 19 millions; exportations, 9 600 000 ; transit, 44 250 000. La même année, 522 navires jaugeant plus d'un million de tonnes entraient dans le port.

[2] Notamment les Messageries maritimes et les Chargeurs réunis.

et mirent Lourenço-Marquez en relations régulières
et directes avec l'Angleterre, l'Allemagne et la
France. Et cependant, ni l'heure, ni les circonstances n'étaient très propices à l'expansion des
affaires. L'attitude hostile et violente de l'Angleterre a depuis des années entretenu l'Afrique du
sud dans un état d'insécurité permanent qui n'était
pas fait pour favoriser les échanges.

Une autre cause d'infériorité, celle-là toute locale, est, il faut le reconnaître, à la charge du Portugal. Le magnifique port de Lourenço-Marquez
est loin de répondre aux besoins du commerce.
Assurément, on y a travaillé depuis quelques années; on a construit des phares, un quai, une jetée,
mais tout est encore bien insuffisant. Les rapports
des consuls anglais ne tarissent pas en sarcasmes
à ce sujet. Il ne faut pas prendre toutes leurs critiques pour parole d'Evangile; ils sont trop intéressés à noircir le tableau; mais il n'en ressort pas
moins de cette lecture une fâcheuse impression.
Au reste, les Portugais n'en disconviennent pas.
Plusieurs projets ont été mis en avant pour remé-
dier à un état de choses vraiment trop primitif,
mais ce malheureux peuple, toujours tiraillé par
des besoins d'argent, n'a jamais su trouver dans
son budget les quelques millions nécessaires pour
la transformation du port. L'industrie privée a
voulu suppléer à son inaction. Récemment encore,
un syndicat offrait de souscrire 17 millions de
francs moyennant l'abandon de certains avantages;
mais le gouvernement portugais, que l'expérience
a rendu méfiant, hésite à accepter des proposi-

tions derrière lesquelles il croit toujours voir la main de l'Angleterre. Il préférerait agir par lui-même et a lancé l'idée d'un emprunt d'Etat gagé sur les douanes du port; mais aucune décision n'a été prise, et les travaux les plus urgents restent en souffrance.

Malgré tout, la ville est en pleine prospérité. Que cette prospérité indéniable ait pris naissance malgré les fautes de la tutelle portugaise, que le mouvement du port ait décuplé depuis 1881 et quadruplé depuis 1894, c'est la preuve la plus certaine des mérites exceptionnels de Delagoa-bay et de l'avenir qui l'attend aussitôt que les travaux nécessaires auront été exécutés.

L'autre grand port de la province, Beira, est situé à environ 600 kilomètres au nord de Lourenço-Marquez, à l'embouchure du fleuve Pungwé. Cette ville est de création toute récente. Lorsqu'en 1891, l'Angleterre arracha aux Portugais une partie de leur domaine colonial, elle leur imposa l'obligation d'établir, à bref délai, un chemin de fer qui, par la vallée du Pungwé, relierait à la mer les régions du Machona et du Manica. Le Portugal s'exécuta de bonne grâce. C'était d'ailleurs son intérêt aussi bien que celui de l'Angleterre. Mais, trop pauvre pour entreprendre les travaux sur les deniers de l'Etat, et pressé par les Anglais, il dut accepter le concours de l'industrie privée.

Il existait alors dans le pays une société de colonisation, datant de 1888, qui, sous le nom de compagnie du Mozambique, avait déjà acquis quelque importance. Le gouvernement portugais jeta les yeux sur elle. Sous son impulsion, la compagnie fut reconstituée ; son capital fut porté de 5 à 25 millions, et elle reçut une charte qui lui concédait pour cinquante ans des droits souverains sur 150 000 kilomètres carrés entre la mer, le Zambèze et la frontière anglaise. L'établissement du chemin de fer exigé par les Anglais était inscrit en tête de son cahier des charges.

La compagnie du Mozambique se mit immédiatement à l'œuvre, mais, préférant consacrer son capital à la mise en valeur de son territoire, elle repassa la concession de la voie ferrée à une compagnie filiale, la *Beira railway C*, qui se constitua en 1892 à l'aide de capitaux anglais. En juin 1897, le rail arrivait à Massikessi, sur la frontière portugaise, à 325 kilomètres de Beira. De Massikessi à Salisbury, la distance n'était plus que de 288 kilomètres. Une compagnie anglaise, la *Machonaland railway C*, dépendant de la *Chartered*, entreprit la construction de ce dernier tronçon, qui a été terminé en juin 1899. A l'heure actuelle, on peut donc aller d'une traite de Beira à Salisbury, sur une longueur de 613 kilomètres.

Là, d'ailleurs, ne s'arrêteront pas les progrès des chemins de fer dans la région. Dans la pensée des Anglais, Salisbury, capitale du Machona, n'est qu'une station de la grande ligne du Cap au Tanganyka. Déjà la voie ferrée a dépassé Boulouwayo et est à moins de 350 kilomètres de Salisbury. M. Cecil Rhodes vient l'an dernier d'obtenir de ses actionnaires 75 millions pour achever la réalisation de son plan, et tout permet de supposer que, dans cinq ans d'ici, les locomotives du Cap parviendront aux bords du grand lac, à 3 500 kilomètres de leur point de départ.

Ces travaux gigantesques vont bouleverser la carte économique de ces régions : on ne peut guère préjuger de leurs résultats, mais, pour nous en tenir à la sphère plus modeste de nos études, il est facile de prévoir l'influence qu'ils auront sur le développement du Mozambique, et en particulier du chemin de fer de Beira. Déjà la ligne fait de belles affaires [1] et rend les plus éminents services.

[1] Le chemin de fer de Beira est entre les mains de deux compagnies. L'une, la *Beira railway Cy*, a construit la ligne depuis Fontesvilla, limite de la navigation sur le Pungwé jusqu'à Massikessi ; l'autre, la *Beira Junction Cy*, s'est chargée du tronçon Fontesvilla Beira : elle a construit en outre la jetée de Beira. En réalité, ces deux compagnies n'en forment qu'une seule. La *Beira Junction Cy* a remis tout son capital actions (1562500 fr.) à la *Beira railwy Cy*. Son capital obligations (6 250 000 fr.) est à la charge de la compagnie mère. Celle-ci exploite toute la ligne de Beira à Massikessi, et remet à sa filiale 3/13 des recettes nettes. Quant au capital de la Beira railway, il est constitué par 600 000 actions sans valeur nominale remises à la compagnie du Mozambique, en échange de sa concession, et à la Chartered, à raison de 295 000 pour la première et de 305 000 pour la seconde. Les fonds ont été produits par l'émission d'obligations à concurrence de 22 millions 1/2. La ligne entière (325 kilom.), à voie étroite de 0m,60, n'a coûté que 70 à 80 000 fr. le kilomètre. Ce chiffre est extrêmement bas, mais il faut ajouter que la voie a été assez mal établie et nécessitera de gros travaux de réfection. En outre, dès que le trafic se développera, il sera nécessaire d'élargir la voie de façon à faire concorder les rails avec ceux des lignes anglaises où l'écartement est de 1m,20. Il n'a pas encore été publié de résultats financiers, à notre connaissance, mais il ne peuvent manquer d'être satisfaisants. Le transit qui n'atteignait pas une valeur de 20 000 fr. en 1892, s'est élevé en 1898 à 6 500 000 fr.; en même temps le chemin de fer transportait 7 530 voyageurs payants. Les tarifs ne sont pas exagérés : 0 fr. 43 à 0 fr. 77 en moyenne par tonne kilométrique.

Mais quelle ne sera pas son importance lorsqu'elle sera le principal embranchement de la grande voie transafricaine ? Assurément, les Anglais en profiteront plus que les Portugais. Sans elle, le Manica et le Machona, situés à 2 650 kilomètres de la base anglaise d'opération, seraient inexploitables. En outre, les Portugais ont été assez malavisés pour confier à des Anglais la construction de leur chemin de fer, de sorte que la plus grande partie des bénéfices du transit leur échappera. Malgré tout, un mouvement d'échanges important ne s'établit pas à travers un pays sans qu'il en retire des avantages de toute nature. Mais il faut au moins que les Portugais prennent la peine de les recueillir, et surtout ils doivent mettre leur port de Beira à même de répondre aux exigences d'un trafic qui ne cesse de s'accroître [1] : Là, comme à Lourenço-Marquez, ils se sont laissé devancer par les événements. Beira est loin d'être à la hauteur de sa tâche. Rien ne doit être négligé pour y parvenir.

De tout ce qui précède, une conclusion s'impose, que le Portugal n'aurait jamais dû perdre de vue. Celui qui est fortement installé à Beira et à Lourenço-Marquez est le maître du pays. C'est donc sur ces deux points que le Portugal aurait dû

[1] Le chiffre d'affaires du port, qui n'était que de 2 millions 1/2 en 1892, s'est élevé, en 1898, à 30 200 000 francs. Ce total se décompose de la manière suivante : importations, 22 millions 1/2 ; exportations, 777 000 fr. ; transit, 7 millions. Le mouvement de la navigation a suivi une progression analogue. En 1898, Beira a reçu 270 navires, jaugeant 425 000 tonnes. En 1896, le tonnage n'avait atteint que 228 000 tonnes. Il a donc doublé en deux ans.

concentrer tous ses efforts. Loin de s'en tenir à cette politique prudente, il a disséminé çà et là ses forces et son argent. Il a créé quatre compagnies à charte et leur a distribué la moitié du territoire; faute grave que seules peuvent excuser les circonstances où elle fut commise. On était en 1891, au lendemain des violences anglaises. Affolé par la dure épreuve qu'il venait de subir, le gouvernement crut utile de faire acte de souveraineté et de colonisation partout à la fois, de façon à opposer des droits acquis aux prétentions éventuelles de l'Angleterre.

L'expérience n'a pas été très heureuse. Des quatre compagnies ainsi organisées, trois paraissent avoir complètement échoué. L'une d'elles, même, la compagnie d'Inhambane semble n'avoir jamais existé que sur le papier. La compagnie du Zambèze, constituée au capital de 15 millions de francs et nantie d'une concession de 155 000 kilomètres carrés sur les deux rives du fleuve avec les ports de Quilimane et de Chinde, n'a jusqu'ici donné aucun résultat. La compagnie du Nyassa, au capital de 25 millions, possédant des droits souverains sur plus de 250 000 kilomètres carrés entre l'Océan et le lac Nyassa, en a donné moins encore. De plus, elle a conduit ses affaires de telle façon qu'elle a encouru des poursuites criminelles. Seule, la compagnie du Mozambique, concessionnaire du port et du chemin de fer de Beira, a une histoire intéressante [1]. Elle a bien

---

[1] Éclairées par l'exemple de la compagnie du Mozambique, les compagnies du Zambèze et du Nyassa ont également voulu

réussi à Beira, mais il est fâcheux que de graves erreurs d'administration aient compromis sa situation financière. Toutefois, quel que soit le sort réservé aux actionnaires, Beira et son chemin de fer n'en subsisteront pas moins, au plus grand profit du Portugal et des intérêts généraux du pays [1].

avoir leur chemin de fer de pénétration et leur voie de transit international. La première veut établir une ligne de 800 kilomètres entre la côte et le lac Nyassa. La seconde étudie un tracé allant de Quilimane au fleuve Chiré ; mais l'une et l'autre sont à court d'argent, et les projets restent en l'air.

[1] La compagnie de Mozambique, créée en 1888, et reconstituée en 1891 au capital de 25 millions, a entrepris la mise en valeur de 150 000 kilomètres carrés, sur lesquels elle exerce des droits souverains en vertu de la charte qui lui a été conférée. Son premier soin fut de repasser à la Beira railway Company la concession du chemin de fer, moyennant 295 000 actions de 25 francs. (Ce chiffre fut bientôt réduit à 160 300, par suite de cessions à divers intéressés.) Plusieurs autres sociétés filiales ont été constituées par ses soins, dans lesquelles la compagnie mère s'est réservé des actions d'apport et des parts de bénéfice. Elles représentent aujourd'hui un capital d'une quarantaine de millions. La plupart ont pour objet l'exploitation des mines d'or. Quelques-unes seulement ont tenté des entreprises agricoles.

La compagnie a son siège social à Lisbonne, mais la majeure partie de son capital ayant été souscrite à l'étranger, notamment en France, des comités fonctionnent à Paris, à Londres et à Bruxelles. Le conseil vient de s'adjoindre deux personnalités belges bien connues, le colonel Thys et M. Delcommune. Un autre Belge, le major Roget, a été nommé directeur général.

Les ressources de la compagnie proviennent, pour la plus grande partie, des douanes de Beira, dont le produit a passé de 593 000 francs, en 1895, à 1 531 000 francs en 1898, soit près de la moitié de ses recettes totales, des concessions de terrain (500 000 francs en 1897), etc. Les impôts indigènes rentrent difficilement.

Depuis deux ans, la compagnie distribue des dividendes (7 1/2 0/0 en 1897). Elle a accusé un bénéfice de 1 470 000 francs en 1897, et on prétend que l'année 1898 sera plus belle encore. Nous craignons fort que ces chiffres ne cachent une situation

En dehors et à côté des compagnies à charte, beaucoup d'autres sociétés sont venues tenter fortune dans le pays. Des maisons françaises, comme la compagnie du Sud-Est africain, ont entrepris de gros travaux publics. A Beira, la concession des quais a été adjugée à un de nos compatriotes. A Lourenço-Marquez, l'éclairage électrique est assuré par une société française. D'autres compagnies, anglaises pour la plupart, ont commencé l'exploitation, ou du moins l'étude des richesses minières de la région. On a découvert du charbon autour de Delagoa-bay, et le port est déjà en grande partie approvisionné de combustible indigène. Mais l'effort des *prospecteurs* s'est dirigé principalement sur le district de Massikossi et le long de la frontière du Manica. Douze ou treize sociétés, représentant une cinquantaine de millions ont acquis, dans ces parages des concessions de la

---

infiniment moins brillante. Depuis 1893, les recettes et dépenses d'exploitation ont, en réalité, laissé un déficit de plus de 3 millions. On y a remédié par les plus déplorables expédients : aliénation de 100 000 actions du Beira railway prises ferme par une maison anglaise, au plus grand dommage de l'avenir de la compagnie et des intérêts politiques du Portugal ; aliénation de 110 000 actions de réserve du capital social. Le gouvernement portugais en a pris la moitié au pair, et diverses sociétés financières se sont partagé le reste, avec une prime de 16 fr. 25 par titre. C'est sur de pareils bénéfices que la compagnie distribue ses dividendes. Il faut espérer que la nouvelle administration mettra fin à des errements aussi désastreux.

La compagnie a cependant de grands éléments de prospérité. Ses recettes d'exploitation, qui ont passé, en cinq ans, de 995 000 francs à 3 500 000 francs, montrent qu'il y a quelque chose à faire dans le pays. Mais si elle n'y prend garde, la politique qu'elle suit la mènera droit à la ruine. (Voy. *la Compagnie du Mozambique*, par M. Bonnefont de Varinay, ex-inspecteur général de la Compagnie.)

compagnie du Mozambique et du gouvernement portugais. Elles sont soutenues par de puissants syndicats financiers tels que l'Océana C⁷ et l'Ibo investment. Aucune de ces exploitations n'est encore sortie de la période des débuts. Très rares sont celles qui donnent des résultats. Quelques-unes, néanmoins, peuvent avoir de l'avenir. Assurément le Mozambique ne s'annonce pas comme un nouveau Transvaal; il reste même loin derrière la Rhodésie. Ce ne sera jamais un pays agricole ni industriel, mais enfin il ne faut pas blâmer les efforts de ceux qui prétendent tirer du sol tout ce qu'il peut donner. En tous cas le développement de Lourenço-Marquez et de Beira amènera sûrement dans ces deux villes et les régions voisines un mouvement d'affaires, où l'industrie portugaise pourra trouver des débouchés avantageux.

III

Avant de clore ce chapitre, il ne sera pas inutile de résumer en quelques chiffres les indications que nous avons données de part et d'autre et de montrer ce que le Portugal retire de son domaine colonial.

Je ne crois pas que cette conclusion soit défavorable au Portugal et à ses colonies.

Dans l'Angola et le Mozambique, le mouvement total du commerce s'est élevé, en 1898, à 170 millions de francs environ. Les deux provinces exportent pour 38 millions de produits ; elles en reçoivent pour 82 millions : quant à la valeur du transit, elle s'élève à 51 millions.

Sur ces totaux, la part de la mère patrie paraîtra assez minime. Elle n'atteint que 16 0/0, soit une trentaine de millions. Les Anglais n'ont pas manqué d'en faire des gorges chaudes : les colonies portugaises, disent-ils, échappent entièrement à la métropole ; celle-ci ne tire aucun parti d'un domaine onéreux, et son intérêt bien entendu est de liquider la situation.

Depuis de longues années, ils brodent sur ce

thème et s'ingénient à obtenir du Portugal la cession de sa part de souveraineté en Afrique. Jusqu'ici, le Portugal fait la sourde oreille ; il estime que ses colonies sont une partie intégrante et nécessaire de sa puissance, et il n'a pas tort. En dehors des statistiques commerciales, beaucoup d'autres éléments doivent entrer en ligne de compte pour juger sainement des choses. Le Portugal ne pouvant prétendre à jouer un rôle en Europe n'a de raison d'exister que s'il reste une grande puissance africaine. Il a besoin d'entretenir chez lui l'esprit d'initiative et d'aventure, et de se ménager pour l'avenir une réserve de territoire où ses enfants pourront émigrer et fonder une nation sœur. Peut-être sont-ce là des raisons de sentiment, mais ces raisons ne sont-elles pas souvent toutes-puissantes sur l'esprit des peuples? Un gouvernement soucieux de ses devoirs et de ses intérêts ne peut pas marcher contre elles. Tout au plus pourrait-il y renoncer si l'Angola et le Mozambique constituaient pour lui une lourde charge sans aucune compensation ; mais tel n'est pas le cas. Les deux provinces équilibrent leurs recettes et leurs dépenses à quelques centaines de milliers de francs près. Diverses obligations incombent, il est vrai, au Trésor portugais, mais elles ont bien diminué depuis la création des compagnies à charte et la pacification du pays, et ce n'est pas le budget colonial qui grève lourdement les finances de la métropole (10 millions environ sur 260 millions). Le Portugal doit-il dans ces conditions renoncer à des colonies où il exporte

annuellement pour une vingtaine de millions de
marchandises où 7 à 8000 de ses nationaux vivent
du produit de leur travail et de leur industrie? Je
ne le crois pas,

Dans le fond de leur pensée, les Anglais sont
certainement du même avis ; car s'ils s'évertuent
à prêcher le Portugal, ils ne cachent pas qu'ils
ont surtout en vue les intérêts supérieurs de toute
l'Afrique du Sud dont ils prétendent être les hauts
représentants : « N'est-ce pas un crime de lèse-
humanité, disent-ils, de laisser entre des mains
incapables les plus beaux ports de la côte? Si le
pavillon anglais flottait à Lourenço-Marquez et à
Beira, les destinées africaines seraient changées du
jour au lendemain. » C'est là évidemment le point
délicat. Nous n'avons pas caché, dans les pages
qui précèdent, que, sous les exagérations intéressées des critiques anglaises, se cachait une part de
vérité. Si la situation s'améliore chaque jour sous
la pression des événements; si depuis vingt ans,
le domaine portugais a réalisé des progrès de bon
augure pour l'avenir, il n'en reste pas moins vrai
que le Mozambique ne marche pas en avant d'un
pas égal aux anciennes possessions britaniques au
Transvaal, et même à la Rhodésie ; que, tandis que
ces pays, largement fécondés par les centaines de
millions prodigués à pleine main, s'élancent toutes
voiles dehors vers les plus brillantes destinées, le
Mozambique les suit de loin, sûrement, mais lentement, d'une démarche hésitante et timorée. De là,
entre l'intérieur et la côte, des tiraillements inquié-
tants, un défaut d'harmonie dont les conséquences

peuvent devenir graves, et sont en tous cas gênantes.

Voilà ce que les Anglais ne se lassent pas de répéter. D'ailleurs, ajoutent-ils, tout ce qui a été fait au Mozambique est le produit de l'industrie britannique. Les deux chemins de fer ont été construits avec l'argent anglais ; anglaises également sont toutes les compagnies minières ; anglais, du moins en partie, les capitaux des compagnies à charte. Enfin, près de la moitié du commerce et la presque totalité du transit sont entre des mains anglaises. S'il est vrai que les droits politiques d'une nation ne soient que la consécration de son influence économique, le pavillon britannique doit flotter du Zambèze à Delagoa-bay.

A ce raisonnement, les Portugais pourraient répliquer qu'ils sont maîtres chez eux : qu'ils acceptent volontiers l'argent étranger parce qu'ils sont pauvres, mais que si les capitalistes anglais font chez eux de bonnes affaires, ce n'est vraiment pas pour l'Angleterre une raison de s'emparer de leur pays. Mais est-ce bien là une réponse propre à calmer les appétits irrités de leurs voisins? Trop grande est la foi de l'Angleterre en son étoile pour abandonner une proie avantageuse ; trop grande sa confiance dans les détours secrets de sa politique et les artifices captieux qu'elle met au service de ses intérêts. Déjà nous avons dit quel assaut elle a donné en 1890-91 à la puissance portugaise. Ce premier succès ne lui a pas suffi. Depuis lors elle n'a jamais cessé de rôder autour des frontières rétrécies de ses voisins, et de chercher toutes les fissures pour se glisser dans la place. Elle croit aujourd'hui être à la veille de réussir. Peut-être sera-t-elle, au dernier moment, surprise de trouver devant elle des concurrents imprévus et redoutables.

CHAPITRE VI

L'AVENIR DES COLONIES PORTUGAISES

I

L'Angleterre s'est réservée de par le monde une spécialité qu'elle a su pousser à un rare degré de perfection. Elle s'est fait le médecin, le protecteur d'un genre très particulier, et l'héritière de certains peuples atteints de maladies graves. On la voit rechercher les malades à succession. Des esprits chagrins assurent même qu'elle aide parfois à la maladie de celui qu'elle prétend condamné. Quoi qu'il en soit, elle s'installe à son chevet, et

lui offre ses soins et ses services : s'il les récuse,
elle les lui impose ; elle l'exhorte à lui confier le
fardeau et les soucis de ses intérêts temporels,
commande aux serviteurs, et sait se rendre indispensable dans la maison. Tout autour du patient,
elle monte jalousement la garde, écarte par mille
ruses les importuns qui viennent aux nouvelles, et
si, par hasard, quelque parent ou ami en qui elle
soupçonne un héritier naturel vient frapper à la
porte, elle lui fait honte de sa hâte intempestive,
et le met en déroute sous les éclats de sa vertueuse
indignation. Et alors, il arrive ceci : c'est que le
jour où l'heure fatale a sonné, tout le monde est
depuis longtemps habitué à voir l'Angleterre dans
la place. Il y a prescription, possession d'état ; au
surplus, elle a si bien combiné ses mouvements
qu'elle a mis la main sur tous les rouages ; la ma-
chine entière se détraquerait, si on la faisait sortir,
et on admet tout naturellement au nombre des héritiers, voire même au rang de légataire universel,
une amie si dévouée, un protecteur en apparence
si désintéressé, lequel, d'ailleurs, ne manque jamais, au moment psychologique, d'encombrer de
ses flottes puissantes les ports en deuil de leur
maître légitime.

Depuis longtemps, l'Angleterre joue ce rôle très
délicat, mais singulièrement fructueux. Elle a dé-
buté à Constantinople où, depuis plus d'un siècle,
elle entoure de mille prévenances la vie chance-
lante de l'Empire ottoman ; mais le Turc, s'obsti-
nant à vivre au delà du terme raisonnable, elle a
perdu patience et, comme prix de ses loyaux ser-

vices, s'est fait adjuger par avancement d'hoirie la plus belle partie de l'héritage, l'Égypte. Même jeu à Pékin, où le Fils du ciel se débat contre une bande d'héritiers faméliques, parmi lesquels l'Angleterre n'est pas la moins acharnée. La partie qui est engagée en Chine depuis quelques années pourrait passer pour un épisode divertissant de haute comédie, si l'on ne craignait, chaque jour, de la voir tourner au drame. .

En Afrique, l'Angleterre a trouvé deux cas pathologiques de premier ordre. L'un se présentait à Zanzibar. Nous aurons plus tard l'occasion de raconter quel fut le sort de l'infortuné sultan Saïd Bargash et de l'île célèbre dont la position et les avantages exceptionnels avaient suscité des convoitises nombreuses. L'autre malade est le Portugal, et ce n'est pas, disent les Anglais, le moins gravement atteint. Ils ont même pris la peine de diagnostiquer son mal et lui ont reconnu l'*ataxie*. Telle est, du moins, l'opinion du *Johannesburg Times*, le principal organe de l'impérialisme britannique dans l'Afrique du Sud.

« Il est indéniable, y lisait-on récemment, que le Portugal est un encombrement et un ennui pour tous les autres membres de la famille africaine, et l'on se demande jusqu'à quand il sera permis à l'homme malade (on voit que nous n'inventons rien) de contaminer ses voisins... Il est impossible de fermer les yeux sur les fautes graves, l'incompétence et l'arrogance funeste des gens qui détiennent Delagoa-bay entre leurs mains. La nation portugaise souffre d'une ataxie, et le mal fait tant de progrès, qu'il doit inévitablement finir en paralysie complète. »

Or, ce paralytique est très intéressant, car il possède un des lots les plus beaux de l'Afrique. C'est le cas ou jamais de veiller sur l'héritage, car, en vertu de l'axiome que l'Angleterre est l'héritière de tous les « hommes malades », tant au Caire qu'à Pékin, à Zanzibar et à Delagoa-bay, l'Angleterre seule a des droits sur le Mozambique. Un journal, que M. Chamberlain ne reniera certainement pas, la *Pall Mall Gazette*, reflète avec une audacieuse franchise l'état d'esprit de l'opinion anglaise à cet égard. « Le Portugal, dit-il, est, par la force des choses, tenu de faire, tôt ou tard, abandon du Mozambique. Tout le monde le sait. Qui prendra alors sa place? A cette question se rattachent les intérêts les plus vitaux de notre politique. Par la grandeur de ses intérêts dans l'Afrique australe, l'Angleterre se dresse de toute sa prééminence au-dessus des autres puissances et se présente comme celle à laquelle ce pays doit revenir[1]. » Rendons cette justice à l'Angleterre que, en cette occasion du moins, elle joue franc jeu. Le Portugal ne pourra pas se plaindre d'avoir été surpris par les événements et de n'avoir pas connu à l'avance les intentions de ses bons voisins.

M. Cecil Rhodes a bien voulu prendre la peine de légitimer les intentions de son pays. Dans un de ces pompeux discours qu'il sert volontiers à ses

[1] Voy., sur cette question, les articles de M. Joubert dans le Bulletin de la Société des études coloniales et maritimes (année 1897).

actionnaires en guise de dividendes, et où il excelle à tromper leurs déceptions périodiques en les éblouissant par le tableau des destinées fulgurantes de la *Greater Britain*, M. Rhodes a solennellement répudié toute idée d'ambition malsaine et de préoccupations égoïstes. « L'expropriation du Portugal, a-t-il dit, s'impose comme une mesure d'utilité *internationale*. » A cette déclaration de principes, on pourrait répondre comme certain héros de Musset : « Les mots me paraissent hardis et sonores, j'avoue cependant que je ne les comprends pas », car enfin, si j'aperçois très bien ce que l'Angleterre gagnerait à s'emparer de Lourenço-Marquez et de Beira, je cherche vainement en quoi son triomphe tournerait à l'avantage de la France, de l'Allemagne et des autres puissances coloniales.

Je crois donc que M. Cecil Rhodes aurait été mieux inspiré d'arrêter les flots de son éloquence, ou du moins de substituer au mot pharisaïque *internationale*, l'expression mieux appropriée de *nationale*. Il y aurait gagné, sinon d'être approuvé de tous, du moins d'être universellement compris ; car il est bien évident que le Mozambique est une gêne et une entrave des plus désagréables pour l'impérialisme britannique. Le Portugal est maître de la côte. Dans le sud, il empêche les Anglais, grâce à Delagoa-bay, d'entourer les Etats boërs d'un cercle de fer où ils les tiendraient à leur merci. Dans le nord, il a entre les mains, par le port de Beira et le Zambèze, les seuls débouchés possibles sur l'Océan. La région aurifère de Salisbury, sur laquelle la Chartered, à défaut du Transvaal, fonde toutes ses espérances, est par voie ferrée à 2 700 kilomètres du Cap. S'imagine-t-on une mine d'or ouverte aux environs de Moscou, qui ne communiquerait avec le monde civilisé que par le Havre ?

Telle aurait été, cependant, la situation de l'Angleterre, si le Portugal ne lui avait accordé passage sur son territoire. Mais ceci n'est qu'un pis aller. Elle ne le cache pas ; il lui faut la côte et les ports.

Ce n'est pas d'hier qu'elle a manifesté ses intentions. Dès 1823, elle a voulu mettre la main sur Delagoa-bay. Elle prétendit alors avoir des droits sur la rade, en vertu d'une cession que lui aurait faite certain chef zoulou de la région, et le capitaine Owen, de la marine britannique, prit possession des territoires du Tembo et de Mapouta, ainsi que de l'île d'Inyack. Puis elle créa sur la rive méridionale de la baie un établissement commercial qui reçut le nom plutôt ambitieux de Bombay. Pendant un demi-siècle, Anglais et Portugais échangèrent force protestations, memorandums et notes plus ou moins vives, sans cependant sortir des bornes d'une discussion courtoise : les premiers se contentaient du jalon qu'ils avaient posé ; les seconds protestaient platoniquement pour empêcher la prescription de ratifier les faits accomplis. Mais le ton changea, lorsque vers 1870 les Anglais commencèrent à entrevoir l'avenir de leur colonie du Cap. L'importance stratégique et commerciale de Delagoa-bay leur apparut prépondérante ; sur quoi, ils enflèrent leurs prétentions et le conflit entra dans une phase aiguë. Toutefois, il n'était pas encore entré dans l'état d'esprit des chancelleries européennes qu'on pût se battre entre nations civilisées pour la possession de quelque lopin de terre de l'Afrique du Sud, et les deux parties résolurent de faire trancher leur litige par un arbitrage. On s'en remit à la justice du maréchal de Mac-Mahon. L'illustre soldat rendit sa sentence en 1875. Elle fut ce qu'elle devait être. L'Angleterre, déboutée de ses prétentions, dut battre en retraite, et le Portugal rentra en possession des territoires où son pavillon avait flotté depuis trois cents ans. Le cabinet de Saint-James ne cacha pas sa mauvaise humeur, et ce malèncontreux incident le dégoûta pour longtemps de soumettre à un arbitrage les différends qu'il pouvait régler par le droit du plus fort.

Rentrés dans leurs frontières, les Anglais gardèrent soigneusement leur idée et se remirent à l'affût. Les événements de 1889-1891 leur permirent de resserrer considérablement leurs travaux d'approche. Le Mozambique sortit de leurs mains réduit de moitié, et, sur la partie qui demeurait au Portugal, ils se firent reconnaître un droit de préemption dont ils allaient user peu après avec une merveilleuse dextérité.

L'année 1894 amena un nouvel incident qui faillit précipiter les choses. Une vive effervescence se manifestait alors parmi les tribus cafres du Mozambique méridional. Ces peuplades sont réputées parmi toutes les races noires pour leurs mœurs farouches et leurs qualités guerrières. Les Zoulous sont de la même famille, et l'on sait quels indomptables adversaires ils furent pour les Anglais. Jamais les Cafres n'avaient accepté la suprématie du Portugal qui dut, à maintes reprises, lutter contre des soulèvements redoutables. Par contre, les Anglais avaient su fort habilement lier avec eux des rapports d'amitié. Lorsqu'en 1894 se manifestèrent les premiers symptômes de mécontentement, les Anglais s'empressèrent de souffler sur le feu et d'attiser l'incendie. M. Cecil Rhodes envoya sur le Limpopo des émissaires chargés de prêcher la révolte et de fournir aux rebelles des armes et des munitions. Il lui survint même à cette occasion une fâcheuse aventure. L'un de ces agents, qui probablement ne se trouvait pas récompensé selon ses mérites, intenta un procès à son patron, et les tribunaux de Londres entendirent des révélations édifiantes. Les Anglais s'en tirèrent en disant qu'il n'y avait là que des inventions mensongères d'un valet cassé aux gages, mais ils négligèrent de s'expliquer sur le cas de plusieurs de leurs compatriotes surpris dans le pays de Gaza par les Portugais en flagrant délit d'espionnage et d'excitation à la révolte. Ils ne bronchèrent pas davantage lorsqu'un parti portugais ayant surpris le camp du grand chef noir Gougounhama y trouva un butin significatif : des bourses encore pleines aux initiales de la Chartered, contenant les subsides payés aux rebelles par M. Cecil Rhodes; et une coupe d'argent avec cette dédicace : « La reine Victoria à Gougounhama. » Je suis persuadé que la souveraine a toujours ignoré le singulier cadeau fait à son royal

frère, mais le fait n'en subsiste pas moins, et pour
tout homme de bonne foi, la cause est entendue.

C'est qu'en effet la révolte cafre servait trop bien
les intérêts des Anglais pour que ceux-ci aient
négligé cette chance inespérée. Pendant trois ans,
tout le pays fut mis à feu et à sang. Par instants,
on put croire que les Portugais allaient être jetés
à la mer. Un jour même, des bandes ennemies vinrent piller les faubourgs de Lourenço-Marquez.
C'était là ce que les Anglais attendaient. Au nom des
intérêts supérieurs de la civilisation, les bâtiments
de guerre britanniques qui stationnaient dans le
port mirent à terre leurs compagnies de débarque-
ment, malgré les protestations du gouverneur portugais, et M. Cecil Rhodes qui, par hasard, se
trouvait là, organisa la défense. Une fois entré, il
espérait bien trouver un prétexte pour ne plus sortir.
Mais les Portugais virent le danger. Des renforts
furent expédiés en toute hâte et rejetèrent les Cafres
loin des centres européens. Enfin le major d'Albuquerque, gouverneur de la colonie, digne héritier
d'un nom illustre, termina la campagne par un
acte de témérité héroïque qui rappelle les plus
hauts faits de nos guerres algériennes. A la tête
d'une troupe de 48 cavaliers, il courut au camp de
Gougounhama. Plus heureux que le duc d'Aumale
en pareille occasion, il arriva à point pour se saisir
de son redoutable adversaire ; il le força à s'age-
nouiller devant lui en signe de soumission publique,
et l'emmena prisonnier, avant que les noirs, ahuris
de tant d'audace, aient eu le temps de revenir de
leur stupeur. Ce coup d'éclat marqua la fin de la

guerre. Tout rentra dans l'ordre. Les Anglais en furent pour leurs frais et leur coupe d'argent et durent débarquer.

Déçus une fois de plus dans leurs espérances, les Anglais paraissent depuis lors avoir renoncé à la force. Ils temporisent et s'en remettent au temps du soin de réaliser leurs désirs. Ils comptent sur la puissance de l'argent et attendent l'heure où les embarras financiers du Portugal le mettront à sa merci. A chaque instant, ils lui proposent d'acheter tout ou partie de sa colonie. Il n'y a pas de mois où la presse n'annonce que le marché est conclu. Tout récemment encore, on a donné le prix d'achat, 200 millions. Jusqu'à présent, le Portugal a repoussé toutes les offres avec hauteur : « Nous ne sommes pas de ceux, a dit un de leurs ministres, qui vendent les joyaux de leur couronne. » Et, en fait, je ne vois pas ce que le Portugal y gagnerait. Le malheur du Portugal a bien moins été le manque de ressources qu'une déplorable gestion financière. Tel est du moins l'avis de tous ceux qui ont étudié la question. Dix années d'économie, d'administration prudente et avisée suffiraient à rétablir l'équilibre du budget, et point n'est besoin pour cela d'aliéner cette part importante de la richesse publique représentée par les colonies. Bien plus, n'est-il pas à craindre que, le jour où 200 millions tomberaient dans son trésor, le Portugal, qui n'a jamais su compter, ne subisse la fascination de celui qui a gagné le gros lot à la loterie, et n'oublie pour longtemps les sages règles de l'économie politique. Mieux vaut en tous cas ne pas courir bénévolement un risque où le Portugal a beaucoup à perdre et pas grand'chose à gagner.

Mais, si le vendeur est récalcitrant, l'acquéreur est doué d'une obstination à toute épreuve. Il ne s'inquiète pas des échecs et poursuit imperturbablement sa voie. Un incident qui vient tout récemment de recevoir sa solution va nous édifier une fois de plus sur la fertilité de l'imagination anglo-saxonne.

L'affaire a son origine en 1889. A cette date, le chemin de fer de Delagoa-bay appartenait à une compagnie anglaise, la *Delagoa-bay and East-African railway C*ᵧ, qui exploitait la ligne sur 80 kilomètres. Or, à la suite d'une convention intervenue entre le Portugal et le Transvaal, la frontière portugaise avait été reculée d'une dizaine de kilomètres à l'ouest. Il y avait donc une lacune entre l'extrémité de la ligne portugaise et le point où commençaient les travaux de la voie transvaalienne.

La compagnie anglaise refusa de construire ce tronçon supplémentaire. En outre, le Portugal croyait avoir à se plaindre de la façon dont la compagnie exploitait sa concession, et lui reprochait de violer journellement son cahier des charges. La chose n'a rien d'invraisemblable. Sur le chemin de fer de Beira, qui appartient encore aujourd'hui à une compagnie anglaise, tout est subordonné aux convenances du trafic international, et les établissements portugais riverains de la ligne ne parviennent pas à se faire desservir. Le même fait pouvait se produire en 1880 sur la ligne de Delagoa : bref, on ne parvint pas à s'entendre, et le gouvernement portugais, usant des droits que lui conférait le cahier des charges prononça la déchéance de la Compagnie (25 juin 1880). Les concessionnaires anglais poussèrent les hauts cris : ils refusèrent l'indemnité qu'on leur offrait, et portèrent leurs plaintes au Foreign-office. — La conduite des autorités portugaises était strictement légale. Elle pouvait être imprudente, peu adroite, et donner prétexte à de longs procès, mais le principe de l'indemnité étant sauf, l'Angleterre ne pouvait que s'incliner devant un acte administratif d'une puissance indépendante. Elle ne s'y résigna pas facilement. L'occasion était trop belle pour ne pas essayer d'en profiter, et elle n'y manqua pas. Sans perdre un instant, le cabinet de Saint-James fit entendre des protestations indignées, envoya ses vaisseaux à Delagoa, et au nom de la Compagnie déchue présenta une demande d'indemnité formidable. L'opinion publique soutenait vivement le gouvernement. On ne parlait de rien moins que d'exclure du Stock-exchange toutes les valeurs portugaises. Certains journaux déclarèrent même qu'il fallait profiter de l'occasion pour régler d'un seul coup toutes les questions pendantes, et sortirent ingénieusement de la poussière des temps une vieille dette de 75 millions, montant de la part contributive des Portugais dans les frais de la guerre que l'Angleterre avait soutenu chez eux contre les armées françaises au début de ce siècle.

La cause, cependant, devait être bien mauvaise, car l'Angleterre elle-même n'osa passer outre. De son côté le Portugal s'entêta dans sa résistance. Finalement, il proposa de porter les faits devant un tribunal arbitral qui fixerait le chiffre de l'indemnité à allouer. L'Angleterre accepta de mauvaise grâce, car elle aurait préféré brusquer les choses. Une espérance néanmoins lui restait. Il fallait obtenir des arbitres une somme que le Portugal serait dans l'impossibilité de payer. Aussi n'hésita-t-elle pas à porter jusqu'au delà de cent millions le montant de ses réclamations. Elle espérait bien que sa créance serait irrécouvrable ou du moins que le Portugal ne pourrait s'acquitter qu'en mettant en gage le port et le chemin de fer de Lourenço-Marquez.

Dans les deux cas le gouvernement anglais se voyait maître de la situation, car en vertu de son droit de préemption sur le Mozambique, il comptait s'opposer à ce que le port ou le chemin de fer fussent remis en gage à une tierce puissance (1). Tout au plus aurait-il accepté que le Portugal, en échange de la somme à trouver, concédât le chemin de fer à une compagnie anglaise solidement inféodée au « Colonial office », la Chartered par exemple, mais il ne cachait pas que la concession du chemin de fer ne lui suffirait pas, qu'il lui faudrait encore Lourenço, car tant vaut le port, tant vaut le chemin de fer, et l'*ataxie* portugaise laissant vé-

---

(1) Ceci n'était pas une simple menace. Tout récemment encore le gouvernement anglais vient de protester contre une concession territoriale de minime importance faite dans le district de Lourenço à un sujet allemand, M. Eiffe. Le Portugal a dû négocier avec le concessionnaire l'abandon de ses droits moyennant 500 000 francs.

géter le port, le chemin de fer ne serait plus un gage suffisant.

Ainsi l'Angleterre croyait avoir acculé le Portugal à une impasse. Ou bien il ne pourrait payer l'indemnité à laquelle il serait condamné, et l'Angleterre, agissant au nom de ses nationaux créanciers, confisquerait le chemin de fer et le port, ou bien il payerait l'indemnité avec le concours du gouvernement et des capitalistes anglais en remettant en gage ledit chemin de fer et son port. Dans les deux cas, l'Angleterre entrerait triomphalement dans la place. C'était la chute de la domination portugaise.

Une dépêche de Berne, survenue au commencement d'avril, a brusquement démoli les combinaisons ingénieuses des politiques du Foreign-office et du Stock-Exchange. On apprit que la cour arbitrale suisse avait fixé le montant de l'indemnité due par le Portugal à 15 millions au principal, soit 25 millions avec les intérêts. Lorsque cette dépêche parvint à Londres, on télégraphia à Berne, pour savoir si l'on n'avait pas oublié un zéro dans la transmission, ce qui donne une idée précise des prétentions extraordinaires de l'Angleterre. On conçoit dès lors l'indignation et la colère que souleva dans ce pays l'arrêt de la Cour. Il est probable en effet que, malgré sa pénurie d'argent, le Portugal trouvera 25 millions sans mettre en gage le port ou le chemin de fer de Lourenço-Marquez, et alors tombent dans l'eau tous les projets caressés avec amour depuis 10 ans. Pour la deuxième fois en 25 ans la justice arbitrale, qu'elle émane de

France ou de Suisse, force les Anglais à respecter le bien d'autrui, et l'intégrité du territoire portugais. Faut-il maintenant s'étonner qu'ils repoussent tous les jours les demandes d'arbitrage formulées par les Boers du Transvaal et de l'Orange ?

II

Peu de lectures nous ont paru plus instructives et plus attrayantes que celle des journaux anglais parus au lendemain de l'arrêt des arbitres suisses. A la violence de leur langage on peut facilement mesurer l'amertume de leur désillusion. Depuis dix ans, l'opinion s'était faite que le Portugal ne pourrait jamais sortir du piège où il était tombé, et déjà les Anglais parlaient en maître à Lourenço. Il leur parut singulièrement pénible de renoncer du jour au lendemain à leurs espérances, et le *Standard* comme le *Times* se répandirent en doléances d'une naïve franchise. Au reste, les Anglais refusent avec ensemble d'accepter la situation qui résulte du nouvel état de choses. Ils annoncent hautement que la question ne saurait être tranchée par un arrêt vindicatif et partial « qui synthétise toutes les basses jalousies et les haines du continent », et que rien ne peut prévaloir contre les droits de la *puissance prédominante*. Plus que jamais, le Mozambique leur apparaît comme un héritage naturel qui ne manquera pas de leur échoir un jour, et toutes leurs précautions sont prises pour ne plus laisser échapper l'occasion. Une seule question aurait pu encore les préoccuper, c'était l'accueil que ferait l'Europe au triomphe de leur politique. Cette question vient de recevoir sa solution, et c'est ici que nous voyons l'Allemagne rentrer en scène.

Le temps n'est plus où les choses d'Afrique n'existaient pas pour les cabinets européens. Assurément, les chancelleries, durant les trois premiers quarts de ce siècle, auraient été fort étonnées d'avoir à répartir, selon les appétits des puissances, les tribus nègres qui erraient dans les solitudes de l'Afrique. Mais depuis le jour où M. Talleyrand et ses collègues dosaient méticuleusement les formules de l'équilibre européen, la chimie diplomatique a trouvé d'autres éléments à mettre en œuvre. La vivacité des discussions n'a pas changé, mais le Nil, le Niger, le Congo ou le Zambèze en font les frais, et non plus les principautés allemandes ou danubiennes, la Saxe, la Belgique ou la Bulgarie. L'équilibre africain est maintenant au premier rang des préoccupations politiques. Cet équilibre ne sera-t-il pas bouleversé lorsque l'Angleterre, ayant absorbé les Etats boërs et les colonies portugaises, règnera sans contestation du Cap à l'Equateur, comme elle dominera un jour de l'Equateur à la Méditerranée? L'Angleterre, à qui les succès les plus étourdissants n'ont jamais fait perdre la prudence et le sens pratique des choses, s'en est rendu compte. Elle a compris qu'elle ne pouvait agir seule, et s'est ouvert de ses projets à l'Allemagne, car l'Allemagne est, à l'heure actuelle, la seule grande puis-

sance qui, dans l'Afrique australe, puisse lui soulever de sérieuses difficultés diplomatiques.

L'Allemagne avait d'abord paru voir d'un très
mauvais œil la politique envahissante de l'Angleterre, et, entre les deux puissances, les sujets de
discussion n'avaient pas manqué. Les établissements allemands de l'Est africain et du Sud-Ouest
n'avaient pas été créés sans exciter la mauvaise
humeur des cabinets anglais. Plus tard, lors de la
convention anglo-congolaise de 1894, l'Allemagne
avait opposé son véto formel à la jonction des possessions anglaises entre les lacs Tanganyka et
Albert-Edouard. Enfin, plus récemment encore,
l'empereur Guillaume avait paru, dans une occasion mémorable, se poser en défenseur du droit et
de la justice et prendre hautement sous sa protection le Transvaal et l'Orange, menacés par les entreprises flibustières de la Grande-Bretagne.

Que s'est-il passé depuis 1896 ? Le secret a été
bien gardé, mais il ne semble pas douteux que la
politique allemande ait subi un revirement sensible. En tous cas, personne ne doute plus qu'un
accord soit intervenu en 1898 entre les cabinets de
Berlin et de Londres qui prévoit toutes les éventualités dont l'Afrique peut, à bref délai, devenir
le théâtre, et trace la ligne de conduite réciproque
des parties contractantes.

Un article des plus curieux, paru il y a peu de
mois dans la *Fortnightly review* (octobre 1898) et
dont la paternité attribuée à sir Charles Dilke n'a
jamais été niée, donne à ce sujet quelques éclair-
cissements que sont venus confirmer, depuis lors,

des indices plus ou moins probants et les confidences infiniment rares, mais d'autant plus précieuses, du monde diplomatique.

Le point de départ de la discussion aurait été Delagoa-bay. L'Angleterre aurait clairement démontré à son interlocutrice que ce port devait par la force des choses tomber un jour entre ses mains : que cette solution était la conséquence naturelle d'une situation de fait incontestable ; qu'en effet, le commerce anglais est prépondérant à Lourenço-Marquez comme, d'ailleurs, à Beira, et qu'il n'y a aucun motif à ce que le Portugal continue à monter une garde négligente aux deux grandes portes de l'Afrique australe.

L'Allemagne hésita, puis finit par acquiescer à cette manière de voir, mais elle demanda des compensations. L'Angleterre insinua que le nord du Mozambique arrondirait avantageusement l'Est africain allemand, et que, tandis que l'Angleterre, s'élevant du sud au nord, s'étendrait jusqu'aux environs du Zambèze, l'Allemagne, descendant du nord au sud jusqu'à la même latitude, viendrait rejoindre son alliée sur les rives du grand fleuve. Mais le gouvernement impérial objecta qu'il avait déjà en Afrique force territoires improductifs, et que le nord du Mozambique, qui ne valait rien au point de vue agricole ou minier, était une compensation insuffisante. L'Angleterre en tomba d'accord et on en vint à chercher sur la carte d'Afrique une terre plus avantageuse. Aucune région n'était vacante, mais il y avait encore l'Angola portugaise. Les raisons économiques qui militaient en faveur du

démembrement du Mozambique n'étaient pas sans
valeur sur la côte occidentale, où les Allemands
avaient acquis des intérêts très importants. Les Anglais détenaient d'ailleurs Walfish-bay, le seul port
naturel des possessions allemandes du sud-ouest,
ce qui gênait considérablement les négociants de
Brême et de Hambourg. Il y avait donc moyen de
s'entendre et l'Angola ferait les frais d'un autre
arrangement où, par un savant système de compensations, les deux parties trouveraient leurs
avantages[1]. Quant au Portugal, on lui ferait accepter telle indemnité pécuniaire qui ferait la joie
des porteurs de sa dette. On aurait toujours le
temps de débattre une question aussi oiseuse.

Tel apparaît, dans ses grandes lignes, l'accord
anglo-allemand, dont la conséquence serait la dé-
possession définitive du Portugal. Quels seront les
détails d'exécution, les prétextes d'intervention ?
Tout cela est réservé. On s'en remet aux circonstances et au hasard des événements. Mais le point
important, c'est que l'Allemagne et l'Angleterre
paraissent maintenant marcher de conserve. Tout
fait croire que le Portugal ne doit plus compter sur
l'appui de la seule puissance qui aurait eu l'intérêt comme aussi la possibilité de le défendre.

Quant à la France, elle ne souffle mot. Certes,

---

[1] Ce ne sont pas là des simples suppositions. A la suite du
voyage récent de l'Empereur Guillaume à Londres, on a publié
quelques-unes des stipulations arrêtées entre les cabinets de
Londres et de Berlin, qui ne laissent aucun doute sur l'économie générale des projets anglo-allemands (Voir plus loin
chap. x).

le soin de sa sûreté lui commanderait d'empêcher la création, à quarante-huit heures de Madagascar, d'un formidable arsenal anglais. Il est non moins certain qu'en pareille occurrence le souci de son honneur et le respect de ses traditions auraient dû lui faire tendre la main à une nation généreuse accablée d'une disgrâce imméritée, mais que peut-elle faire à l'heure présente? Des préoccupations plus actuelles assaillent, soyons-en sûrs, ceux que le malheur des temps laisse aujourd'hui parler en son nom. Pauvre France! protectrice des faibles, qui tint si longtemps l'épée du droit entre ses mains puissantes,

Terre du dévouement, de l'honneur, de la foi,

noble instrument des secrets desseins de la Providence, *gesta Dei per Francos!*

L'heure semble donc venue, pour l'Afrique du Sud, des grands bouleversements qui consacreront le triomphe de la force. Beaucoup d'événements, je le sais, peuvent venir à la traverse des ambitions anglaises. L'affaire du Transvaal nous réserve peut-être des surprises, et rien ne prouve que l'Afrique accepte sans murmurer le joug britannique. La race hollandaise forme la majorité dans les États boërs, comme au Cap et peut-être en Natalie; elle est vaillante et tenace. Même en cas de défaite, elle pourra négocier de puissance à puissance avec l'envahisseur et lui imposer tel compromis qui lui assurerait, sinon l'indépendance politique, du moins l'autonomie et la liberté.

Mais le Portugal est dans cette situation désespérante que, quoi qu'il arrive dans le Sud africain, ses jours n'en sont pas moins comptés. Si les Anglais triomphent dans le centre, leur suprématie s'établira partout; ils seront les maîtres incontestés et le Portugal subira le sort réservé aux faibles. S'ils échouent, au contraire, ou si, comme le prédisent nombre d'esprits éminents, parmi lesquels les Anglais eux-mêmes ne sont pas en minorité, ils n'arrivent qu'à transformer l'Afrique du sud en une nouvelle Pologne où l'autorité du vainqueur, perpétuellement insultée, ne subsistera que sous la pression des baïonnettes, ils n'en seront que plus pressés de prendre une revanche nécessaire à leur prestige, nécessaire surtout à leur position militaire, car Delagoa-bay et Beira sont les deux clefs du pays. Enfin la destinée a pris soin d'enlever aux Portugais jusqu'à leur dernière planche de salut puisque l'Allemagne est à leurs portes, prête à supplanter l'Angleterre le jour où celle-ci viendrait à faiblir.

Le dénouement est-il pour demain? Faudra-t-il, au contraire, l'attendre longtemps encore? Le pavillon portugais sera-t-il amené partout à la fois, à la suite d'une action d'ensemble menée de front par l'Angleterre et l'Allemagne, ou bien le dernier acte de la tragédie est-il réservé à un lointain avenir? Autant de questions impossibles à résoudre et que les années futures se chargeront d'élucider.

Mais, en tous cas, un fait subsiste : c'est qu'une crise suprême se prépare et que chaque instant écoulé nous rapproche du jour où la domination portugaise en Afrique ne sera plus qu'un chapitre

d'histoire. Eh bien, s'il est vrai que « *l'histoire se
doive* aux peuples sans défense'», elle aura de
belles pages à consacrer au Portugal. Elle dira
que le Portugal fut le premier à montrer au delà
des mers l'étendard de la chrétienté et le symbole
de la rédemption ; que pendant des siècles il
marcha en tête de la grande croisade de la civilisation et de la foi : que la religion, l'humanité, la
science doivent beaucoup à ses longs efforts et à
ses glorieux travaux. Elle dira aussi, car l'histoire
doit connaître du mal comme du bien, quelles
furent ses erreurs pendant les mauvais jours, sa
trop longue faiblesse et son imprévoyance coupable : mais elle n'aura garde d'oublier qu'il fut
seul à souffrir de ses torts, qu'il fut toujours juste
et équitable aux vaincus, que les peuples qu'il a
dominés n'ont jamais été asservis ni détruits, et
qu'aucune tache n'a jamais souillé les couleurs
brillantes de son drapeau. Enfin, l'histoire appré-
ciera les circonstances qui auront entouré sa chute.
Elle montrera ce que furent ses adversaires ; elle
jugera en dernier ressort si son passé ne lui mé-
ritait pas plus d'égards, si son présent justifiait les
traitements qu'il eut à subir.

Lorsque l'illustre Albuquerque se vit en butte à
l'inimitié des envieux, calomnié des grands, trahi
par ses amis, abandonné de son roi, il comprit
qu'il avait fourni sa carrière et, impuissant à se
défendre, il dédaigna de vivre. « Au tombeau,
s'écria-t-il, au tombeau, vieillard fatigué ! ton
heure est passée ! » Il mourut, mais son nom vi-
vra aussi longtemps que les mots de gloire et

d'honneur feront battre le cœur des hommes. Si
l'heure du Portugal est également passée, et qu'il
n'y ait plus de place pour lui en un monde où la
force triomphe du droit, et la richesse de la pau-
vreté, qu'il s'incline sous le destin ; il gardera sa
place dans l'histoire.

CHAPITRE VII

LES POSSESSIONS ALLEMANDES ET LA POLITIQUE
AFRICAINE DE L'ALLEMAGNE.

I. — Origines de l'idée coloniale en Allemagne. Développement
industriel et commercial de l'Allemagne. Premiers symptômes d'ambitions coloniales en 1870. La Société coloniale
allemande. Etat des esprits à Hambourg et à Brême. Débuts
de l'Allemagne dans la politique coloniale.

II. — Situation politique de l'Afrique au moment où l'Allemagne entre en scène. Idées et politique coloniale de M. de
Bismarck. Rivalité avec l'Angleterre.

III. — Les Allemands dans le Sud-Ouest africain. Leurs rapports avec les Etats boërs. Voyage de M. Krüger à Berlin.
Les projets allemands. Ils sont arrêtés par la rapidité de
l'expansion anglaise.

IV. — Les Allemands au Congo et sur la côte du golfe de Guinée. Le Cameroun.

V. — Les Allemands dans l'Est africain et à Zanzibar. L'île de
Zanzibar. Son importance stratégique et commerciale. Influence politique de l'Angleterre. Arrivée des Allemands.
Expédition du Dr Peters et du comte Pfeil. Etablissement
du protectorat allemand sur 150 000 kil. carrés. Rivalité
anglo-allemande à Zanzibar. L'incident de la princesse Salmé.
Traité de 1887.

VI. — Anglais et Allemands dans l'Hinterland de l'Est africain
et sur le Haut-Nil. L'Ouganda et la province équatoriale.
Emin Pacha. Intrigues des Allemands et des Anglais autour
d'Emin. Expéditions de Stanley et du Dr Peters. Enlèvement
d'Emin par Stanley. Emin arrive à Bagamoyo et s'engage au
service de l'Allemagne. Profond dépit de Stanley et des Anglais. Le Dr Peters s'empare de l'Ouganda. Triomphe de la
politique allemande.

VII. — Revirement subit de la politique allemande à la chute
de M. de Bismarck. Traités du 14 juin et du 1er juillet 1890.
L'Allemagne abandonne une partie de ses conquêtes. Nouvelle volte-face en 1893, et seconde phase de la rivalité anglo-
allemande qui se termine en 1898 par un accord secret.

I

Nous n'avons parlé jusqu'ici que des Etats neutres et des Etats faibles. Il nous faut arriver maintenant aux grands de ce monde, à ceux qui tiennent entre leurs mains le sort de l'Afrique du Sud, à l'Angleterre et à l'Allemagne.

L'histoire des établissements anglais du Cap et de la Rhodésie, les migrations successives des Boërs, leurs luttes perpétuelles contre les envahisseurs, les destinées fabuleuses de ces patries de l'or et du diamant sont trop connues pour que nous nous y arrêtions. Mais il n'en est pas de même des colonies allemandes. Il y a très peu de gens, à l'heure actuelle, qui consentent à reconnaître que l'Allemagne est une puissance coloniale, et si grande est l'influence d'une longue habitude que le nom de l'Allemagne évoque immédiatement la seule et unique idée d'une armée formidable et d'un peuple de soldats arbitre de l'Europe. Qu'il lui ait plu certain jour de s'annexer quelques millions de sujets noirs, c'est une fantaisie de grand seigneur, qu'on peut enregistrer comme un signe des temps, mais assez insignifiante en elle-même.

C'est là une grave erreur, qui méconnaît entièrement la prodigieuse transformation survenue en Allemagne depuis 30 ans. Si l'Allemagne est restée une grande puissance militaire et européenne, elle est devenue en même temps une puissance maritime commerciale et industrielle de premier ordre. Sans rien perdre de sa prépondérance en Europe. elle s'est acquis à travers le monde une situation extraordinaire, et les plus lointaines perspectives lui sont permises, car outre ses qualités morales, elle peut mettre au service de son expansion la force matérielle qui aplanit les obstacles.

Rien ne permettait de prévoir, de la part de l'Allemagne, une action aussi vigoureuse et aussi prompte. L'Allemagne n'avait pas, comme la France, l'Espagne ou le Portugal, des traditions respectables à défendre ; les siècles passés ne lui avaient pas légué, dans les pays d'outre-mer, un lourd héritage à recueillir; enfin, on n'a jamais pu dire d'elle, comme on l'a fait pour l'Angleterre, que sa situation géographique et économique, aussi bien que son organisation sociale, faisait de son expansion au dehors une condition nécessaire de son existence. Bien plus, l'Allemagne avait contre elle deux infériorités sensibles : les qualités physiques de sa race qui lui rendent particulièrement pénible, sinon impossible, l'acclimatation dans les climats tropicaux ; et, d'autre part, la difficulté singulière qu'éprouve l'Allemand à garder hors de chez lui sa nationalité d'origine. C'est un fait d'expérience qu'au bout de deux ou trois générations au plus, l'émigré allemand perd tout souvenir de sa patrie. Il disparaît dans le milieu nouveau où il s'est transplanté, et oublie jusqu'à sa langue maternelle [1].

Et cependant, rien ne l'a arrêté. Plus que tout autre, l'Allemand, dès qu'il en a eu le loisir, a sacrifié à la fièvre coloniale. Soyons sûr qu'il n'a pas agi sans cause, car il n'est pas de ceux qui se payent de mots et vivent dans les nuages. Le temps est passé du « royaume de l'air » où les bons Allemands à lunettes d'or poursuivaient, à travers la fumée des pipes, des discussions nébuleuses sur une métaphysique sentimentale ; peuple de Fantasios et de Sparks, rêveurs doux et charmants, à la fois simples et alambiqués, un peu incohérents et tout à fait inoffensifs. Derrière ce décor de façade, personne ne voyait grandir un autre Allemand, l'Allemand du Nord celui-là purement matériel et âpre au gain, capable de mettre au service de ses intérêts une intelligence pratique et sûre, et des qualités inappréciables de travail et d'endurance ; personne ne soupçonnait toute la vigueur amassée par cette nation prussienne qui depuis deux siècles a eu cet avantage unique d'être et de se sentir gouvernée. Ce n'est pas que, depuis 200 ans, la Prusse n'ait connu de mauvais jours et n'ait même éprouvé les pires catastrophes ;

[1] C'est particulièrement ce qui se passe aux Etats-Unis où la population d'origine allemande qui se chiffre par millions d'individus n'a jamais pu conserver sa cohésion, ses mœurs ni même sa langue. Aujourd'hui que l'immigration germanique a considérablement décru, ce travail de désagrégation s'accentue rapidement. Le Français a des qualités diamétralement opposées. Le Canada en est la preuve.

ce n'est pas non plus que tous ses princes aient été de grands génies, mais tous, sans exception, quels qu'aient été leurs défauts ou même leurs vices, ont fait avec conscience leur métier de roi. Tous ont su préparer les lointains avenirs de leurs peuples, ajouter une pierre à l'édifice social, politique et économique dont ils avaient hérité, et léguer à leurs successeurs une Prusse plus puissante, plus unie et plus riche. Puis le jour vint où, par la logique fatale des événements, la Prusse entraîna dans son orbite l'Allemagne entière, et lui communiqua les qualités d'ordre, de discipline et de travail qui font les peuples forts. Ce fut le signal de l'essor prodigieux de cette nation dont les qualités latentes, trouvant enfin l'occasion de se développer, se révélèrent tout à coup au monde étonné.

Tel est le peuple qui, dix ans à peine après la constitution de son unité matérielle et morale, a réclamé sa part de souveraineté en Afrique, en Asie et en Océanie. Tel est le gouvernement qui, loin de le retenir sur la pente, a surveillé ses débuts avec sollicitude, et a fini par s'engager à fond au risque d'éveiller les plus graves difficultés internationales.

Ce fut, en effet, le grand mérite de M. de Bismarck d'avoir eu la conception très nette des conditions d'existence d'un grand empire, comme aussi de la mission des chefs d'Etat. Il comprit qu'aujourd'hui plus que jamais, la puissance politique et militaire ne vaut et ne dure que si elle s'appuie sur la puissance économique et qu'il ne lui aurait servi de rien d'avoir façonné son édifice par le fer et le feu, s'il ne lui bâtissait des fondations inébranlables par le travail et l'industrie. Il ne négligea rien pour y parvenir, et le pays l'a suivi dans cette voie nouvelle avec une ardeur qui devait donner des résultats surprenants.

Depuis 1870, la puissance de production de l'Allemagne a presque doublé. L'exportation a augmenté de 60 pour 100 ; elle atteint aujourd'hui 4 milliards et demi. Le mouvement de ses ports a triplé, passant de 11 millions à 33 millions de tonnes, sur lesquelles 17 millions sont allemandes. Chaque jour, le commerce fait de nouveaux progrès, et les Allemands ne comptent plus les victoires pacifiques qui leur ont permis, soit de se créer des débouchés nouveaux, soit de supplanter des concurrents moins actifs ou moins adroits. La richesse s'est accrue dans des proportions énormes, et les capitaux, affluant toujours, doivent aujourd'hui émigrer pour trouver leur emploi [1]. Partout se sont créées des entreprises allemandes, lignes de navigation, chemins de fer, mines, plantations, etc. ; il n'y a pas une contrée où l'Allemand n'ait pris pied, et où il ne prélève la dîme due à son labeur et à son activité.

Ce n'est pas tout. Non seulement l'Allemand

---

[1] Un document officiel paru en 1897 évaluait à 3 milliards les capitaux allemands placés en Amérique et en Afrique seulement. Ce chiffre qui, de l'aveu même du gouvernement, était très inférieur à la réalité, a été largement dépassé depuis. Au Transvaal, par exemple, les capitaux allemands ont triplé depuis trois ans. En Turquie et en Asie Mineure, la plupart des entreprises d'intérêt public sont allemandes.

s'est insinué chez les autres, non seulement il s'est
acquis en divers pays le monopole du commerce
et des transactions, non seulement ses capitaux
ont vivifié des nations étrangères tombées en lé-
thargie, mais il s'est taillé de par le monde un
empire qui met sa patrie au rang des grandes
puissances coloniales. C'est là, n'en déplaise à certains théoriciens, une conséquence nécessaire de
son expansion commerciale. Les peuples de marchands sont toujours devenus, par la force même
des choses, des peuples de colons. L'expérience
l'a maintes fois prouvé depuis Tyr, Carthage et la
Grèce, jusqu'à la moderne Belgique. En tous
temps et en tous lieux, les mêmes causes ont produit les mêmes effets; et c'est en ce sens que l'un
des plus ardents protagonistes de l'expansion allemande a pu écrire : « Notre politique coloniale
n'est l'œuvre de personne; elle s'est produite
d'elle-même [1]. »

Cela est si vrai que l'idée coloniale est née en
Allemagne dans les couches profondes de l'opinion
publique bien avant que le gouvernement s'en soit
préoccupé. Ce fut comme une éclosion qui, après
1870, se manifesta spontanément sous la pression
des événements. Dans l'enivrement du triomphe,
l'Allemand fut pris d'une audace et d'une confiance superbes. L'Europe n'était plus assez grande
pour la nation germanique régénérée et unie. Il
fallait reculer toujours les antiques frontières de
l'empire, et demander aux pays neufs ce surcroît

---

[1] Fabri, l'Allemagne a-t-elle besoin de colonies ?

de puissance et de force que le vieux continent était impuissant à lui donner.

Des voix s'élevèrent alors pour réclamer l'Algérie et la Cochinchine à la France vaincue. L'idée ne trouva pas d'écho immédiat dans la masse de la nation ; il n'est pas superflu cependant de s'y arrêter un instant, car elle est le premier symptôme d'un état d'esprit destiné à prendre un développement considérable. Peut-être même la question a-t-elle une portée encore plus haute, et l'on peut se demander si les ardents coloniaux de la première heure n'avaient pas la claire vision des vrais intérêts de leur patrie. Pour nous, nous ne nous sentons ni le droit ni le courage de prendre la parole dans ce débat, et nous ne pensons pas qu'il convienne à un Français de rechercher comment le douloureux traité de Francfort eût pu devenir moins cruel assurément, mais irréparable pour l'avenir de la patrie. Toutefois, nous comprenons parfaitement que certains Allemands prévoyants eussent, en 1871, préféré d'autres conquêtes. En somme, l'Allemagne, en annexant l'Alsace-Lorraine, a surtout obtenu une satisfaction d'amour-propre. Sans doute sa puissance politique, financière, économique et militaire s'en est accrue, mais a-t-elle réellement grandi en proportion de l'effort réalisé, des dangers courus, du malaise universel qui en est résulté pour l'Europe entière, et dont le vainqueur lui-même supporte sa part? Supposons maintenant que ce germe de discordes internationales n'ait pas été jeté dans la politique européenne, et qu'au lieu de l'Alsace-Lorraine, l'Allemagne nous eût

arraché nos colonies. Elle n'aurait rien perdu en
Europe de sa prépondérance et du prestige de la
victoire, mais, en outre, elle dominerait aujour-
d'hui en Afrique et en Extrême-Orient. La combinaison ne valait-elle pas au moins la peine d'être
étudiée ?

La discussion, cependant, ne fut pas ouverte, et
M. de Bismarck repoussa péremptoirement les
sollicitations du petit groupe obscur en qui avaient
germé les futures aspirations de la « plus grande
Allemagne ». — « Je ne suis pas un homme colonial », répondit-il, et, en effet, par son âge, son
tempérament et ses goûts, le chancelier ne se sentait nullement disposé aux expéditions lointaines.
Il avait été élevé à l'école de ces hommes d'État
pour qui la vieille Europe est l'abrégé du monde,
et qui répugnent à introduire des éléments étrangers dans la politique continentale. Pendant plusieurs années, il ne vit dans les ambitions
coloniales qu'un moyen habile de détourner de
l'échiquier européen les regards de ses rivaux.
Aussi encourageait-il volontiers les Français, les
Anglais et les Russes à courir au loin les aventures, mais pour lui-même, il ne recherchait pas
d'autre gloire que de rester l'arbitre de l'Europe.
Il pensait, d'ailleurs, qu'il y avait encore beaucoup
à faire en Allemagne et qu'avant de se permettre
le superflu, il fallait pourvoir au nécessaire. C'est
ce qu'il exprimait un jour, dans le langage pitto-
resque qui lui était familier : « Nous autres,
Allemands, disait-il, nous n'avons pas besoin de
colonies. Veut-on que nous ressemblions à ces

nobles de Pologne qui se couvrent de zibeline quand ils n'ont même pas de chemises sur la peau? »

Le raisonnement n'était qu'à moitié juste. Si l'on pouvait encore le défendre dans les premières années qui suivirent la guerre, sa valeur alla sans cesse en diminuant. L'admirable développement économique de l'Allemagne procura à la nation une moisson abondante de richesses, et, dès ce moment, l'idée coloniale, qui s'affirmait d'heure en heure, eut plus de chances d'être accueillie en haut lieu. Hambourg et Brême menèrent la campagne. Depuis longtemps, ces deux grandes places avaient des relations suivies avec l'Afrique. Des maisons importantes entretenaient des comptoirs et des factoreries sur divers points de la côte, et à Zanzibar le commerce allemand était prépondérant. Des influences puissantes s'exercèrent auprès de M. de Bismarck pour que les intérêts allemands obtinssent la protection impériale. Le gouvernement fut assiégé de sollicitations pressantes; puis la presse s'en mêla. En 1879, un publiciste estimé et écouté, M. Fabri, dans une brochure qui fit grand bruit, demanda formellement que l'Allemagne cessât de se tenir à l'écart de la politique coloniale. Peu de temps après se fondait la grande Société coloniale allemande (1882), qui compte aujourd'hui plus de 30 000 membres et dont l'influence s'est fait, à maintes reprises, sentir sur la politique commerciale maritime et coloniale de l'empire. Les plus grands noms de l'Allemagne y étaient représentés. Le prince de

Hohenlohe, le prince d'Arenberg, et le duc de Mecklembourg en furent successivement présidents. M. de Bismarck finit par céder. Peut-être n'était-il pas entièrement converti, mais il dut reconnaître cependant qu'il y avait quelque chose à faire. D'ailleurs, au point de vue purement politique, il était difficile que la première puissance de l'Europe se désintéressât d'un événement historique aussi capital que le partage de l'Afrique. Son prestige comme son intérêt lui commandaient de dire son mot dans cette gigantesque opération.

M. de Bismarck prit son parti en 1883. Au mois d'août, il adressa aux villes hanséatiques, une communication officielle pour leur demander ce qu'elles désiraient que fît le gouvernement impérial pour assurer les intérêts de leur commerce sur les côtes de l'Afrique.

La réponse ne se fit pas attendre. Hambourg demandait :

1° L'établissement du protectorat allemand sur les territoires indépendants fréquentés par les commerçants allemands ;

2° L'acquisition de la baie de Biafra ;

3° La neutralisation de l'embouchure du Congo ;

4° La nomination de consuls ;

5° La création de stations navales.

M. de Bismarck accepta ce plan et se mit à l'œuvre. C'est ainsi que le chancelier, longtemps réfractaire à l'idée coloniale, eut enfin la main forcée par l'opinion publique et l'initiative privée. Rarement on a assisté à un exemple plus frappant de ce procédé cher aux Anglais et aux Allemands

qui n'engagent leurs finances, leurs troupes et la
responsabilité de leur gouvernement que derrière
leurs marchands, leurs colons ou leurs missionnaires. De tous les systèmes de colonisation, c'est
assurément le meilleur. Mais, pour que le succès
soit au bout, il faut des caractères fortement
trempés : il faut surtout que ceux qui partent en
tête aient une confiance solide dans leur gouvernement et la certitude morale qu'il saura, le cas
échéant, défendre leurs droits, favoriser leurs intérêts et les faire bénéficier de sa puissance et de son
prestige. N'est-ce pas là un motif suffisant pour
qu'en d'autres pays l'initiative privée soit moins
hardie ? Est-elle sûre de trouver auprès des maîtres
du jour l'appui moral et matériel dont elle a
besoin pour mener à bien de pareilles entreprises ?

L'Allemagne entrait en ligne au bon moment.
Les rivaux qu'elle allait rencontrer paraissaient
soit affaiblis, soit occupés ailleurs. C'était l'heure
où la France venait d'abdiquer sa politique séculaire en Afrique. La conduite lamentable de son
gouvernement dans les affaires égyptiennes lui
avait enlevé une bonne partie de son influence et
de son autorité. La conquête de l'Indo-Chine
absorbait son activité coloniale ; enfin, le Parlement et l'opinion, irrités et mécontents, étaient
moins que jamais disposés à courir de nouvelles
aventures. Le Portugal semblait endormi sur les
côtes d'Angola et de Mozambique. Quant aux Anglais, ils avaient sur les bras de sérieux embarras.
M. Gladstone, qui venait de remplacer lord Beaconsfield, avait hérité d'une succession grosse de
difficultés et de dangers. En Asie, l'Afghanistan
restait troublé. Russes et Anglais se tenaient,
l'arme haute, aux portes du pays et manifestaient
les dispositions les plus malveillantes. Entre
Londres et Pétersbourg, les relations étaient si
tendues, que lord Beaconsfield, peu de temps avant
sa chute, avait mobilisé les réserves, en prévision

d'une rupture. En Egypte, l'Angleterre s'était
lancée dans une lourde entreprise qui devait, par
la suite, décupler sa puissance en Afrique, mais
qui, en attendant, lui causait de pénibles déboires.
Déjà lui arrivaient du Soudan les plus fâcheuses
nouvelles, en attendant les sanglants désastres que
la barbarie triomphante allait lui infliger. Au Cap,
les Anglais venaient à peine de triompher des
Zoulous, après de longues et dures campagnes
dont le souvenir sera pour nous, Français, à
jamais cruel. En même temps, les Boërs du
Transvaal leur faisaient subir un rude échec dont
leur orgueil ne se remit jamais. En un mot, les
Anglais, vers 1880-1883, se sentaient fatigués.
Pendant longtemps, ils avaient suivi avec enthousiasme la fougueuse politique de lord Beaconsfield.
Ils aspiraient maintenant au repos, et M. Gladstone
ne s'occupait qu'à liquider de son mieux la succession difficile qu'il avait recueillie. M. de Bismarck
se trouvait donc avoir, sinon une liberté d'action
absolue, du moins de grandes facilités pour agir.
Il en profita.

S'il est un mérite universellement reconnu à
M. de Bismarck, c'est qu'il n'a jamais fait les
choses à demi. Il voyait grand, et une fois engagé
ne reculait pas volontiers. Il ne devait pas, en
matière coloniale, donner un démenti à sa longue
carrière. Après avoir quelque peu hésité, il se promit de réparer le temps perdu et de faire de son
pays la première puissance africaine. On a pré-
tendu, je le sais, que M. de Bismarck ne s'était
engagé en Afrique qu'à contre cœur, et que les

coloniaux allemands l'avaient toujours trouvé en travers de leurs projets. Je ne vois rien dans l'œuvre du chancelier qui justifie cette assertion. Si même l'on compare la politique coloniale de l'Allemagne durant les sept années qu'elle fut dirigée par M. de Bismarck, avec celle qui prévalut après sa retraite, il n'est pas difficile de reconnaître où sont les vues d'ensemble, l'esprit de suite et les hautes ambitions. Pas plus en Afrique qu'en Europe, M. de Bismarck n'aimait à se laisser traîner à la remorque des hommes et des événements. Jamais il ne s'est contenté des restes et il n'aurait pas admis que la première puissance de l'Europe eût en Afrique une situation secondaire, indigne de sa prépondérance. S'il avait borné son ambition à satisfaire les desiderata des armateurs de Hambourg, il aurait simplement planté le pavillon allemand sur quelques points de la côte. Qu'avait-il besoin de provoquer la réunion de la conférence de Berlin, de faire de la capitale de l'empire le centre des négociations d'où allait sortir la charte moderne de l'Afrique? Pourquoi surtout aurait-il pris plaisir à éveiller sur tous les points à la fois les colères et les méfiances de l'Angleterre? M. de Bismarck a bien dit certain jour que l'amitié de la Grande-Bretagne lui importait plus que tout le reste du monde, et on a voulu conclure de cette parole que ses velléités coloniales n'étaient que des parades. C'est aller un peu vite en besogne. On n'écrit pas l'histoire sur des formules de politesse diplomatique, mais sur des faits, et les faits sont ici hors de contestation. Pendant qu'il laissait transmettre

à Londres des déclarations aimables et rassurantes,
il infligeait à l'orgueilleuse nation britannique une
humiliation désagréable au Congo et l'attaquait
dans les parties les plus vulnérables de son empire
et les plus jalousement surveillées, dans l'Afrique
du Sud, à Zanzibar et dans la haute Egypte. Cette
rivalité, bien qu'elle n'ait jamais dépouillé les
formes courtoises, n'en fut pas moins ardente. Elle
mérite d'être mieux connue, car elle tient de très
près à toutes les grandes questions africaines. Aussi
allons-nous tâcher d'en retracer brièvement les
principales péripéties.

III

L'Allemagne avait choisi tous ses points d'attaque avec une rare sagacité, mais nulle part les circonstances ne lui étaient plus favorables que dans l'Afrique du Sud, et ne légitimaient les espérances les plus grandioses. Cette région, en effet, était la seule où le climat permît à la race allemande de s'établir et de se multiplier. Déjà beaucoup d'Allemands étaient répandus dans le pays. Au Natal, ils peuplaient des districts entiers, et, aujourd'hui encore, on retrouve, çà et là, des noms de ville tels que Berlin, Hambourg, Potsdam, Brunswick, Wartburg, Nouveau Hanovre, Munden, qui trahissent leur origine. Entre Allemands et Boërs les sympathies étaient nombreuses. Ceux-ci, dans leur aversion pour les Anglais, se rapprochaient instinctivement de l'élément germanique. De même en Allemagne le sentiment public était favorable aux Boërs, chez qui on se flattait de retrouver de lointaines affinités de race et de langage. « Les Hollandais, disait-on, sont des bas Allemands, *Niederdeutsche* ; le vieux sang germain coule dans leurs veines. » Il n'en fallait pas tant pour exciter les aspirations pangermaniques qui s'étaient manifestées avec tant d'ardeur au lendemain de la guerre de 1870. On en vint à penser qu'il pourrait y avoir pour l'Allemagne un beau rôle à jouer dans le pays ; qu'il ne serait pas impossible de créer entre le Cap et le Zambèze une grande confédération germano-boër, sous la suzeraineté plus ou moins nominale de l'empereur allemand. Les Républiques boërs accepteraient avec joie cette perspective qui les affranchirait du joug britannique.

Mais pour que le plan réussît, l'Allemagne devait tout d'abord prendre pied dans l'Afrique du Sud, et se mettre à portée du Transvaal et de l'Orange. L'entreprise était malaisée, car il était impossible d'agir sans éveiller l'ombrageuse défiance des Anglais. Déjà on les voyait s'agiter et prendre leurs précautions. Une première tentative allemande sur la baie Sainte-Lucie, à l'extrémité du Zululand, avait échoué, et les Anglais avaient répondu à ces velléités en annexant hâtivement toute la côte de l'océan Indien jusqu'à Delagoa-bay. Battus de ce côté, les Allemands portèrent leurs vues sur le rivage occidental. Ils profitèrent des hésitations du cabinet de Saint-James pour planter leur drapeau au nord de l'embouchure de l'Orange (1883). Ils menèrent rondement la campagne, et annexèrent tout l'hinterland sur une profondeur de 5 ou 6 degrés. Un traité conclu avec le Portugal leur donnait même accès sur le Zambèze.

À ces nouvelles, les Boërs exultèrent. Nombre d'entre eux émigrèrent et vinrent, à travers le Bechuanaland, tendre la main à leurs frères d'Alle-

magne. Des négociations s'ouvrirent entre Prétoria
et Berlin. Ce fut le moment que choisit le président
Krüger pour venir en Europe faire sa paix définitive avec l'Angleterre (1884), car il devinait que la
présence du drapeau allemand dans le sud africain
rendrait les Anglais plus maniables. Il ne s'était
pas trompé; et si la convention qu'il signa à
Londres le 27 février 1884 fut infiniment plus favorable à sa cause que le traité de 1881, conclu au
lendemain de la victoire de Majuba Hill, il n'est
pas téméraire de supposer que la crainte des Allemands fut pour quelque chose dans ce résultat. De
Londres, le président gagna Berlin. M. de Bismarck
le reçut avec empressement et, dès les premiers
entretiens, fut émerveillé de la sagacité de son interlocuteur qui, sous ses dehors frustes et son
enveloppe épaisse, cachait l'âme et l'intelligence
d'un homme d'Etat. « Ne vous y trompez pas,
disait-il plus tard, si ce bonhomme-là avait travaillé en Europe, il nous aurait tous roulés, car
personne ne le surpasse en sagacité et en rectitude
de jugement. »

M. de Bismarck s'entendit bien avec cet homme
qu'il prisait si haut. Ce qu'ils se dirent est resté
secret, mais il est probable que l'accord se fit
entre eux aux dépens des Anglais. En tous cas, il
est certain que le président fit un chaleureux
accueil aux aspirations allemandes et qu'un projet
de chemin de fer fut même élaboré pour relier les
Etats boërs aux possessions impériales à travers le
Bechuanaland. Avant de partir, M. Krüger fut reçu
solennellement à Postdam. Un dîner de gala lui

fut offert, et, s'il faut en croire la chronique, ce ne fut pas un médiocre étonnement pour l'aristocratie berlinoise de voir le vieux paysan boër, avec son haut de forme d'un autre âge et sa redingote luisante, faire tache au milieu des uniformes de la cour. Au dessert, le président porta la santé de l'empereur : « Nous sommes faibles, dit-il, peu nombreux et isolés du monde. Notre république est exposée aux pires dangers. C'est un bienfait de Dieu que nous puissions jeter sur Votre Majesté et son empire des regards d'affection et de confiance. » L'empereur, sans répondre, se leva de table, serra avec émotion les mains de son voisin, et lui donna une chaleureuse accolade.

Là-dessus, le vieux président prit congé et se rembarqua pour l'Afrique, le cœur plein d'espérances. Elles ne devaient pas être réalisées.

Ces événements avaient, en effet, causé un vif émoi en Angleterre. L'alliance germano-boër était un coup droit porté à sa puissance dans l'Afrique du Sud. Non seulement elle devait abandonner toutes ses vues sur les deux républiques, mais elle allait être coupée par les Allemands et confinée dans la région côtière ; enfin, même dans ses propres possessions, elle aurait à compter avec l'élément hollandais, prépondérant au Cap et en Natalie, qui ne manquerait pas d'associer sa destinée à celle de ses frères du Transvaal et de l'Orange. Le moment était critique. Le cabinet Gladstone le comprit, et, si peu disposé qu'il fût à une politique militante, il n'hésita pas. Dès la fin de l'année 1884, les troupes anglaises reçurent l'ordre de passer le fleuve Orange. Elles se glissèrent rapidement le long des frontières des républiques boërs et se répandirent dans le Bechuanaland. Les Allemands étaient encore loin. L'immense désert de Kalahari rend, en effet, les communications longues et difficiles entre la côte occidentale et les hauts plateaux de l'intérieur. Les Anglais profitèrent de leur avance. En 1885, ils annexèrent le Bechuanaland, et poursuivant hâtivement leur marche vers le nord, ils envahirent le royaume de Khama (1886-87). Dès ce jour ils avaient partie gagnée. Une large zone britannique s'étendait entre les Allemands et les Boërs. C'en était fait des horizons grandioses qui s'étaient un instant ouverts devant les yeux de M. Krüger et de M. de Bismarck.

Le chancelier s'avoua battu, du moins pour le moment, et ne réclama pas contre les annexions de l'Angleterre. Toutefois, il s'abstint toujours de reconnaître officiellement les faits accomplis[1]. De cette entreprise il ne resta aux Allemands qu'une grande colonie côtière où nous les retrouverons plus tard, assez mécontents de leur acquisition. Il est vrai que les événements qui se passent aujourd'hui dans l'Afrique du Sud peuvent encore leur ménager des surprises.

---

[1] Le traité qui fixa les limites anglo-allemandes dans le Sud-Afrique est du 1er juillet 1890, postérieur de 4 mois à la retraite de M. de Bismarck.

IV

Pendant que se déroulaient les divers incidents que nous venons de raconter, de gros événements avaient attiré l'attention générale sur le bassin du Congo.

Peut-être se rappelle-t-on ce qui a été dit plus haut sur les origines de l'État Indépendant [1]. Nous avons vu à ce moment que l'entreprise du roi des Belges avait soulevé chez la plupart des puissances beaucoup de jalousie, d'inquiétude et de scepticisme. Devant la froideur des uns et l'hostilité des autres, le roi s'était tourné vers l'Allemagne qui, jusque-là, n'avait dit mot, et avait eu la surprise d'y trouver un accueil plein d'amabilité et de prévenance. Cette mansuétude de M. de Bismarck nous avait étonné, car il n'a jamais passé pour mettre du sentimentalisme en affaires et moins encore pour défendre par pure bonté d'âme les intérêts de ses voisins. Aussi avons-nous recherché les secrets motifs de sa politique, et il nous est alors apparu que, selon toute probabilité, M. de Bismarck avait encouragé et soutenu les

[1] Voir chapitre II.

ambitions du roi Léopold dans l'espérance, nullement chimérique, de récolter un jour ce que d'autres
auraient semé. Nous avons vu comment il avait
écarté non sans rudesse les prétentions rivales de
l'Angleterre et du Portugal, et pris en main la défense du nouvel Etat avec une chaleur qui pouvait
faire naître des doutes sur son parfait désintéressement.

Depuis lors, la politique militante que l'Allemagne a suivie dans le golfe de Guinée, l'annexion
du Togo, et surtout du Cameroun dans le voisinage immédiat du Congo, admirable base d'opérations qui lui permet d'attendre avec sécurité les
éventualités de l'avenir ; la persévérance avec laquelle elle a poursuivi l'extension de sa colonie
vers les affluents du grand fleuve ; enfin et surtout
l'opposition qu'elle a toujours manifestée toutes
les fois que l'Angleterre a voulu empiéter sur les
frontières congolaises, tout nous a fortifié dans
l'idée que jamais l'Allemagne n'a abandonné ses
sentiments de la première heure.

Sans doute la vitalité extraordinaire dont a fait
preuve le jeune royaume a pu dérouter les prévisions de son pseudo-protecteur. Jusqu'ici le roi
Léopold s'est obstinément refusé à faire le jeu de
ses voisins. Entre les colosses qui voulaient le dé-
vorer, il a manœuvré avec la plus ingénieuse dextérité, se servant de l'Allemagne contre l'Angleterre lorsque le cabinet de Londres le serrait de
trop près, et se jetant plus tard dans les bras de
l'Angleterre, lorsqu'il crut devoir s'inquiéter des
progrès de l'Allemagne dans l'Est, et de la France

dans le Nord. A ce jeu de bascule il a gagné son
indépendance et s'est fait respecter par une Europe
malintentionnée et hostile. En même temps il a
fait ses affaires et celles de son peuple. Combien
de temps cette situation durera-t-elle? Nous l'igno-
rons, mais à coup sûr elle aura une fin, car les
destinées de l'État du Congo sont étroitement liées
à celles de la Belgique, et celles-ci ne sont rien moins
qu'assurées. Le moment sera venu alors pour
l'Allemagne de se démasquer et de tirer les conséquences de la situation exceptionnellement avantageuse qu'elle s'est ménagée à l'Est autour du lac
Tanganyka, et à l'Ouest sur les côtes du golfe de
Guinée, dans les bassins de la Sangha et du Chari.
Il est vrai qu'elle devra en ce cas compter avec
la France dont le droit de préemption fera obstacle
à ses desseins. Mais l'entente avec elle sera facile,
car quel que soit le texte des traités, la France ne
peut prétendre à hériter d'un seul bloc de tout
l'État du Congo.

Voilà comment le Cameroun, qui déjà est une
colonie d'exploitation de premier ordre, peut être
appelé un jour à devenir le noyau d'un grand empire.

V

Au sud comme à l'ouest, l'Allemagne avait établi les premières assises de son empire colonial. Nous allons maintenant la voir à l'œuvre dans l'Est, où entre la mer et les lacs elle va se tailler un empire immense qui, autant qu'on peut le prévoir, est appelé au plus brillant avenir.

Je ne crois pas qu'il y ait dans toute l'Afrique un coin de terre où il se soit dépensé plus d'ingéniosité et plus d'intrigues que le vaste quadrilatère délimité par l'océan Indien, les lacs et le cours du Nil, d'une part, et de l'autre par la frontière portugaise du Mozambique et les premiers contreforts de l'Abyssinie. Ce fut un champ clos où Allemands et Anglais déployèrent les uns contre les autres toutes les ressources de leur génie et toutes leurs ruses. Rien ne manque à cette histoire, ni les tragédies sanglantes, ni les épisodes du plus haut comique, ni même les aventures d'amour. Les plus grandes figures africaines occupent la scène. Stanley, Peters, Emin, évoluent en tous sens sous nos yeux, se cherchent, se poursuivent, se croisent. De là, une confusion extraordinaire qui ne rend pas cette période facile à décrire. Aussi bornerons-

nous cet exposé aux phases principales de la rivalité anglo-allemande.

Sur la côte orientale de l'Afrique, à 7 degrés au
sud de l'Equateur, séparée de la terre ferme par
un canal de quelques milliers de mètres de large,
est située l'île de Zanzibar. Cette île dépendait autrefois de l'iman de Mascate, qui réclamait en
outre la souveraineté de tout le rivage, depuis la
mer Rouge jusqu'aux possessions portugaises,
ainsi que des régions situées entre la mer et les
lacs Tanganyka et Victoria. Cette souveraineté
était d'ailleurs purement nominale. Ces étendues
immenses et absolument inconnues échappaient à
tout contrôle et l'autorité de l'iman n'était acceptée
que dans l'île et sur quelques points de la côte.

C'en était assez cependant pour donner à cet
Etat une importance politique considérable. Zanzibar, en effet, était, jusqu'à ces dernières années,
le seul port où les vaisseaux de fort tonnage pouvaient aborder entre le cap Guardafui et le cap
Delgado. Il devint donc rapidement un centre
commercial important. Là, en outre, venaient
aboutir toutes les caravanes qui arrivaient de l'intérieur. Zanzibar était le principal entrepôt de la
côte orientale et le premier marché d'esclaves de
l'Afrique. Les commerçants de toutes les nations
s'y donnaient rendez-vous. Arabes, Hindous et
Malais y coudoyaient les Européens. La ville était
riche, le port superbe, le pays sain et d'une incomparable fertilité. C'était une proie tentante pour l'Angleterre, qui rêva de faire de Zanzibar un Hong-
Kong africain. L'occasion ne tarda pas à se présenter.

L'iman de Mascate visitait rarement ses possessions africaines et chargeait d'ordinaire un de ses parents d'y exercer son autorité. Certain jour une brouille survint entre l'iman et son frère qui le représentait à Zanzibar, le sultan Medjid-Saïd. L'Angleterre intervint. Elle offrit ses bons offices au sultan rebelle, lui promit son concours et appuya par la force sa déclaration d'indépendance. Un agent diplomatique fut accrédité à Zanzibar et une puissante escadre vint mouiller dans le port sous le fallacieux prétexte de réprimer la traite des noirs. Ceci se passait en 1861.

En ces temps lointains, hélas! la France, souveraine en Europe, était également la première puissance africaine, et l'Angleterre ne pouvait se passer de son assentiment pour modifier la carte politique du continent noir. Le gouvernement de Napoléon III, justement soucieux des intérêts de la France en ces parages, résista aux sollicitations du cabinet de Londres. Une transaction intervint et, par le traité de 1862, les deux parties contractantes s'engagèrent à respecter l'indépendance du sultan.

L'Angleterre ne s'émut pas de ces restrictions dont elle devait de nos jours faire si bon marché. Elle s'ingénia à fortifier sa situation à Zanzibar et y envoya un de ces hommes souples et habiles qu'elle tient en réserve pour dénouer les situations délicates. Sir John Kirk devint, sous l'étiquette du consul général, le confident et le premier ministre du sultan.

Medjid-Saïd mourut en 1870. Son successeur

Saïd Bargasch paraissait avoir un caractère moins facile. Il entreprit de secouer le joug de l'impérieux maire du palais et voulut entamer des négociations avec l'Allemagne et avec la France (1871-73). Le moment était mal choisi et il n'obtint pas de réponse. De son côté, sir John Kirk manda l'escadre anglaise, et sous la menace d'un bombardement, le sultan se radoucit. Il alla faire sa paix à Londres et porter ses excuses.

Cependant Zanzibar grandissait de jour en jour. Le percement de l'isthme de Suez avait beaucoup fait pour sa prospérité en favorisant les relations directes de l'île avec l'Europe. Une autre circonstance contribuait à attirer tous les yeux sur ces lointains rivages.

Si l'on observe la carte, il est facile de constater que Zanzibar est le point de départ nécessaire de toutes les expéditions dirigées sur la région des lacs. La voie du nord, par l'Egypte et le Nil, est infiniment longue. D'ailleurs, elle allait être fermée pour de longues années par l'insurrection mahdiste. La voie de l'Ouest, par le bassin du Congo, était alors inconnue. Par l'Est, au contraire, la route était sinon facile, du moins praticable : Stanley le démontrait en 1874, en allant sans accident de la mer au lac Victoria. Dès lors, Zanzibar n'apparaissait plus seulement comme une escale de premier ordre ; c'était encore et surtout la tête de ligne qui commandait les voies d'accès sur le Nil et le haut Soudan, la métropole commerciale et politique de l'Est africain. « Quand on joue de la flûte à Zanzibar, dit un proverbe arabe, toute l'Afrique des Lacs se met à danser. » Cette plaisante formule met en relief les liens étroits qui, de l'aveu même des indigènes, rattachent les tribus de l'intérieur au grand marché international de l'Océan indien. Les Européens ne furent pas longs à en apprécier la vérité. Sur les traces de Stanley, ils arrivèrent en foule dans le pays, sillonnant de leurs itinéraires les régions immenses qui séparent les Lacs de la mer. Parmi eux, les Allemands étaient en première ligne. M. Gerhard Rholfs, que le gouvernement impérial, malgré les observations aigres-douces de l'Angleterre, venait d'accréditer à Zanzibar en qualité de consul général, secondait leurs efforts avec la plus grande habileté. En même temps, le commerce allemand prenait sur la côte une extension considérable. Tous ces indices réunis donnaient à réfléchir aux Anglais. Ils flairaient le danger, redoublaient de précautions et faisaient bonne garde autour de l'île.

Telle était la situation lorsque, le 4 novembre 1884, un vapeur parti de Trieste arriva à Zanzibar. Rien n'était moins suspect que ce bâtiment : la douane anglaise n'y avait signalé que quelques tonnes de marchandises et un petit nombre de passagers de pont, pauvres hères qui semblaient avoir été raccolés au hasard des escales, dans la population cosmopolite des ports de la Méditerranée et de la mer Rouge. A peine le navire avait-il jeté l'ancre qu'on les vit descendre à terre et se mêler à la foule bigarrée qui encombrait les quais et les jetées. Cependant, un petit groupe de quatre émigrants faisait bande à part. Vêtus de haillons sordides et traînant leur détresse le long des rues bruyantes de la ville, ils se dirigèrent lentement vers le consulat allemand. Nos quatre miséreux franchirent le seuil... et tombèrent dans les bras du consul, M. Gerhard Rholfs. C'est ainsi que le comte Pfeil, le Dr Peters, le Dr Juhlke et M. Otto, délégués de la Société coloniale allemande, firent leur première apparition sur la terre d'Afrique. Le tour avait été habilement conçu ; l'ennemi se trouvait dans la place sans que les Anglais aient pu s'en douter.

M. Gerhard Rholfs avait bien fait les choses. Nos voyageurs trouvèrent chez lui des vêtements, des armes et des vivres. Ils sortirent du consulat équipés de pied en cap. Sans perdre un instant, ils frétèrent une barque qui les transporta à Saadani, de l'autre côté du détroit. Là, les attendait une petite caravane que le consul avait organisée dans le plus grand mystère. Ils partirent sans bruit et disparurent. Trois mois après, les Anglais apprenaient que le comte Pfeil avait signé douze traités avec les chefs indigènes, et l'Empereur d'Allemagne notifiait officiellement à Londres qu'il étendait son protectorat sur un territoire de 150 000 kilomètres carrés (27 février 1885). Jamais l'Angleterre n'avait été jouée avec plus de désinvolture et de bonheur. Elle en ressentit profondément l'humiliation, et M. Gladstone lui-même, qui cependant n'avait nulle envie de s'embarquer dans de nouvelles aventures, ne crut pas pouvoir rester inactif. C'est ici que se manifesta avec éclat l'esprit de méthode et de décision des Anglais. Sous la pression du gouvernement, un groupe de capitalistes s'entendit pour improviser une société destinée à tenir les Allemands en échec. Quelques jours suffirent pour réunir les fonds et remplir les premières formalités, si bien qu'à la communication officielle de M. de Bismarck, M. Gladstone répondit presque aussitôt en notifiant la création de la *British east African Association*, dont l'objectif, disait-il, était « de travailler de concert avec le gouvernement impérial à l'abolition de l'esclavage et au développement d'une contrée riche en produits naturels » (25 mai 1885). En même temps, les agents anglais faisaient intervenir le sultan fantôme qui régnait à Zanzibar et lui dictaient une protestation virulente contre les agissements de l'Allemagne. Pressé par sir John Kirk, Saïd Bargasch envoya des troupes dans le Witou et l'Ousagara pour expulser les Allemands, et le général anglais Mathews partit pour le district de Kilimandjaro, à l'effet d'y restaurer l'autorité légitime.

À ces nouvelles, une escadre allemande vint mouiller devant Zanzibar; mais il était bien grave d'user de la force, car c'eût été rompre ouvertement avec l'Angleterre. Les Allemands essayèrent d'une diversion. S'ils parvenaient à susciter une révolution de palais et à remplacer Saïd Bargasch par une de leurs créatures, la situation se dénouerait avantageusement. L'Angleterre ne pourrait rien dire, car, après tout, Zanzibar était indépendant et libre de se gouverner à sa guise, et l'Allemagne hériterait dans l'île de sa situation privilégiée. Nous arrivons ici à un incident fort amusant de la rivalité anglo-allemande. Les querelles de chancellerie vont se compliquer d'une aventure des *Mille et une Nuits.*

Un gros scandale avait, quelque vingt années auparavant, révolutionné la cour paisible de Zanzibar. La propre sœur du sultan, la gracieuse et charmante princesse Salmé, s'était follement éprise des grâces et de la bonne mine d'un jeune Allemand que ses affaires avaient appelé dans le pays : « Leurs maisons étaient mitoyennes, a dit l'historiographe de leurs amours, on se voyait d'une terrasse à l'autre ; on s'intéressa mutuellement, on s'aima [1]. » Mais M. Ruete, c'était le nom de notre héros, ne se souciait guère d'aller demander la main de sa belle à sa famille. Il craignait, non sans raison, que son futur beau-frère ne coupât court à l'idylle par les plus déplaisants procédés. Mieux valait recourir à la classique échelle de soie, et, par une belle nuit d'été, Rosine s'en fut par la fenêtre se jeter dans les bras du comte Almaviva. Sans s'attarder à rêver aux étoiles, nos amoureux gagnèrent en hâte un vaisseau prêt à partir, et s'en allèrent à Hambourg passer leur lune de miel. Leur bonheur fut de courte durée. Trois ans après son mariage, M. Ruete se fit écraser par un tramway, laissant presque sans ressources sa veuve et un fils qui lui était né. La vie devint dure pour la pauvre femme, et l'on peut croire qu'elle soupirait souvent en pensant au beau ciel d'Afrique, à la mer

[1] Mme Arvède Barine a fait de cet épisode un charmant récit, dans la *Revue des Deux Mondes*, Voy. les Mémoires d'une princesse arabe dans la *Revue* du 15 février 1889.

bleue où se mirait le palais de son frère, à la vie
nonchalante et somptueuse du harem. Toutes les
splendeurs de sa jeunesse lui apparaissaient en rêve
dans le triste appartement où elle menait l'existence vide et maussade d'une petite bourgeoise
allemande.

Soudain une merveilleuse nouvelle vint la tirer
de sa torpeur. Le gouvernement allemand l'infor-
mait qu'il était prêt à la ramener dans son pays, et
qu'un navire de guerre était à sa disposition pour
qu'elle pût effectuer sa rentrée d'une façon solennelle et digne de son rang. En même temps, son
fils recevait un brevet d'officier dans l'armée impériale.

L'exilée accueillit avec transport les offres qui
lui étaient faites. Elle ne comprenait rien à ce qui
lui arrivait et ne savait pas que la politique a de
ces mystères où les premiers rôles peuvent être
tenus par des femmes et des enfants. Il ne déplai-
sait pas à l'Allemagne, en 1885, de montrer à Saïd-
Bargasch et à ses protecteurs qu'elle possédait une
fille de sultan authentique, dont les droits à la
couronne de Zanzibar étaient au moins égaux à
ceux du prince régnant. Cette révélation inattendue
accroîtrait son prestige et inspirerait de salutaires
réflexions à ses adversaires.

Mme Ruete, qui pour la circonstance reprit son
nom de princesse Salmé, fut donc invitée respec-
tueusement à prendre passage sur un navire de la
flotte impériale. Au mois de septembre 1885, elle
arriva en vue de Zanzibar. L'escadre allemande la
reçut en souveraine : on tira le canon, on hissa

les grands pavois. L'état-major vint à bord rendre
ses devoirs à la sœur du sultan et on lui prépara
à terre une réception triomphale. La population
l'acclama, charmée de la magnificence du spectacle,
et intéressée au plus haut point par cette aventure
étonnante bien faite pour séduire des imaginations
orientales. Quant au sultan Bargasch, il était de
fort méchante humeur. Cette princesse lointaine
qui lui tombait des nues lui rappelait de pénibles
souvenirs, et ne lui disait rien qui vaille. Il ferma
obstinément les portes de son palais à la noble vi-
siteuse et, fort de l'appui de sir John Kirk, « il
traita l'enthousiasme populaire à grands coups de
fouet ». Sur son ordre, le vide se fit autour de la
princesse. Défense fut faite à tous de la voir ou de
l'approcher, et la pauvre femme se vit à Zanzibar,
et au milieu des siens, plus seule et plus isolée que
dans sa chambre de Hambourg. Les Allemands
virent que le coup était manqué. Sur-le-champ la
princesse Salmé redevint Mme Ruete ; ils la rem-
barquèrent sans bruit et la réexpédièrent en Allemagne où, après ces quelques jours de féerie, elle
retomba dans une nuit profonde.

Les Anglais restaient les maîtres de la situation,
mais l'alerte avait été chaude. Devant des concurrents aussi habiles et aussi ingénieux, le cabinet de
Londres sentit qu'il fallait transiger. L'important
était de conserver Zanzibar. On y pourvut immédiatement en proposant à l'Allemagne d'accéder au
traité anglo-français de 1862, qui garantissait l'indépendance du sultan. Toutefois cette garantie ne
s'étendait plus qu'aux territoires effectivement oc-

cupés par ce prince, c'est-à-dire à l'île elle-même et
à une zone étroite le long de la côte. C'était l'application des principes nouveaux établis peu de mois
auparavant par la conférence de Berlin. L'Allemagne accepta la proposition, qui ne changeait
rien à l'état de choses existant : Zanzibar restant
libre en droit, la chasse était toujours ouverte.
Quant aux possessions continentales du sultan,
l'Allemagne et l'Angleterre convinrent de les partager à l'amiable, et le traité du 2 juillet 1887 clô-
tura rapidement les négociations. Ce traité marque
la fin du premier acte. On ne peut dire qu'il ait
été défavorable aux Allemands. La situation demeurait entière à Zanzibar, et sur le continent, l'Allemagne avait forcé l'Angleterre à lui abandonner
un territoire immense, dont la valeur et l'étendue
ne le cédaient en rien à celui qu'elle s'était réservé.

Le second acte va maintenant commencer.

VI

Le traité de 1887 avait déterminé la frontière anglo-allemande entre la mer et le lac Victoria, mais n'avait pas fait mention des territoires situés sur les versants ouest et nord du grand lac. Or, le bassin entier du lac Victoria est dans la zone d'attraction de Zanzibar. La côte orientale est le seul débouché possible de ces régions éloignées. Entre Allemands et Anglais, la lutte n'était donc pas terminée; elle allait se déplacer.

Trois pays importants étaient l'enjeu de cette nouvelle partie : l'Ouganda, l'Ounyoro et la Province Équatoriale. Les deux premiers étaient alors indépendants; l'Ounyoro était à peu près inconnu, mais l'Ouganda attirait depuis plusieurs années l'attention du monde civilisé. Stanley en avait fait, en 1875, une description enthousiaste. A la suite de son voyage, des missionnaires anglais étaient survenus, suivis de près par les Pères blancs du cardinal Lavigerie. Entre protestants et catholiques, la mésintelligence ne tarda pas à éclater. L'élément arabe intervint dans la lutte et la guerre civile désola le pays. Aux environs, l'Allemagne et l'Angleterre se tenaient l'arme au bras, suivant avec at-

tention les événements, brûlant d'intervenir, et
surveillant jalousement tous leurs mouvements.
Le roi Mouanga ne se faisait pas d'illusion sur le
danger qui le menaçait : « Je serai le dernier roi de
l'Ouganda, disait-il un jour au P. Lourdel. Les
blancs s'empareront de mon pays après ma mort.
De mon vivant, je saurai les en empêcher, mais
avec moi se terminera la liste des rois nègres de
l'Ouganda [1]. » Le pauvre noir était bon prophète.

Cependant Allemands et Anglais temporisaient,
car ni les uns ni les autres n'étaient prêts pour un
effort décisif. D'ailleurs, ce n'était pas dans l'Ouganda qu'était le nœud de la question. Il fallait
aller le trancher dans l'Equatoria.

Ce pays était encore une province égyptienne.
Au temps où les khédives avaient rêvé d'étendre
leur empire sur tout le bassin du Nil, leurs troupes
avaient remonté le fleuve jusqu'à sa source, créant
partout, sur leur passage, des stations militaires.
C'est ainsi qu'ils avaient occupé les immenses
plaines que traverse le Nil lorsque, au sortir du
lac Albert, il prend sa course vers le Nord. Ces
régions reçurent le nom d'Equatoria et formèrent
la province la plus méridionale de l'empire égyptien. Sir Samuel Baker en fut le premier gouverneur. Gordon lui succéda en 1874. En trois ans,
il pacifia le pays; il le délivra des bandes esclava-
gistes, et lorsque, en 1877, il fut nommé gouverneur général du Soudan égyptien, il put croire que

---

[1] *L'Égypte et la Province équatoriale*, par M. Dehérain. *Revue des Deux Mondes* du 15 mai 1894.

son œuvre lui survivrait. L'homme qu'il avait choisi
pour le remplacer à l'extrême frontière, le confir-
mait dans ses espérances. C'était un savant allemand du nom d'Edouard Schnitzer. Né en 1840,
en Silésie, de parents d'origine juive, il avait fait
ses études de médecine et, son diplôme en poche,
s'était mis à chercher fortune à travers le monde.
L'Orient l'attirait; on le vit d'abord à Scutari, où
le pacha de l'endroit le prit à son service en qualité de médecin. Il suivit son protecteur en Armé-
nie, en Syrie et en Arabie. Rappelé en Allemagne
par sa famille, il n'y put tenir, et ressaisi par
l'amour des voyages, il partit pour l'Egypte où il
offrit ses services au khédive. On l'envoya à Khartoum comme médecin militaire. Là, il rencontra
Gordon qu'il séduisit bientôt par son esprit aventureux, sa parfaite connaissance des langues orientales, et la longue expérience qu'il avait acquise
des caractères musulmans. Peu à peu, il se glissa
plus avant dans sa confiance; il finit par devenir
son auxiliaire préféré, l'homme indispensable, si
bien que lorsque Gordon se chercha un successeur
en Equatoria, le nom d'Emin Effendi Hakim, le
fidèle médecin, se présenta naturellement à son
esprit.

Emin arriva en 1878 dans son gouvernement.
Cet homme bizarre, à la fois entomologiste pas-
sionné, diplomate ingénieux et chef de guerre intrépide, fit des prodiges dans le pays. Entouré
d'une population nombreuse et ardente, il en tira
des éléments militaires de premier ordre, et se créa
une véritable armée qu'il encadra solidement avec

ses Egyptiens et ses Soudanais. Partout il fit régner l'ordre et la sécurité. L'Equatoria était devenue une des plus belles provinces de l'empire des khédives.

Cependant l'orage grondait autour de lui. En 1881, le farouche mahdi, Mohammed Ahmed, avait levé l'étendard de la guerre sainte. Le flot des derviches se précipitant vers le Nord submergea en peu de temps les faibles contingents anglo-égyptiens. D'affreux massacres signalèrent cette guerre d'extermination, où le fanatisme musulman eut raison de la discipline européenne. La civilisation recula jusqu'à Ouady-Alfa, abandonnant à la barbarie toutes les conquêtes des khédives. Seul, Emin tenait bon en Equatoria. Lorsqu'en 1884, l'émir Karam-Allah, lieutenant du mahdi, vint l'attaquer, il marcha à sa rencontre, le battit, et le rejeta hors de son domaine. Puis, évacuant les postes les plus excentriques, il concentra à Ouadelaï, sur le Nil, toutes ses forces et toutes ses ressources, et attendit les événements. Les mahdistes, dégoûtés de cette résistance à laquelle ils n'étaient pas habitués, gagnèrent le large.

Cependant Emin était isolé du reste du monde. Toutes ses communications avec l'Egypte étaient coupées. Il aurait pu facilement opérer sa retraite sur Zanzibar, mais ses troupes, originaires du pays, ne se souciaient pas d'abandonner les rives du Nil. Très fort en Equatoria, où les récents événements venaient encore d'accroître son prestige, il préféra rester dans sa province et continua à la gouverner au nom du khédive. En réalité, il était indépendant. L'Equatoria, et avec elle le bassin du lac Victoria, et la clef de l'Egypte étaient donc aux mains d'un véritable souverain allemand, appuyé sur la meilleure armée qui eût jamais été rassemblée en ces parages.

Ceci n'était pas du goût des Anglais. Ce docteur allemand les inquiétait ; et ils eussent cent fois préféré que l'Equatoria tombât aux mains des mahdistes plutôt que d'y voir grandir l'influence germanique. Leurs défiances n'étaient pas sans fondement, car le sentiment public était vivement surexcité en Allemagne. L'héroïque aventurier y jouissait d'une popularité énorme. Il n'y avait qu'un Allemand, disait-on, pour oser tenir tête par la seule puissance de son ascendant et de sa supériorité morale à la marée montante de la barbarie. C'était le drapeau allemand, c'était l'honneur allemand qui étaient engagés sur le Nil. L'Equatoria étant irrémédiablement perdue pour l'Egypte, revenait de droit à Emin qui l'avait défendue et gardée à la civilisation. Or Emin étant Allemand, il serait facile de s'entendre avec lui, et l'on voyait déjà les couleurs impériales flotter sur le Nil.

L'Angleterre jugea qu'il devenait urgent d'intervenir. Il fallait avant tout qu'Emin quittât le pays. Lui parti, l'Equatoria abandonnée aux mahdistes et à l'anarchie, ce dangereux foyer d'intrigues disparaîtrait, et la partie redeviendrait égale entre Anglais et Allemands.

Le khédive Tewfik fut catéchisé en conséquence : il signa un firman par lequel il autorisait Emin à

évacuer la province, ajoutant que s'il y restait de
son plein gré, ce serait à ses risques et périls, et
qu'il n'avait aucun secours à attendre de l'Egypte.
Restait à faire parvenir le firman à son destina-
taire : l'Angleterre s'en chargea.

Un comité se constitua à Londres pour organiser l'expédition. Dans toutes les circonstances délicates, le gouvernement anglais aime à dissimuler son action derrière l'initiative privée. Le comité fit appel à la générosité des souscripteurs. Il
s'agissait, disait-on bien haut, d'aller délivrer le
glorieux Emin bloqué au fond de l'Afrique. Jamais plus belle occasion ne s'était offerte à la généreuse Angleterre « de montrer son désintéressement et son amour des nobles causes ». Les fonds
affluèrent. Quant au choix du chef de l'expédition,
il ne pouvait être douteux. La renommée de Stanley, qui avait déjà à son actif le sauvetage de Livingstone, le désignait impérieusement.

Stanley faisait alors aux Etats-Unis une fructueuse tournée de conférences. Un barnum intelli-
gent avait imaginé de présenter aux Américains
le célèbre explorateur. L'affaire s'annonçait superbe : « Mes auditoires, disait Stanley, étaient
admirablement disposés ; chacune de mes appari-
tions était accueillie par des applaudissements. »
Un télégramme de Londres interrompit brusquement cette marche triomphale. Stanley accepta
sans hésiter une mission qui accroîtrait encore sa
renommée. Il revint en Angleterre, où il se péné-
tra des instructions du Colonial-Office, puis passa
en Egypte et arriva enfin à Zanzibar. De là il au-

rait pu se diriger directement vers l'Equatoria, mais la situation était troublée dans l'Est africain. Des considérations techniques l'arrêtèrent, ainsi que la crainte de voir déserter ses Zanzibaris, à mesure qu'il s'enfoncerait dans l'intérieur. Peut-être aussi se sentait-il gêné par le voisinage immédiat des Allemands. Bref, il se décida à aborder l'obstacle à revers. Partant de Zanzibar, il contourna l'Afrique et prit terre à l'embouchure du Congo (mars 1887). Il remonta le fleuve, puis la rivière Aruwimi jusqu'à Yambouya, et de là se lança à travers la forêt équatoriale. Il emmenait avec lui trois cent cinquante sept fusils, et l'on ne manquait pas en Angleterre d'exalter l'audace extrême de cet homme qui, avec cette poignée de soldats, s'avançait délibérément contre les hordes innombrables du mahdi. On eût été bien mal venu à faire remarquer qu'Emin était fort à l'aise dans sa provin.. où depuis trois ou quatre ans il n'avait pas vu un seul mahdiste.

Cependant le gouvernement allemand, qui savait à quoi s'en tenir, et sur qui le *bluff* des Anglais et de leur glorieux champion n'avait aucune prise, ne restait pas inactif. A tout prix il fallait devancer Stanley auprès d'Emin et l'empêcher de prendre pied en Equatoria ; on agirait ensuite selon les circonstances.

Le docteur Peters reçut l'ordre de se mettre en route sans perdre un seul jour. Par malheur, Peters ne pouvait traverser les possessions allemandes qui se trouvaient alors en pleine insurrection. Force lui était d'emprunter le territoire britannique, ce qui le mettait à la discrétion de ses rivaux. Or, ceux-ci étaient naturellement furieux de voir les Allemands leur disputer leur proie. Impuissants à retenir l'expédition, ils s'ingénièrent à la retarder de mille manières. Sous prétexte que l'importation des armes était interdite, ils défendirent aux Allemands de débarquer, et l'amiral Freemantle établit sa croisière entre Zanzibar et la côte. Peters parlementa en vain; finalement, dans un moment d'exaspération bien naturelle, il prit un grand parti. « Il fréta un navire allemand, la *Neera*, y empila son monde et ses bagages, et trompant la surveillance de l'escadre anglaise, alla aborder dans une crique perdue au nord de Lamou. L'amiral, accouru le lendemain, ne put que confisquer la *Neera* vide, ce qui donna lieu à un procès retentissant, mais il eut soin d'envoyer de toutes parts des émissaires dans l'intérieur pour prévenir les indigènes de recevoir les Allemands le plus mal qu'il serait possible, de ne pas leur donner de vivres, et de les fuir du plus loin [1]. » Exemple caractéristique et non moins touchant « de la générosité de l'Angleterre et de son amour des nobles causes. » —

Cependant Peters était parti (juin 1889) mais il avait perdu beaucoup de temps et il allait en perdre encore plus grâce à l'hostilité des tribus travaillées par les Anglais. Malgré tout, il avançait, surmontant toutes les difficultés et des dangers sans nombre, semant derrière lui ses porteurs et ses

[1] Raymond Koechlin : *Les Aventures de voyage du docteur Peters*. Bulletin du comité de l'Afrique française, avril 1891.

soldats. Quelques hommes seulement le suivaient, lorsqu'une fâcheuse nouvelle vint l'arrêter à une courte distance de Ouadelaï :
Stanley était arrivé bon premier, et Emin était
parti.

Stanley, en effet, avait rejoint Emin-Pacha le
26 avril 1888 sur le lac Albert-Nyanza, quatorze
mois après son départ de Zanzibar. Il en était re-
parti le 27 mars 1889. Il lui avait fallu un an pour
déterminer le pacha récalcitrant à le suivre. Ce qui
s'est passé durant cette année, nous ne le saurons
jamais très clairement, car nous n'avons pour nous
guider que le récit de Stanley, et qui n'entend
qu'une cloche n'entend qu'un son. Nous en savons
assez, cependant, pour deviner l'invraisemblable
comédie qui se joua alors au fond de l'Afrique.
M. de Vogüé l'a mise en relief, il y a quelques
années, dans des pages charmantes d'ironie et de
délicate analyse [1]. « Voici, dit-il, un homme, sauveteur de son état, déjà breveté dans la grande
affaire Livingstone. Il a fait des milliers de kilomètres et bravé les plus terribles dangers pour
venir sauver un malheureux qui se noie : l'Europe
anxieuse attend qu'on lui ramène l'objet de son
intérêt. Ce personnage bizarre ne désire pas être
sauvé. Stupéfaction, puis colère du sauveteur. Au
moment de toucher sa prime, si bien gagnée, il
est menacé de la perdre, et par qui, par la victime
récalcitrante. »

[1] *Les Indes Noires*, par M. E.-M. de Vogüé. (*Revue des
Deux-Mondes* 1er novembre 1890.)

Emin, en effet, avait lu dans le jeu des grandes puissances acharnées à son sauvetage. Cet Israélite, transformé en Arabe, doublait sa finesse native de celle de ses frères d'adoption. Il ne se sentait pas d'humeur à laisser à d'autres le fruit de ses travaux. « Il avait demandé secours et désiré partir quand les mahdistes l'avaient menacé du même sort que Gordon », mais sa bonne étoile avait voulu qu'il fût vainqueur ; l'ennemi s'était replié au loin et le laissait tranquille. Puisque l'Egypte avait fait son deuil de l'Equatoria et lui avait donné carte blanche, pourquoi n'en profiterait-il pas pour garder ce pays dont il était le seul maître et auquel l'attachaient ses goûts et ses intérêts ?

« Evidemment, dit M. de Vogüé, le gouverneur de l'Equatoria ne désirait qu'une chose, qu'on le ravitaillât de munitions et qu'on le laissât ensuite à ses propres inspirations. Il s'entendrait avec ses hommes et poursuivrait ses recherches scientifiques ; tout marcherait comme par le passé dès que la présence du redoutable sauveur ne mettrait plus le feu aux poudres. » Car tout allait fort mal depuis que Stanley se mêlait de ses affaires ; les soldats égyptiens et soudanais étaient en révolte ouverte. Pas plus que leur chef, ils ne voulaient être sauvés malgré eux ; ils avaient pris goût à la vie libre et indépendante, à leurs harems et à leurs plantations, et dès qu'ils eurent compris que Stanley venait les chercher pour les ramener dans les casernes d'Egypte, leur mauvaise humeur éclata brusquement. Stanley, avec ses 300 Zanzibaris épuisés de fatigues et de privations, connut alors

des heures critiques. C'est ici qu'il faut admirer
l'énergie de fer et la puissance de volonté de cet
homme vraiment extraordinaire. Emin, qui, cependant, avait donné, au cours de sa carrière, des
preuves non douteuses de sa fermeté, trouva son
maître et subit la fascination du commandement.
Stanley parla en chef : il fit comparaître les officiers
rebelles, leur signifia ses ordres devant le pacha
humilié et muet et se fit obéir. Il morigéna vertement le malheureux Emin, qui essayait d'échapper
à son étreinte : « Quel enfant gâté ! lui disait-il.
Nous ne pouvons qu'être affligés de vous voir tomber dans de pareilles puérilités. — Ah ! Monsieur
Stanley, répondait le pauvre homme, que je suis
fâché de ne vous avoir jamais rencontré ! »

« Emin finit par céder aux suggestions du magné-
tiseur. » Avec une partie de ses Egyptiens, il le
suivit sur la route du retour; Stanley avait atteint
son but et justifié la confiance de l'Angleterre.
L'enlèvement d'Emin était un rude coup pour l'influence allemande. Désormais l'Equatoria, livrée à
l'anarchie, redevenait *res nullius :* elle apparten-
drait au premier occupant, et les Anglais pensaient
bien pouvoir empêcher l'Allemagne de regagner
l'avance qu'elle venait de perdre. Peu s'en fallut,
cependant, que cette espérance ne fût déjouée.

Si les Anglais, en enlevant Emin, avaient gagné
la première manche, il s'agissait maintenant de ne
pas perdre la seconde, et de garder le bénéfice de
la victoire. Or les Allemands n'abandonnaient pas
la lutte. Emin n'était plus le souverain de l'Equatoria, mais il restait le personnage le plus consi-

dérable de l'Est africain ; son nom valait une armée, et, selon le parti qu'il prendrait en arrivant à la côte, les affaires des Allemands comme celles des Anglais pourraient changer de face avec une singulière rapidité. Aussi les deux rivaux s'empressèrent-ils auprès de l'illustre revenant. Stanley redoubla de vigilance, mais, en territoire allemand, il n'était plus maître de la situation, et il allait éprouver, au terme de son voyage, une déconvenue amère, qu'il ne pardonna jamais à ses auteurs. C'est l'épilogue et la moralité de cette épopée héroï-comique.

A peine arrivé à Bagamoyo, Emin se sentit renaître et respira à pleins poumons l'air de la liberté. Il échappa avec délices à l'intimité forcée qu'il subissait depuis deux ans, et secoua la pénible contrainte qui le glaçait. L'accueil enthousiaste qu'il reçut de ses compatriotes acheva de lui rendre son assurance. Il se laissa fêter de la meilleure grâce du monde, et sans rompre ouvertement avec l'Angleterre et l'Égypte, il prêta une oreille complaisante aux cajoleries et aux propositions dorées des Allemands. Cette vengeance lui paraissait des plus savoureuses, et il se réjouissait fort de la mine déconfite de Stanley qui pâlissait de dépit en voyant son prisonnier lui glisser entre les doigts.

L'Anglais cependant eut encore son heure de triomphe : ce fut au grand banquet offert aux voyageurs par le major Wissmann. Tandis que Stanley solide au poste tenait tête aux plus intrépides buveurs d'outre-Rhin, il observait malicieusement la piteuse défense d'Emin que dix années de vie mu-

sulmane avaient mal préparé à ces copieuses liba-
tions : « Le pacha, a-t-il raconté, était on ne peut
plus jovial et souverainement heureux; il errait
d'une table à l'autre, en tenant des propos inno-
cemment allègres. » Ses allées et venues inquié-
tantes faillirent avoir une fin tragique : Emin prit
la fenêtre pour la porte et tomba dans la rue. Le
champagne avait combattu pour la vieille Angleterre.

Fort heureusement, l'accident n'eut pas pour
Emin des suites trop fâcheuses. Bien au contraire,
il facilita son évasion. Transporté à l'hôpital allemand, entouré d'officiers allemands, il put attendre
en paix le départ de son persécuteur. Aussitôt que
Stanley, impatient de répondre aux pressants appels
des reporters et des éditeurs des deux mondes, eut
pris la mer, Emin jeta le masque et accepta les
offres brillantes que lui faisait le gouvernement
allemand. Stanley dut se contenter de donner libre
cours à sa mauvaise humeur dans le livre fameux
qu'il a consacré à sa propre renommée [1].

C'était une belle revanche pour les Allemands.
Quant aux Anglais, leur amour-propre fut cruellement mortifié. Ils avaient fait le jeu de leurs adversaires et, depuis trois ans, les efforts de leur diplomatie et leur argent n'avaient servi qu'à fournir
aux Allemands l'homme indispensable. Désormais,
l'Allemagne tenait la corde.

Un autre événement allait encore renforcer cette

---

[1] *Dans les Ténèbres de l'Afrique. Recherche, délivrance et
retraite d'Emin Pacha*, par H.-M. Stanley.

situation. Pendant que Stanley, brûlant la politesse à Peters, ramenait son prisonnier au rivage, le docteur allemand réparait son échec par des prodiges d'activité. Nous l'avions laissé à peu de distance des frontières de l'Equatoria, navré de l'insuccès de sa tentative. Lui-même a dépeint son désespoir en termes lyriques [1]. « Ce soir-là, nous dit-il, quand je me fus mis au lit, un sentiment d'infini abandon et une profonde pitié pour moi-même envahirent mon cœur. Je pensais à ma patrie qui avait souffert qu'une puissance étrangère me privât des moyens d'arriver en temps utile pour remplir ma mission. Je me faisais l'effet d'un enfant rejeté par sa mère. Le violent chagrin qui me rongeait ne tarda pas à se résoudre en sanglots convulsifs. La brise de la nuit glissait à travers les feuilles frémissantes des bananiers ; les cimes du haut figuier sous lequel ma tente était dressée s'inclinaient par intervalles, en murmurant d'étranges mélodies. Bercée par cette musique, mon âme finit par se calmer, par se résigner, et comme les arbres se courbent sous le vent, je me courbai, moi aussi, sous les éternels et insondables arrêts de la destinée. »

Peters n'était pas homme à rester longtemps courbé. Il se redressa vite. Un heureux présage acheva de lui rendre ses facultés, car cet homme, un des plus résolus et des plus énergiques que l'Allemagne ait eu à son service, avait une haute

[1] *Die Deutsche Emin-Pacha-Expedition*, par Carl Peters. Voy. également *M. le Dr Carl Peters*, par Valbert (*Revue des Deux-Mondes* du 1er juin 1891).

dose de fatalisme oriental. Incertain encore de ce qu'il devait faire, il recourut aux oracles : « J'avais une boîte à musique, dit-il, j'en changeai le rouleau dans l'obscurité, au hasard, en me promettant de tenir pour un présage l'air que j'allais entendre. La boîte joua la marche de *Carmen*, et je ne balançai plus à aller de l'avant. »

Les dieux ayant prononcé, le docteur poursuivit sa route et gagna l'Ouganda. Le roi Mouanga qui, tiraillé de tous côtés par les Arabes, les protestants et les catholiques, ne savait plus à qui obéir, accueillit favorablement ce nouveau venu, et signa un traité de protectorat. La plus grande partie du lac Victoria tombait ainsi dans la dépendance de l'Allemagne. Maîtresse de l'Ouganda, et disposant d'Émin, le plus brillant avenir s'offrait devant elle. Les coloniaux allemands triomphaient.

VII

Leur triomphe fut de courte durée. Moins de six mois après les événements que nous venons de raconter, l'empereur Guillaume signait avec l'Angleterre le traité du 14 juin 1890. Il abandonnait le sultanat de Witou, s'engageait à ne pas dépasser au nord le massif du Kilimandjaro, et sacrifiait l'Ouganda. En outre, il reconnaissait le protectorat exclusif de l'Angleterre sur Zanzibar et Pemba[1]. En échange de toutes ces concessions, il acquérait, moyennant 4 millions de marcs, la portion méridionale de la côte que les conventions précédentes avaient réservée au sultan ; enfin l'Angleterre lui cédait le rocher d'Héligoland dans la mer Baltique.

Ce traité surprit tout le monde. Stanley bien que ravi de la solution n'en revenait pas : « L'Allemagne, disait-il, troque un pantalon neuf contre un vieux bouton de culotte. » Quant au docteur Peters

[1] Ce traité de 1890 constituait une violation flagrante de nos droits puisque, en 1862, l'Angleterre s'était engagée vis-à-vis de la France à respecter l'indépendance du sultan de Zanzibar. Par malheur, nous n'avions plus en 1890 le gouvernement de 1862. Aussi fallut-il accepter l'humiliation, et nous contenter d'une satisfaction dérisoire.

il fut désespéré, car son brillant succès en Ouganda ne servait plus à rien. Enfin, Wissmann blâma énergiquement l'abandon de Zanzibar, « qui laissait à l'Angleterre la clef de toute la côte africaine ».

Ces plaintes trouvèrent un écho en Allemagne, où l'on ne comprit guère pourquoi, d'un trait de plume et de gaieté de cœur, on avait fait de tels sacrifices, et donné un pareil démenti à une politique suivie avec quelque succès depuis six ans. Pour nous, nous devons remarquer que la conclusion de ce traité coïncidait précisément avec la retraite de l'homme à qui l'Allemagne devait ses colonies. Depuis le mois de mars précédent, l'empereur Guillaume II avait secoué la tutelle de son vieux chancelier qui avait été cacher au fond de ses forêts son orgueil blessé et ses éternelles rancunes. À dater de ce jour, la politique africaine de l'Allemagne subit un changement radical. Après avoir, en juin 1890, renoncé à Zanzibar et au Nil, le gouvernement impérial, quinze jours plus tard, abandonna ses prétentions sur le lointain hinterland de la colonie du sud-ouest (traité du 1er juillet). En même temps, il rappela le major Wissmann, le grand promoteur de l'expansion allemande dans l'Est ; et Emin lui-même ne reçut qu'une mission insignifiante ; les projets de chemin de fer et de travaux publics furent oubliés dans les cartons. Partout, les explorateurs se laissèrent devancer par leurs concurrents étrangers : on se tint sur la défensive et on temporisa.

N'y a-t-il là qu'une simple coïncidence ? Les coloniaux allemands aspiraient-ils à se reposer après des années aussi bien remplies, et la période de calme et de recueillement qui va s'ouvrir est-elle la réaction naturelle d'une époque d'activité fiévreuse? Peut-être, mais en tous cas, il n'est plus possible de dire que M. de Bismarck a toujours enrayé l'élan et réprimé les ardeurs du parti colonial, et que sa disgrâce fut saluée comme un triomphe dans l'Afrique allemande. Nous croyons, au contraire, que Peters et Wissmann n'auraient pas perdu le fruit de leurs travaux si M. de Bismarck était resté aux affaires, car il blâmait vertement le traité de 1890. « Voilà, disait-il un jour, une affaire qui ne me plaît pas du tout. »

Les Anglais se hâtèrent de mettre à profit la défaillance de leurs dangereux adversaires. Dans le Sud, ils renforcèrent leur position et achevèrent d'isoler leurs voisins sur la côte de l'Atlantique. Dans l'Est africain, ils s'établirent solidement autour des lacs Victoria et Albert. L'Ouganda fut annexé après une campagne sauvage qui rendra à jamais odieux le nom du vainqueur. Le capitaine Lugard se couvrit de gloire en exterminant toute la population catholique du pays, et déploya la plus insigne valeur, en faisant massacrer par ses maxims des foules désarmées, des femmes et des enfants. L'Ounyoro subit le même sort : ce fut ensuite le tour de l'Equatoria, qui est aujourd'hui partagée entre les Anglais et les Belges. Partout l'Allemagne laissa l'Angleterre agir à sa guise.

L'empereur Guillaume, en effet, semblait dans les débuts de son règne peu porté aux acquisitions lointaines, et il mettait plus d'amour-propre à faire

flotter son drapeau sur Heligoland qu'à le déployer
à Zanzibar. Ce n'est pas qu'il se désintéressât de
l'expansion de sa race au dehors. Jamais, au contraire, souverain n'a plus poussé son peuple à la
conquête économique du monde. Tout ce qu'il a
fait depuis dix ans pour le développement de sa
marine de guerre et de sa flotte marchande, les
points d'appui qu'il leur a ménagés à travers les
mers, les encouragements qu'il a prodigués au
commerce et à l'industrie, tous ses discours et tous
ses actes en sont la preuve convaincante, mais durant plusieurs années, il craignit d'aller jusqu'au
bout. Avec beaucoup d'Allemands de vieille souche
il pensait que le génie national si propre aux affaires
était moins apte à la colonisation. Peut-être aussi
l'état de l'Europe lui conseillait-il la prudence. Il
ne pouvait alors poursuivre sa politique africaine
qu'en heurtant de front les Anglais. Etait-ce le moment de briser avec eux quand le rapprochement
de la France et de la Russie prenait chaque jour
plus de consistance?

Vers 1893, la scène changea brusquement. La
politique allemande est, depuis quelques années,
soumise à ces fluctuations soudaines, et le prince
qui la dirige aime à étonner le monde par ces volte-
faces aussi rapides qu'imprévues. Il n'est pas facile
de discerner les motifs qui le font agir, car si l'empereur Guillaume garde toujours la claire conception du but poursuivi, la vivacité de son esprit et
l'impétuosité de ses sensations, le font souvent va-
rier dans le choix des moyens.

C'est ainsi que vers 1893, il reprit brusquement,

et avec une certaine audace, la marche en avant
qu'il avait interrompue en 1890. La France en pâtit
la première, et le Cameroun tripla sa superficie à
ses dépens (1893-95). Dans l'Est et le Centre, l'empereur s'opposa énergiquement aux empiétements
de l'Angleterre et du Congo, et les força à renoncer
à des projets dangereux pour l'avenir de la colonie
allemande (1894). Enfin, la politique de violences
et de trahison de M. Chamberlain à l'égard du
Transvaal amena de la part de l'empereur une protestation éclatante qui fit quelque bruit dans le
monde. La dépêche fameuse qu'il expédia au président Krüger au lendemain de la défaite de Jame-
son et de ses complices fut considérée comme un
défi jeté à l'Angleterre. On put croire un instant
que Guillaume II prenait hautement sous sa protection ceux en qui le patriotisme national aimait à
voir des frères éloignés. Du moins, on était en droit
de croire que, par ce coup d'éclat, le gouvernement
impérial entamait avec l'Angleterre une lutte définitive pour restreindre son ambition, et étendre au
loin la sphère que l'Allemagne prétendait réserver
à ses intérêts matériels et moraux.

Les années 1895 à 1897 se passèrent ainsi.

Rarement les rapports entre Allemands et Anglais
furent plus aigres et empreints de plus de mal-
veillance réciproque. Les événements de Chine
auxquels l'esprit mobile de l'empereur s'était attaché avec passion n'étaient pas faits pour adoucir
les angles. Soudain, un revirement nouveau se
produisit. Déjà nous avons eu l'occasion de faire
allusion au rapprochement significatif qui, depuis

l'année 1898, est intervenu entre les cabinets de Londres et de Berlin[1]. Nous y reviendrons plus tard lorsque nous aurons à examiner les chances d'avenir de la colonisation allemande en Afrique. Le gouvernement impérial a abandonné les Boërs. Il s'est séparé de l'opinion allemande qui se manifestait ouvertement en leur faveur, et le récent voyage de l'empereur à Londres a paru la consécration de ce nouvel avatar.

Telle fut, dans ses grandes lignes, la politique africaine de l'Allemagne depuis une vingtaine d'années. Peu de pays ont, en un si bref délai, acquis d'aussi brillants résultats.

Peut-être y a-t-il eu dans le détail des fautes et des hésitations malheureuses, mais l'ensemble est d'une belle venue et lui fait honneur. Non seulement l'Allemagne s'est adjugé un domaine, qui la met au rang des grandes puissances coloniales, mais elle a si habilement disposé ses jalons autour du continent qu'elle est en droit d'entretenir les plus hautes ambitions.

[1] Voy. chapitre VI.

CHAPITRE VIII

ORIGINES ET HISTORIQUE DES POSSESSIONS
ALLEMANDES

I

Le gouvernement impérial avait choisi, avec une
rare sagacité, l'heure et l'occasion de son interven-

tion en Afrique, et il avait fait preuve d'une admirable prévoyance dans la détermination de ses points d'attaque. Ce n'étaient là, toutefois, que des préliminaires. Il lui fallait maintenant mettre ses idées à exécution, et se frayer un chemin à travers les ambitions de rivaux inquiets et hostiles. M. de Bismarck montra dans la pratique la même résolution que dans la théorie, et, par un heureux mélange de force et de ruse, il réussit à surmonter toutes les difficultés et tous les périls.

Arrêtons-nous un instant pour le voir à l'œuvre dans cette seconde partie de sa tâche.

Le Sud-Ouest Africain avait, nous l'avons vu, attiré les premières ambitions de l'Allemagne. Nous ne reviendrons pas sur les considérations politiques de premier ordre qui l'avaient amenée dans ce pays, où, depuis longtemps, son nom était connu et respecté. La Société des missions évangéliques de la Prusse rhénane, arrivée en 1842, avait d'abord échelonné ses stations entre le Cap et le fleuve Orange. De là, elle s'était bientôt répandue dans le Damaraland. Ses progrès ininterrompus n'avaient pas tardé à éveiller l'attention de M. de Bismarck, et, en 1868, le gouvernement allemand avait cru prudent de sonder les intentions du cabinet anglais. Lord Stanley, pressenti, n'avait fourni qu'une réponse évasive. Sans doute, le Cap avait souvent cherché à étendre son influence sur tout le littoral jusqu'au fleuve Counène, mais il n'avait jamais voulu ou osé en proclamer l'annexion. D'ailleurs, depuis quelques années, il était entravé dans ses mouvements par les péripéties de sa politique intérieure, qui, en 1872, allaient aboutir à une déclaration d'autonomie. D'autre part, les cabinets anglais qui, de 1860 à 1874, s'étaient recrutés presque sans interruption dans le parti libéral, avaient toujours reculé devant une prise de possession à laquelle ils ne voyaient aucune utilité ; et, en 1866, un officier de marine, qui avait déployé le pavillon britannique à Angra Pequeña, avait été désavoué par lord Russell.

Telle était la situation lorsque, en 1874, M. Disraëli arriva au pouvoir. Le grand promoteur de l'impérialisme britannique ne manqua pas d'appliquer à l'Afrique du Sud sa politique envahissante. Lord Carnarvon, qu'il appela au ministère des colonies, le seconda avec ardeur et rêva d'unifier toute l'Afrique australe en une vaste confédération, à l'image de la Dominion of Canada. Son premier soin fut d'envoyer au Cap un homme de haute valeur, sir Bartle Frere, dont le nom est inséparable de l'histoire contemporaine de l'Afrique. Sir Bartle Frere justifia la confiance qu'on avait mise en lui. En quatre années, l'Angleterre, jusque-là confinée dans la Colonie du Cap, s'étendit jusqu'à Delagoa-bay, d'une part, et jusqu'au Limpopo de l'autre [1]. Le versant de l'Atlantique ne fut pas oublié. Préoccupé des établissements allemands qui, chaque jour, croissaient en nombre et en consistance, sir Bartle

---

[1] C'est sous le ministère Beaconsfield qu'eut lieu l'annexion du Transvaal (1877).

Frere voulut prendre les devants, et il annexa à la colonie toutes les îles qui, en ces parages, séparent la côte de la haute mer (1874). Ces îles, aux noms bizarres (île Plumpudding, île Roastbeef), étaient désertes et arides, mais elles renfermaient d'abondants dépôts de guano, et elles commandaient l'accès du continent : l'acquisition avait donc une réelle valeur économique et stratégique. Le Haut Commissaire anglais ne crut pas devoir aller plus loin, et recula devant les frais qu'aurait entraînés l'occupation effective de la côte désolée qui s'étend au nord de l'Orange. Il pensa qu'ayant en mains les clefs du littoral, les intérêts britanniques étaient suffisamment sauvegardés. Toutefois, lord Carnarvon prit un surcroît de précautions. Sur son ordre, le commandant Dyer débarqua à Walfishbay, le seul port naturel de la région sur une longueur de 12 degrés et y arbora le drapeau anglais (1878). Il semblait dès lors impossible que les Allemands pussent forcer le blocus.

Cependant lord Beaconsfield allait, en 1880, payer les excès de sa politique hautaine, bruyante et aventureuse. M. Gladstone, qui le remplaça, avait sur toutes choses des idées diamétralement opposées à celles de son prédécesseur. D'ailleurs, les affaires marchaient fort mal dans l'Afrique du Sud, où les Zoulous et les Boërs avaient prouvé aux Anglais que leurs vastes projets d'absorption n'iraient pas sans difficultés. Le cabinet libéral se hâta de ramener la paix dans ce pays si profondément troublé. Il rappela dans le Zululand le roi Cettiwayo, espérant que sa présence calmerait les passions surexcitées de ses farouches sujets ; et passant l'éponge sur le désastre de Majuba-Hill, il donna satisfaction aux légitimes revendications du Transvaal. L'Allemagne jugea le moment propice pour sortir de l'ombre.

Il y a souvent dans l'histoire des coïncidences vraiment heureuses. Au moment précis où la chute du ministère tory allait adoucir les dispositions aggressives de la politique anglaise, le gouvernement allemand reçut, comme par hasard, des nouvelles alarmantes des Missions rhénanes du Sud-Ouest. Les missionnaires se plaignaient des traitements barbares qu'ils auraient eu à subir de la part des indigènes et de l'abandon absolu où les laissaient les autorités anglaises. M. de Bismark recueillit ces plaintes et les transmit au cabinet de Londres. Lord Granville répondit en déclinant toute responsabilité. L'Angleterre, disait-il, n'entretenant de force armée qu'à Walfish-bay, ne pouvait répondre de la sécurité des Européens établis à l'intérieur. M. de Bismarck enregistra soigneusement la réponse, et prépara ses batteries. Un autre incident allait précipiter les événements.

M. Luderitz était un des premiers commerçants de Brême. Des circonstances particulières lui avaient permis d'approcher M. de Bismarck qui l'appréciait et lui témoignait une certaine confiance. Il le choisit pour organiser la mise en scène qui allait avoir pour l'Allemagne de si grandes conséquences.

Le 16 novembre, M. Luderitz informa le gouvernement impérial qu'il avait l'intention de fonder un comptoir dans la baie d'Angra Pequeña sur la côte sud-ouest de l'Afrique. M. de Bismarck en avisa le cabinet anglais et lui demanda de protéger les entreprises des nationaux allemands. Lord Granville, dans sa réponse, se référa purement et simplement à sa dépêche de l'année précédente. L'Allemagne insista. « Si la Grande-Bretagne, disait en substance la note allemande, décline la responsabilité du maintien de l'ordre dans le pays, c'est apparemment qu'elle n'entend s'y réserver aucun droit de souveraineté. » Sur quoi, lord Granville, mécontent de la tournure que prenait la conversation, voulut corriger l'effet de sa première dépêche. « La souveraineté de la reine, expliqua-t-il, n'a été formellement proclamée que sur Walfish-bay et les îles côtières ; néanmoins le gouvernement britannique considérerait comme une atteinte à ses droits légitimes toute prétention d'une nation étrangère sur le territoire qui s'étend entre la limite sud des possessions portugaises et la Colonie du Cap. » C'était dans toute sa beauté l'application du droit régalien que l'Angleterre s'est de tout temps arrogée sur le globe [1].

Mais le gouvernement allemand ne se laissa pas intimider. Pendant que les deux chancelleries échangeaient ces correspondances aigres-douces, M. Luderitz débarquait tranquillement à Angra

[1] On peut consulter sur ce point l'intéressant volume que M. Stœcklin a consacré aux *Colonies et à l'émigration allemandes*.

Pequeña, sans rencontrer le moindre agent anglais. Il rendait visite à un roitelet nègre qui habitait les environs et le séduisait, séance tenante, par la splendeur et l'originalité de ses présents. Moyennant une boîte à musique de Nuremberg, deux cents fusils hors d'usage et 2 000 marcks en pièces démonétisées, M. Luderitz acquit en toute souveraineté la baie d'Angra Pequeña, les déserts d'alentour et une longue bande de territoire s'étendant jusqu'à la rive droite du fleuve Orange (avril 1883). Le 2 mai suivant, le drapeau allemand était solennellement arboré à Angra Pequeña.

Lorsque ces nouvelles parvinrent au Cap, elles y excitèrent la plus vive émotion. Une canonnière anglaise fut dépêchée sur les lieux, mais en arrivant au port, elle rencontra un bâtiment allemand qui la prévint poliment qu'elle se trouvait dans les eaux germaniques où elle n'avait rien à faire. Les négociations reprirent entre Londres et Berlin. Elles ne tournèrent pas à l'avantage des Anglais qui firent montre en la circonstance de la plus singulière hésitation. Pressés par les Allemands, ils éludèrent la réponse et entamèrent avec le Cap une longue discussion sur les droits et les devoirs respectifs du gouvernement métropolitain et du gouvernement colonial. M. de Bismarck finit par perdre patience ; le 24 avril 1884, il interrompit brusquement la conversation diplomatique et envoya au consul allemand du Cap l'ordre d'informer les autorités de la Colonie que l'empereur prenait sous sa protection les territoires

acquis par M. Ludéritz. Le Parlement du Cap protesta. Il vota même *in extremis* l'annexion des
territoires en litige, mais il était trop tard. Déjà
une corvette allemande longeait le littoral et arborait le drapeau de l'empire dans toutes les baies et
criques accessibles, depuis le fleuve Orange jusqu'à la frontière de l'Angola. Le 21 juin de la
même année, lord Granville reconnaissait les faits
accomplis.

Ce chapitre d'histoire diplomatique fait honneur
à l'Allemagne. « Elle avait mené son jeu avec une
habileté qui n'excluait pas la décence. Correcte
jusqu'au bout, elle avait montré une grande sûreté
de coup d'œil, et au moment critique une décision
digne d'éloges au point de vue de l'art. Que
disait-elle en somme? Protégez mes nationaux
ou sinon je les protège. Mais le Cap était impuissant et l'Angleterre ne voulait pas s'engager. Leur
inaction allait devenir une cause d'inextinguibles
regrets pour l'un et de continuels tracas pour
l'autre [1]. »

Cette inaction était au moins inattendue, et lord
Granville « fit preuve en la circonstance d'une
faiblesse qui n'était guère dans les traditions de la
politique étrangère de l'Angleterre [2] ». Au fond,
il se laissa surprendre par les événements. Jusqu'au dernier moment, il se refusa à croire à la
réalité des ambitions allemandes, et personne,
pas plus à Londres qu'au Cap, ne jugea nécessaire

[1] Ch. de Coutouly, *Autour d'une colonie autonome.*
[2] Docteur Rouire, *le Sud-Ouest allemand.* (*Revue de géographie*, sept. 1895.)

dé se mettre en mouvement pour prévenir un péril qu'on qualifiait d'imaginaire. C'est ce qu'explique fort bien M. Johnston dans le précieux et instructif volume qu'il a consacré à la colonisation européenne en Afrique [1]. L'établissement des Allemands dans le Sud-Ouest africain lui suggère les réflexions suivantes où les erreurs de ses concitoyens sont jugées avec plus de sévérité que nous n'aurions osé le faire. « Si l'on doit blâmer, dit-il, les autorités britanniques qui refusèrent de prendre l'Allemagne au sérieux..., il est juste de faire retomber sur le Parlement du Cap une part égale de responsabilité. C'est à l'avarice de la Colonie du Cap qui craignit d'être induite en dépenses, jointe à l'étroitesse de vues du ministre anglais du jour refusant d'admettre que l'Allemagne pût chercher des colonies, que ce pays a dû de devenir une puissance de l'Afrique australe. Quant à la conduite du gouvernement allemand, elle fut d'une parfaite correction : il donna à l'Angleterre tout le temps et toute facilité pour faire valoir ses droits antérieurs. »

Ce jugement de l'un des plus ardents ouvriers de l'impérialisme britannique [2] nous paraît résumer la question fort judicieusement. Mais l'auteur aurait pu ajouter, à la décharge du cabinet de Londres, qu'il était excusable, en 1884, de né-

[1] Johnston, *Colonisation in Africa*, p. 253.
[2] L'auteur de *Colonisation in Africa* est ce même M. Johnston qui, en qualité de consul au Mozambique, prépara si habilement le démembrement, au profit de l'Angleterre, des colonies portugaises (Voy. chapitre IV).

gliger les événements de l'Afrique du Sud. A ce
moment, l'axe de la politique africaine de l'Angleterre n'était pas au sud, mais au nord, en Egypte,
où l'attendaient les plus redoutables complications.
Pendant que M. Gladstone se résignait à laisser
carte blanche aux Allemands, il faisait au Soudan
un effort désespéré pour repousser l'invasion
madhiste et délivrer Gordon. Il avait besoin, en
la circonstance, de la neutralité bienveillante de
l'Europe, et ce n'était pas le cas d'indisposer l'Allemagne par une dangereuse intransigeance.

Quoi qu'il en soit, l'Allemagne avait ce qu'elle
voulait. Elle régnait en souveraine sur 1 500 kilomètres de côtes, depuis le cap Frio, limite méridionale de l'Angola, jusqu'à l'embouchure de
l'Orange, frontière de la Colonie du Cap. Sans
perdre de temps, elle s'empressa d'arrondir son domaine et de faire délimiter sa sphère d'influence.
De 1885 à 1888, le docteur Goering, commissaire
impérial, réussit à conclure des traités de protectorat avec les principaux chefs, et le Namaqualand,
le Damaraland, ainsi que le pays des Herreros,
furent successivement rattachés à la colonie.
Chaque jour les Allemands gagnaient du terrain.
Les Anglais, justement effrayés, se hâtèrent de leur
couper le chemin. Nous avons vu comment, entre
l'Hinterland allemand et les Républiques boërs, ils
interposèrent habilement leur colonie du Béchuanaland. Le traité du 1er juillet 1890 arrêta l'extension de la colonie germanique. Le cabinet de Berlin s'engagea à ne pas dépasser le 20e degré de
longitude est de Greenwich, ce qui laissait aux An-

glais une zone de 500 kilomètres de largeur entre
le territoire allemand et les Etats boërs. Au nord,
la frontière, bizarrement contournée, s'étendait
considérablement vers l'intérieur et réservait aux
Allemands une longue bande de terre qui atteignait le haut Zambèze, à un endroit où il n'est pas
navigable et dans une région particulièrement malsaine : « Simple pointe de crayon », a-t-on dit, qui
satisfaisait l'amour-propre des intéressés, mais ne
leur accordait aucun avantage sérieux.

Un traité avec le Portugal acheva de donner au
Sud-Ouest allemand ses limites politiques. La
frontière germano-portugaise fut reportée du cap
Frio à l'embouchure du Counène, ce qui concédait à l'Allemagne 150 kilomètres de côte et un
pays sain et fertile dans le voisinage immédiat du
district de Mossamédès. De la côte, la frontière
suivait à peu près en ligne droite le 17° parallèle
jusqu'au Zambèze.

Cependant, ces conventions n'avaient pas mis
fin à toutes les difficultés. A mesure que les années
passaient, les Anglais se rendaient mieux compte
de la faute qu'ils avaient faite en laissant les Allemands s'établir sur la côte de l'Atlantique. Au Cap,
l'irritation ne diminuait pas, et M. Cecil Rhodes,
dont l'influence grandissait rapidement, se faisait
l'écho des récriminations et des inquiétudes de ses
concitoyens. Il ne craignait pas, certain jour, malgré sa situation officielle (il était alors premier ministre), de s'exprimer en ces termes à la tribune
du Parlement colonial : « C'est grand'pitié pour la
colonie d'avoir perdu la côte occidentale. Je ne

suis pas de l'avis de ceux qui disent qu'il y a place, sur cette côte, pour nous et les Allemands : il faut tenir compte de l'intérêt énorme qu'elle aura pour nous dans l'avenir, en dépit du peu de valeur intrinsèque du pays [1]. »

Quelle que fût sa mauvaise humeur, le Cap ne pouvait pas cependant partir en guerre contre l'Allemagne, mais il s'ingénia à lui susciter toutes sortes d'embarras. Maîtres de Walfish-bay, alors le seul port accessible aux grands navires, les Anglais imaginèrent de s'opposer à l'importation des armes et des munitions destinées aux Allemands. En même temps, fidèles à une vieille tactique qui avait failli réussir avec le Portugal, ils suscitèrent des rébellions parmi les populations hottentotes. Ils placèrent, auprès du chef des Damaras, Kamaherrero, un aventurier du nom de Robert Lewis, qui se fit concéder le monopole des gisements miniers de la région. Puis, pour prévenir toute concurrence, Lewis excita si bien son patron contre les Allemands, qu'un beau jour Kamaherrero signifia au docteur Gœring d'avoir à quitter le pays immédiatement. L'alerte fut chaude. Le commissaire impérial ne disposant d'aucune troupe dut se réfugier à Walfish-bay avec tous les sujets allemands. A la suite de cet incident, le cabinet de Berlin, décidé à montrer de l'énergie, remplaça le commissaire civil par un militaire, le capitaine de François, qui reçut l'ordre d'arrêter Lewis et les agents anglais. On mit la main sur deux d'entre

[1] Ch. de Coutouly, *op. cit.*

eux, mais Lewis et Kamaherrero s'échappèrent,
rassemblèrent les indigènes et vinrent bloquer la
petite troupe allemande dans le poste de Tsaobi.
Des renforts survinrent à temps pour sauver les
assiégés et la guerre continua. La mort de Kamaherrero (décembre 1890) vint enfin délivrer les
Allemands de leurs inquiétudes.

Avec les Namaquas, la lutte fut plus longue.
Leur chef, Hendrik Witbooï, métis protestant rusé
et hardi, défendit bravement son indépendance.
Abondamment pourvu d'armes et de munitions
par les Anglais de Wallish-bay, il tint tête aux
Allemands pendant sept ans et détruisit plusieurs
fois les détachements envoyés contre lui. Il ne céda
qu'en 1894, et depuis ce temps la tranquillité n'a
plus été sérieusement troublée dans le pays.

Au Togo et au Cameroun, la prise de possession
fut plus prompte et souleva moins de difficultés internationales. Il est vrai que la soudaineté avec
laquelle l'Allemagne réalisa ses intentions, déjoua
toute tentative d'opposition de la part de ses voisins les Anglais.

A cette époque (1883) presque toute la côte du
golfe de Bénin était encore inoccupée. Entre les
établissements anglais de la côte des Aschantis et
la colonie française du Gabon, les Européens ne
s'étaient arrêtés qu'à l'embouchure du Niger, où
était fortement ancrée la souveraineté anglaise,
mais au nord comme au sud du grand fleuve, le
pays restait indépendant. Cette longue étendue de
côtes gênait visiblement les Anglais, « car tandis
que dans la colonie britannique de la Côte-d'Or,
les droits d'entrée pour certains articles, attei-
gnaient 100 et 200 pour 100 de leur valeur, l'entrée était ici libre, et de nombreux commerçants
choisissaient en conséquence ces côtes pour expé-
dier leurs marchandises dans l'intérieur du continent. Le gouvernement colonial perdait ainsi une
des sources de ses revenus [1] ». Parmi ces com-

---

[1] Stœcklin, *op. cit.*

merçants, les Allemands étaient en grande majorité.
Hambourg et Brême avaient disséminé leurs factoreries sur tout le rivage et entretenaient avec
elles des relations de plus en plus suivies [1]. Aussi
le golfe du Bénin fut-il le point du littoral que les
villes hanséatiques désignèrent unanimement à
l'attention de M. de Bismarck, lorsque celui-ci les
consulta sur la marche à suivre en Afrique. Le
chancelier suivit leurs avis d'autant plus volontiers que l'Allemagne, en s'établissant dans ces
parages, était fort bien placée pour prétendre au
partage éventuel des bassins du Niger et du Congo.

A peine les Anglais eurent-ils vent des velléités
de M. de Bismarck, qu'ils résolurent de les prévenir. Déjà le gouverneur anglais de la Côte-d'Or,
sir Samuel Rowe, avait pris les devants et cher-
chait à ménager à l'Angleterre une occasion d'intervenir. Il s'installa à Petit-Popo, d'où il expédia
dans l'intérieur des agents pour provoquer des
troubles. En même temps, le capitaine Firminger
parcourait le pays et sommait les chefs de chasser
les commerçants allemands dans le délai de trente
jours sous peine de subir le protectorat de la
Grande-Bretagne [2]. Au Cameroun, la situation
était encore plus tendue. Anglais et Allemands
s'empressaient auprès des petits rois nègres de la

---

[1] 48 factories allemandes étaient, en 1884, établies sur cette
partie du littoral africain, dont 24 sur la côte des Esclaves
(Togo, Dahomey, etc.), 13 au Cameroun, et 5 au Gabon. La
grande maison Woermann, de Hambourg, en avait 12 à elle
seule. En 1883, 50,000 tonnes de marchandises avaient été expé-
diées du Cameroun à destination de l'Allemagne.

[2] Stœcklin, op. cit.

région et leur vantaient les avantages de leurs princes respectifs. Chacun des deux rivaux avait ses clients. Ceux-ci, il est vrai, n'avaient pas de convictions bien enracinées et ils en changeaient volontiers selon la générosité des émissaires chargés des négociations. Certain jour, où la distribution de spiritueux avait été plus abondante que de coutume, les Allemands réussirent à faire signer aux principaux chefs une pétition à l'empereur qui sollicitait sa protection. Outrés du procédé, les Anglais firent sur l'heure une contre-distribution plus libérale encore : le résultat fut immédiat, et les mêmes chefs menacèrent les Allemands de les jeter à la mer. Pendant plusieurs jours, on vécut sur le qui-vive.

M. de Bismarck résolut de mettre fin à toutes ces intrigues et de rassurer les intérêts allemands si gravement compromis. L'illustre explorateur Nachtigal, nommé Haut Commissaire dans l'Afrique occidentale, partit de Lisbonne, à bord de la *Möwe*, et parut le 2 juillet 1884 en rade de Petit-Popo. Il s'aboucha avec le chef du pays qui s'intitulait roi du Togo, lui fit signer un traité de protectorat et, en trois jours, le pavillon allemand fut hissé sur tous les points de la côte, à Petit-Popo, Bagida et Lomé ; le principal négociant de la région, M. Randad, fut installé à Lomé, en qualité de consul.

Du Togo, la *Möwe* partit pour le Cameroun où elle arriva, le 11 juillet, au grand enthousiasme de tous les Allemands. Comme au Togo, les pourparlers préliminaires furent rapidement enlevés, et le 14 juillet le pavillon impérial flottait devant les résidences des rois Bell, Aqua, Didon et Botch. Le docteur Nachtigal s'était hâté et il n'avait pas eu tort.

Cinq jours ne s'étaient pas écoulés qu'un navire anglais arrivait à toute vapeur ayant à son bord le consul Hewett, muni des pleins pouvoirs du gouvernement britannique (19 juillet). C'est qu'en effet le départ du docteur Nachtigal avait éveillé les défiances de l'Angleterre, et bien que M. de Bismarck, en réponse aux observations du cabinet de Londres, eût déclaré que cette mission était purement commerciale, une phrase de sa dépêche où il était question de certaines négociations, que le commissaire allemand était chargé de terminer, avait paru de mauvais augure. Aussi les Anglais, craignant de se laisser surprendre une seconde fois, résolurent d'annexer, sans perdre une heure, toutes les côtes du golfe de Guinée, depuis Lagos jusqu'aux possessions françaises du Gabon. Grand fut le dépit du consul Hewett, lorsqu'il se vit devancé au Cameroun. Il ne cacha pas sa mauvaise humeur, mais, forcé de s'incliner, il se borna à remettre à Nachtigal une protestation en bonne forme qui réservait les prétendus droits de son gouvernement. L'Angleterre était bel et bien battue. « Pour une fois, dans l'histoire de ses aventures coloniales, elle s'était laissé devancer et avait vu prendre par une puissance européenne une côte qu'elle convoitait[1]. » Le fait est trop rare pour

---

[1] Docteur Rouire, *Français et Allemands dans l'Afrique occidentale.*

que nous n'ayons pas cru devoir nous y arrêter.

Malgré sa déconvenue, Hewett ne perdit pas son sang-froid. Pendant que Nachtigal s'occupait à réprimer quelques troubles au Cameroun, et étendait l'influence allemande au sud jusqu'au territoire français, il remontait vivement au nord et annexait tout le littoral jusqu'aux bouches du Niger. Prévenu trop tard, l'Allemand se mit à sa poursuite, mais il ne put que constater partout les traces de son passage. Il dut renoncer à une partie de son programme.

Au Togo comme au Cameroun, les Allemands étaient voisins des Français et des Anglais. Il s'agissait maintenant de délimiter les sphères d'influence des trois intéressés. La délimitation du Togo n'offrit pas de grandes difficultés. Français et Anglais avaient dans la région une situation trop prépondérante pour que les Allemands pussent espérer les supplanter. Aussi acceptèrent-ils facilement le traité de 1897 qui fixa la frontière commune de leur colonie et de notre Dahomey. Une commission mixte d'officiers allemands et français est occupée actuellement à tracer les limites sur le terrain, et aucune controverse grave n'est à prévoir de ce côté [1]. Avec les Anglais, une discussion

[1] C'est au cours de ces opérations de délimitation que s'est passé l'année dernière un fait qui fit quelque bruit dans la presse. Les deux missions, marchant de conserve, furent attaquées par des tribus rebelles. Français et Allemands se réunirent sous les ordres du commandant français, M. Plé, supérieur en grade à son collègue allemand, et repoussèrent l'ennemi. L'incident est en lui-même très insignifiant et parfaitement naturel, mais il a paru piquant de voir l'alliance franco-allemande prônée par quelques-uns en Europe devenir une réalité en Afrique.

assez insignifiante s'éleva au sujet du pays de Salaga que les deux parties revendiquaient. Pendant plusieurs années, ce territoire resta neutralisé. Puis, d'un commun accord, on se fatigua de cet expédient bâtard et incommode et en 1898, une transaction fut signée qui fit passer la frontière à peu près par le milieu du territoire litigieux. Toutefois la ville de Salaga resta aux Anglais.

Au Cameroun, les négociations furent plus longues et moins faciles, du moins en ce qui nous concerne : nous eûmes à batailler longuement pour faire respecter nos droits, et la solution qui intervint en 1894, n'est pas de celles dont nous puissions nous vanter.

Les Anglais, au contraire, bien que cruellement mortifiés dans leur amour-propre, ne tinrent pas rigueur à leurs voisins, et dès le 27 octobre 1881, ils reconnurent officiellement les faits accomplis. C'est, en effet, une qualité éminemment anglaise d'éviter les fausses manœuvres et les peines inutiles. L'Anglais ne part en guerre que lorsqu'il est sûr du succès. Il montre bravement les dents au Portugal. Il les montre également au gouvernement de M. Loubet, nous ne voulons pas dire à la France, bien qu'hélas ! elle en supporte les conséquences ; mais a-t-il affaire aux Etats-Unis, comme il est arrivé il y a deux ou trois ans, ou à l'Allemagne, il se replie en bon ordre, et proclame que les raisins sont trop verts. Ce système très pratique, sinon très fier, lui a superbement profité jusqu'au jour où s'étant trompé sur les forces de son adversaire, il a jeté le gant à un petit peuple qui, pen-

dant quatre mois, a décimé les meilleures troupes
de l'Empire britannique, mis en déroute ses généraux les plus vantés, et pendant longtemps encore
exigera de sa part le plus gigantesque effort de
son histoire militaire. Fidèle à ses principes, l'Angleterre fit, en 1884, contre mauvaise fortune bon
cœur, et quelques mois après (7 mai 1885), elle
accepta comme limite méridionale de ses possessions le Rio del Rey, abandonnant ainsi à l'Allemagne tout le massif du Cameroun. De la côte, la
ligne frontière fut tracée dans l'intérieur jusqu'aux
rapides du vieux Calabar, et l'année suivante, le
traité du 2 août la prolongea jusqu'aux environs de
la grande ville de Yola, sur la Bénoué. La frontière
nord du Cameroun était ainsi nettement déterminée.

Dans le sud, l'Allemagne touchait aux établissements français du Congo. Des négociations immédiatement engagées aboutirent au traité du 24 décembre 1885, qui ne souffrit aucune difficulté. Les
deux parties firent preuve d'un grand esprit de
conciliation, et, à la suite de concessions réciproques, on fixa la frontière au Rio Campo.

Ces conventions n'étaient que des préliminaires.
Elles délimitaient les régions côtières, mais elles
réservaient entièrement l'Hinterland, et la frontière
orientale restait ouverte. L'Angleterre, l'Allemagne et la France, rangées de front sur le littoral, pouvaient chacune prétendre englober dans
leur zone d'influence respective les régions immenses qui s'étendaient indéfiniment dans l'est.
« Tout le centre de l'Afrique était là, attendant un
maître européen : l'Adamaoua, le Baghirmi, le

Wadaï, le Kanem, jusqu'aux rives lointaines du
Nil. Quel empire acquis à l'Allemagne! Ce rêve,
tout bon colonial allemand l'eut sous les yeux, et à
sa réalisation travailleront les gouverneurs du
Cameroun et les explorateurs [1]. » Mais ils allaient
avoir à faire à forte partie.

Nous n'avons pas à raconter ici les péripéties
émouvantes de la pénétration européenne dans les
bassins du Tchad et de son grand tributaire méridional, le Chari. Nous le regrettons, car ce fut une
grande et belle époque de notre histoire coloniale.
De 1885 à 1895, on vit à l'œuvre une admirable
phalange d'explorateurs, de savants et d'officiers,
acharnée à la gloire et à l'honneur de la patrie, qui
relia les tronçons épars de son domaine et lui
assura un empire immense du Congo à la Méditerranée, et de l'Atlantique au bassin du Nil. C'est
alors que s'illustrèrent les Brazza, les Monteil, les
Mizon, les Maistre, les Crampel, les Dybowski, et
bien d'autres, tous rivaux d'ardeur et de dévouement héroïque. Ces glorieux efforts ne furent pas
stériles. Partout l'Angleterre fut largement distancée. Quant à l'Allemagne, nous la laissâmes encore
plus loin en arrière. Longtemps retardée dans la
région montagneuse de la côte, elle n'avait paru
dans l'Adamaoua et le bassin de la Bénoué qu'après
le passage de Mizon et de Maistre, et quant au
Tchad, on n'y avait pas vu de voyageurs allemands depuis les expéditions antiques des Barth
et des Nachtigal. Grâce à l'activité de nos colo-

[1] Docteur Rouire, *op. cit.*

niaux, le Cameroun se trouvait enserré par une double ligne d'investissement, l'une allant de Yola, sur la Bénoué, à Ouesso, sur la Sangha ; l'autre partant de l'Oubangui pour aller rejoindre la haute Bénoué ; tels étaient les itinéraires suivis par Brazza, Maistre et Mizon.

Nous avions donc la partie belle. Par malheur, notre gouvernement ne se montra pas à la hauteur des circonstances. Dès 1890, la faiblesse lamentable de notre diplomatie nous fit signer avec l'Angleterre un traité néfaste qui, dans les régions du Niger et du Tchad, nous fit en grande partie perdre le fruit de chevaleresques exploits. Nous abandonnions sans compensation tout le cours du moyen Niger, la rive occidentale du Tchad et le riche royaume de Sokoto, pour ne garder que les parties désertiques du Soudan nigérien. Rarement ministre français a mis sa signature au bas d'une convention aussi malencontreuse. Certes, nous ne demandons pas l'impossible, car nous savons que la France actuelle ressemble peu à la France des anciens jours. Même, nous voulons bien admettre à la rigueur que le ministre de 1890 se soit trouvé dans l'impossibilité de faire mieux, mais, en tous cas, il est infiniment regrettable pour le bon renom de notre diplomatie que l'auteur responsable de ce traité ait cru pouvoir s'en glorifier officiellement à la tribune du pays, et cela au moment précis où la Compagnie du Niger adressait à lord Salisbury des félicitations publiques pour l'habileté avec laquelle il nous avait joués [1].

---

[1] Ce traité de 1890 est si tristement instructif et a eu pour nous de si graves conséquences que nous devons y faire allusion

Ce traité était une lourde faute et nous mettait pour l'avenir en bien mauvaise posture. L'Allemagne le comprit et voulut profiter de notre défaillance. Elle ne pouvait, sur le terrain, lutter avec nos officiers, car déjà notre drapeau flottait partout dans l'Hinterland du Cameroun ; mais, en transportant le débat d'Afrique en Europe, des camps dans les chancelleries, elle espérait reprendre ses avantages. Elle commença par s'entendre avec l'Angleterre. Anglais et Allemands firent cause commune contre nous, et, par la convention du 14 août 1893, se partagèrent toute l'Afrique occidentale, comme si la France n'existait pas. La ligne frontière arrêtée en 1886 à Yola, sur la Bénoué, fut prolongée vers le nord-est jusqu'au lac Tchad. Tout ce qui se trouvait au nord et à l'ouest de cette ligne rentrait dans la sphère d'influence anglaise. En revanche, l'Angleterre reconnut à l'Allemagne la faculté de s'étendre indéfiniment au sud et à l'est jusqu'aux confins du bassin du Nil. Le Congo français était réduit à un petit territoire côtier sans aucune issue. On ne comptait pour rien les postes qu'entre le Congo, le Tchad et le Niger

ici, bien qu'il n'ait trait qu'indirectement à notre sujet. Il réglait trois questions : 1° A Zanzibar, la France renonçait à se prévaloir du traité de garantie de 1862, et reconnaissait le protectorat anglais ; 2° dans l'ouest africain, l'autorité de la France était reconnue depuis la Méditerranée jusqu'au nord d'une ligne tirée de Say sur le Niger à Barroua sur la rive nord-ouest du Tchad, ce qui équivalait à nous abandonner le Sahara et à nous enlever les plus riches parties du Soudan ; 3° en échange de toutes nos concessions, l'Angleterre reconnaissait officiellement notre protectorat à Madagascar. Voilà le traité qu'on a voulu représenter comme un grand succès diplomatique.

nous avions échelonnés sur la Sangha, la Bénoué et le Chari. Jamais notre pays n'avait été traité avec un pareil dédain.

Grâce à Dieu, la France se ressaisit à temps. M. Casimir Périer, qui avait alors la garde de nos intérêts, fit face au danger, et s'il ne put sauver la situation, du moins il enraya le mal. Dès que la convention anglo-allemande fut connue à Paris, le gouvernement fit entendre les plus énergiques représentations. Nos droits étaient si clairs que le cabinet allemand ne put refuser de négocier, et M. Haussmann fut envoyé à Berlin avec le colonel Monteil, pour déterminer, d'accord avec les délégués allemands, la frontière qui résultait du nouvel état de choses. Le choix de nos représentants, celui surtout du colonel Monteil, était heureux. Avec un tel champion, on pouvait être sûr que le terrain serait défendu pied à pied.

On fut deux mois à s'entendre. Le 4 février 1894, les commissaires français et allemands signèrent un protocole qui mit fin aux débats. Certes, ce traité nous coûtait cher. Nous abandonnions l'Adamaoua et la haute Bénoué, où Mizon et Maistre avaient planté notre drapeau ; au sud, les Allemands obtenaient un accès sur la Sangha ; au nord-est, ils s'étendaient jusqu'au Chari et au Tchad. Mais entre la frontière allemande et la frontière congolaise, nous gardions un couloir large de 250 kilomètres dans sa partie la plus resserrée, qui nous ouvrait le chemin vers le nord. Enfin nous avions le champ libre à l'est du Tchad. Après avoir failli tout perdre, nous pouvions nous réjouir de garder l'essentiel.

Les Allemands n'en avaient pas moins fait un coup de maître, et sans s'être donné grand mal avaient acquis d'énormes territoires qui comptent parmi les plus riches de l'Afrique occidentale. Sans doute leurs ambitions étaient plus hautes encore, mais leurs droits devenaient alors si faibles et si inconsistants que, devant notre résistance, ils n'osèrent même pas nous les opposer. Le gouvernement impérial le reconnut lui-même en toute sincérité après la signature de la convention, dans une réunion officielle tenue au ministère des affaires étrangères [1].

C'est ainsi que la colonie du Cameroun, qui en 1885 ne comprenait que quelques ports de la côte et une étroite banlieue, s'étendit successivement sur plus de 500 000 kilomètres carrés.

[1] Discours du chef de la section coloniale au ministère des affaires étrangères, février 1891.

III

Dans l'est, les Allemands n'avaient en face d'eux qu'un concurrent, les Anglais. C'en était assez, il est vrai, pour les gêner considérablement ; on a pu en juger par le récit que nous avons fait des principaux épisodes de leur rivalité. Sans revenir sur des incidents déjà connus, il nous reste à résumer brièvement l'action politique de l'Allemagne dans cette région. Elle offre ce caractère particulier qu'on y voit à l'œuvre une compagnie souveraine de colonisation semblable aux Chartered C° anglaises. C'est la seule fois, en Afrique du moins, que l'Allemagne a eu recours à ce mode de conquête, et il n'est peut-être pas sans intérêt d'en apprécier les résultats.

Cette société fut créée aussitôt après le retour du comte Pfeil, du docteur Peters et de leurs compagnons. Peut-être se rappelle-t-on l'odyssée de ces hardis *conquistadores,* qui en trois mois établirent dans l'Est africain les premières assises de la domination allemande. A peine le docteur Peters eut-il en poche ses douze traités de protectorat, dûment paraphés par les chefs nègres de l'Ousagara, de l'Ouseguha, de l'Oukami et du Ngourou, qu'il revint en toute hâte à Berlin, où il fonda, en février 1885, la Société de l'Est africain allemand. Quelques jours après, l'empereur accordait à la Compagnie un *Schutzbrief* ou charte de suzeraineté sur les territoires qu'elle possédait et ceux qu'elle acquerrait dans l'avenir. Rien n'est plus caractéristique que ce document d'une concision et d'une netteté saisissantes. Il confère à la Compagnie la pleine et entière indépendance, et l'affranchit de tout contrôle ; la seule condition qu'on lui impose est d'être et de rester allemande [1].

L'ambitieuse Compagnie voulut profiter de cette situation privilégiée, et non contente de ses premières acquisitions, elle prétendit s'étendre au nord le long de la côte des Somalis. Là régnaient plusieurs petits princes qui tous dépendaient plus ou moins du sultan de Zanzibar. En septembre 1885, la Compagnie imposa sa souveraineté au sultan de Medjourtines ; puis, ce fut le tour du sultan d'Oppia et du sultan de Witou. En quelques mois, l'Allemagne avait mis la main sur tout le littoral de l'océan Indien, depuis l'île de Zanzibar jusqu'aux environs du cap Guardafui. L'Angleterre, effrayée, intervint. A la Compagnie allemande, elle opposa l'*Imperial British East Africa Company* [2], et réclama sa part de souveraineté.

[1] On peut consulter sur cette question l'article très documenté et très intéressant que M. Decharme a publié dans la *Revue coloniale* (nov. 1899).

[2] Cette Compagnie est la transformation de la *British East African Association*. Elle est plus connue sous l'appellation abréviative d'*Ibéa*.

On négocia, et finalement on aboutit au traité du 2 juillet 1887, auquel accéda la France en sa qualité de co-garante de l'indépendance du sultan de Zanzibar.

D'après cette convention, l'Angleterre, l'Allemagne et la France reconnaissaient la souveraineté du sultan : 1° sur les îles de Zanzibar, de Pemba et quelques autres ; 2° sur une zone côtière de 10 milles de largeur, s'étendant depuis le cap Delgado, au sud, jusqu'à l'embouchure du fleuve Tana, au nord, ainsi que sur cinq ports situés en dehors et au-dessus de ces limites. Quant à l'Allemagne et à l'Angleterre, elles se partageaient l'Hinterland, selon une ligne conventionnelle allant de l'embouchure du fleuve Wanga, par 5 degrés de latitude sud, jusqu'au lac Victoria, qu'elle touchait aux environs du 1er degré de latitude. Tous les pays situés au sud de cette limite étaient reconnus à l'Allemagne. L'Angleterre se réservait la région qui s'étend au nord, sauf le sultanat de Witou qui restait aux Allemands. Mais ceux-ci renonçaient à toute la côte des Somalis. En somme, ils acquéraient l'immense territoire compris entre les possessions maritimes du sultan et les trois grands lacs Nyassa, Tanganyka et Victoria.

C'était un succès. On le vit bien aux colères que ce traité suscita en Angleterre. Stanley, qui se fit en la circonstance l'interprète de ses concitoyens, ne s'en consolait pas. « Toutes les dépenses de l'*Ibéa*, disait-il, n'ont pas la valeur d'une pièce de 10 sous fausse, si l'Allemagne s'établit

dans l'Afrique orientale. » L'Angleterre avait besoin d'une revanche : elle la prit trois ans plus
tard.

Il était bien clair, en effet, que ce traité de 1887
n'était qu'un premier pas dans l'expropriation du
sultan de Zanzibar. La solution intervenue alors
était aussi bizarre qu'invraisemblable, et il était
impossible que les Allemands et les Anglais, possesseurs de l'Hinterland, se résignassent longtemps à laisser tous les débouchés maritimes aux
mains du sultan. Ce qui devait arriver ne manqua
pas. A peine l'accord était-il signé, que l'Angleterre se faisait concéder pour cinquante ans l'administration de la zone côtière correspondant à ses
possessions, avec les droits les plus étendus, y
compris celui d'y entretenir des troupes. Instanta-
nément, les Allemands, pour ne pas rester en arrière, obtinrent une concession analogue (1888).
Ils acquirent ainsi les ports de Bagamoyo et de
Dar-es-Salam, tandis que les Anglais occupèrent
Mélinde et l'admirable rade de Mombassa.

Ces combinaisons avaient singulièrement amé-
lioré la situation des deux partis. Elles furent cependant la cause d'une formidable insurrection qui
mit en danger la jeune colonie allemande. Maîtres
des douanes et des ports, les Allemands prirent
des mesures rigoureuses pour affermir leur domination. Partout ils prohibèrent l'importation des
armes, substituèrent leurs propres représentants
aux agents arabes qui jusque-là avaient administré
au nom du sultan, imposèrent de nouveaux impôts
et des droits d'entrée. Le résultat ne se fit pas at-

tendre et, sur toute la côte, les indigènes cou-
rurent aux armes : ils trouvèrent un chef en la
personne d'un Arabe de Pangani, nommé Bushiri
qui, pendant deux ans, tint la campagne. Le major
Wissmann eut enfin raison de l'insurrection.
Bushiri fut pris et fusillé (décembre 1889), et en
1890 la paix fut à peu près rétablie.

Cette révolte avait sonné le glas du sultanat de
Zanzibar. Malgré les dissentiments profonds qui
les séparaient, l'Allemagne et l'Angleterre se trouvèrent d'accord pour supprimer cette souveraineté nominale qui avait servi de prétexte au soulèvement. On sait déjà comment et pourquoi le
traité du 15 juin 1890 ne fut qu'à demi favorable à
l'Allemagne, tandis qu'il fit regagner aux Anglais
toute l'avance perdue. C'était l'heure, en effet, où
l'idée coloniale traversait une crise à Berlin et subissait en haut lieu une défaveur marquée. Les récents événements qui avaient imposé à l'Allemagne de gros efforts et de lourdes dépenses
avaient refroidi l'opinion. Déjà le Reichstag avait
failli refuser un subside de 2 millions, réclamé
par la Société allemande de l'Est africain, que
la guerre avait mis à deux doigts de la faillite.
Enfin, M. de Bismarck n'était plus là, et l'empereur Guillaume, cherchant sa voie, hésitait sur le
parti à prendre. L'Angleterre profita habilement
de cette disposition des esprits pour brusquer les
négociations et obtenir des avantages importants.
Elle allécha l'empereur par l'offre d'Heligoland,
mais en même temps elle assura sa propre prédominance dans l'Est africain en prenant Zanzibar et

en s'établissant dans la région des Lacs. L'Allemagne se contenta de coucher sur ses positions.
Elle les a gardées depuis lors, et rien n'est venu,
jusqu'à nos jours, modifier la carte politique de ces
contrées.

CHAPITRE IX

I

Les colonies allemandes ont en moyenne de
quinze à seize ans d'existence. Il est donc bien difficile de se faire une idée de leur valeur, car, plus
que toute autre œuvre humaine, de pareilles entreprises ont droit à un très long crédit. Seul ou
presque seul en Afrique, l'État du Congo a fait exception à cette règle, et moins de vingt années
après sa naissance, est entré dans la période des
féconds résultats. Certes, l'industrie des hommes

n'y est pas étrangère, mais les hommes n'auraient rien changé au cours ordinaire des choses si la nature n'avait comblé ce pays des dons les plus rares et les plus abondants. Aucune autre région africaine ne présente autant d'éléments de prospérité. Sans doute, en maint autre endroit, colons et marchands ont devant eux de belles perspectives, mais en même temps ils sont en butte aux rigueurs d'un climat implacable, à l'hostilité des tribus, à l'absence de voies de communication, tous obstacles dont le temps seul peut triompher.

Les colonies allemandes ont suivi la loi commune, et si leur développement est lent, il faut moins en accuser leurs maîtres que la nature [1].

L'Afrique du sud-ouest, par exemple, compte parmi les régions les plus déshéritées du globe. « A la regarder, a dit un Allemand, un chien hurlerait de tristesse. » Et, en effet, rien n'est plus lamentable que cette longue côte de 1 500 kilomètres, basse, sablonneuse, où les dunes alternent avec les flaques saumâtres. Deux hâvres plus que médiocres rompent seuls la monotonie du littoral : l'un est Walfish-bay que les Anglais se sont réservé ; l'autre, Angra Pequeña, est le centre des établissements allemands. Partout l'eau manque au point qu'on doit en faire venir du Cap pour

---

[1] M. Hauser a publié en 1899, dans la *Revue des questions diplomatiques et coloniales*, une série d'articles sur les colonies allemandes, qui nous ont beaucoup servi pour cette partie de notre travail. Les ressources naturelles et la valeur économique de ces régions y ont été étudiées de très près sur des documents de première main, et on y trouve une foule de renseignements très utiles et très intéressants.

l'alimentation. Derrière cette zone de sable s'étend un immense désert pierreux coupé de gorges profondes où l'on trouve parfois quelques vestiges de verdure. Plus loin, enfin, on entre dans la région relativement habitable. Le pays devient montagneux, semé de bois et de prairies, mais la sécheresse intense (il tombe en moyenne 0ᵐ,04 d'eau par an) et l'absence de toute rivière empêchent la végétation de se développer. Puis le désert recommence : ce sont alors les grands steppes salés de Kalahari au milieu desquels est tracée la frontière anglo-allemande.

L'extrême nord de la colonie est mieux partagé. Le bassin du Counène est tempéré et bien arrosé ainsi que la vallée de l'Okawampo, tributaire du lac Ngami, mais l'Allemagne n'a qu'une faible partie de ces districts fertiles. La rive droite du Counène est portugaise, et les Anglais ont gardé le lac Ngami et les vallées inférieures des fleuves qui en dépendent.

Quant au reste de la colonie, il n'a qu'une valeur économique très minime. A peine peuplée (200 000 habitants pour 831 000 kilomètres carrés), il n'offre au commerce d'échange que de bien maigres perspectives. L'élevage pourrait donner quelques résultats, particulièrement dans le nord, mais les pâturages desséchés et brûlés du soleil sont très insuffisants [1]. C'est encore la côte, si désolée qu'elle soit, qui fournirait le plus de res-

---

[1] Dans le Damaraland, il faut parfois 50 000 hectares de pâturage pour nourrir un troupeau de 1 000 têtes.

sources. On y récolte du guano ; malheureusement, les plus riches dépôts se trouvent dans les
îles anglaises ; aussi l'industrie allemande doit-elle
se contenter des produits de la pêche qui est très
abondante[1].

En somme, tout ce pays est des plus misérables.
Seule, la découverte de richesses minérales lui
donnerait de la vie, mais jusqu'ici les résulats n'ont
pas répondu aux espérances. Les gisements reconnus (or, plomb, cuivre) sont pauvres et les difficultés d'exploitation considérables.

Dans l'est, nous trouvons des rivages plus hos-
pitaliers. Le long de cette côte de 1 200 kilomètres,
les points d'atterrissement sont nombreux : Tanga,
Pangani, Saadani, Bagamoyo et surtout Dar-ès-
Salam, le principal port de la colonie qui offre
aux plus gros vaisseaux un ancrage très vaste,
bien défendu par une passe étroite. Dans l'intérieur, la souveraineté de l'Allemagne s'étend sur
un territoire de près de 1 million de kilomètres
carrés, où vit une population de 4 à 5 millions
d'habitants. Cette densité est encore bien faible :
c'est qu'en effet certaines régions, principalement
dans le sud, sont désertes et arides. Dans le nord
et l'ouest, au contraire, le pays est riche et peuplé,
et les voyageurs en ont laissé des descriptions enthousiastes. Cameron vante l'Ousagara, sa fertilité
inépuisable, ses cultures, ses troupeaux et ses
magnifiques forêts ; Thomson et Giraud le cé-

[1] On capture même dans ces parages des phoques et des ba-
leines.

lèbrent comme l'une des plus belles contrées de l'Afrique. L'Ousambara et l'Ougogo sont apparus à Krapf et à Stanley comme des Suisses africaines, pays montagneux et sains où des eaux courantes entretiennent la fraîcheur des pâturages et la splendeur de la végétation. Plus à l'ouest, le terrain s'élève encore aux approches du Kilimandjaro qui dresse sa cime à plus de 5000 mètres au-dessus d'impénétrables forêts vierges. Enfin, dans l'extrême ouest des possessions allemandes, l'Ounyamouensi et toutes les régions situées au sud du lac Victoria nous ont été décrites par Stanley comme d'admirables pays d'élevage et de culture, qui, dit-il, ont, durant la saison des pluies, l'aspect de parcs anglais.

Peut-être faut-il rabattre un peu du lyrisme des voyageurs et de leurs brillantes descriptions. Toutefois il paraît certain que ce pays, dans son ensemble, offre de nombreuses ressources naturelles. La moitié de sa superficie, environ, est propre à la culture et à l'élevage. L'autre moitié se partage en parties égales entre la forêt et le désert. Dans les régions basses, les essences tropicales se développent merveilleusement, et les plantes d'Europe paraissent prospérer dans les massifs montagneux de l'intérieur.

Nous arrivons enfin au Togo et au Cameroun, où se sont portés de préférence les efforts de la colonisation allemande.

Le Togo, à qui les Français et les Anglais ont fermé tout accès sur l'intérieur, n'a guère que 82000 kilomètres carrés. Le long du littoral règne la redoutable barre des côtes de Guinée, qui a si longtemps nui au développement de ces régions, et les deux centres commerciaux du pays, Petit-Popo et Lomé, ne seront véritablement des ports que le jour où des wharfs permettront aux navires de débarquer et d'embarquer leurs cargaisons en dehors de la zone dangereuse [1]. Le climat est essentiellement tropical et malsain. A peu de distance de la mer, le sol se relève et se couvre de forêts où abondent les palmiers, les arbres à caoutchouc, les caféiers, etc. Plus loin commence le vaste plateau soudanais, pays de culture et d'élevage, relativement sain et très fertile. La population est extraordinairement dense pour l'Afrique. On l'estime à 2 millions d'habitants, ce qui représente vingt-cinq habitants au kilomètre carré.

La colonie de Cameroun (500 000 kil. et 3 500 000 hab.) comprend trois régions distinctes [2]: 1° une région guinéenne tournée vers la côte et à laquelle on donne plus spécialement le nom de Cameroun ; 2° l'Adamaoua ou bassin supérieur de la Benoué, dépendance naturelle de la région du Niger ; 3° au nord, des portions du Belda et du Bornou orientées vers la cuvette du Tchad. Au point de vue géographique, comme au point de vue politique ou économique, ces trois régions sont très différentes entre elles.

La côte allemande s'étend sur une longueur de

[1] Le budget de 1899 prévoit des crédits pour l'établissement d'un wharf à Lomé, analogue à celui que nous avons installé à Kotonou, dans le Dahomey.
[2] Hauser, op. cit.

320 kil. entre le Rio del rey et le Rio Campo, au fond du golfe de Guinée. Toute la partie sud de cette côte est inabordable. Elle est uniformément plate, et la barre ainsi que de nombreux récifs rendent difficile la communication avec la haute mer. Mais dans le nord s'ouvre un long et profond chenal qui sert d'estuaire au fleuve Cameroun, vaste hâvre naturel où peuvent mouiller les plus gros navires. C'est là que se trouvent les deux principaux ports de la colonie, Victoria et Cameroun. Par malheur la zone côtière, sillonnée d'un réseau de bras de mer et de canaux, n'est qu'un immense marécage infesté de fièvre. Ces déplorables conditions climatériques sont en partie corrigées par le voisinage immédiat du pic Cameroun, qui s'élève juste au-dessus du rivage, et offre aux Européens un asile relativement tempéré, où ils ont pu installer de nombreuses plantations.

Au delà du marais, on entre dans la forêt vierge qui s'étend jusqu'au pied du plateau africain. C'est la forêt tropicale avec ses baobabs, ses cotonniers géants, ses manguiers, ses caféiers sauvages, ses kolatiers, ses lianes à caoutchouc; puis on débouche dans la savane, où la population devient plus dense, où apparaissent l'agriculture, le commerce, et un bien-être relatif.

Toute cette région est dans la dépendance économique des ports de Cameroun et de Victoria, mais il n'en est plus de même de l'Adamaoua, qui prolonge au nord la colonie allemande, « pays de plateaux et de montagnes, arrosé et cultivé, avec de grandes prairies d'élevage et, vers le Tchad,

des steppes parcourus par les éléphants et les gi-
rafes. On est là en plein pays soudanais et musulman. L'islam a substitué, aux organisations rudi-
mentaires des pays bantous, de véritables États,
militairement et politiquement constitués [1] ». On y
trouve de vraies villes : l'une d'elles, Ngaoundéré,
a plus de 30000 habitants. Ces villes sont de véritables centres industriels (coton, tanneries, pote-
ries, ivoire, sel). Mais jusqu'ici les Allemands
n'ont pas réussi à détourner ce mouvement commercial vers leurs établissements. La majeure partie emprunte la voie de la Bénoué et du Niger, et
débouche en territoire anglais, et l'autre s'oriente
à l'est vers le Tchad.

Dans son ensemble, la colonie de Cameroun est
donc fort intéressante. Elle abonde en produits naturels (caoutchouc, ivoire, huile de palme, cacao,
café, etc.) Elle est susceptible d'un grand développement agricole et commercial; c'est peut-être,
à l'heure actuelle, la plus importante des colonies
allemandes, ou, du moins, celle qui pourra rappor-
ter le plus de profit immédiat.

En somme, l'Allemagne possède aujourd'hui en
Afrique un territoire de 2 millions et demi de kilomètres carrés, peuplé de 10 à 11 millions d'habitants. Sur 3270 kilomètres de côtes, elle a 6 ou
7 points d'atterrissement qui peuvent devenir des
ports importants : Petit-Popo et Lomé, Victoria et
Cameroun, Bagamoyo et Dar-es-Salam, enfin Angra Pequeña. Dans l'intérieur, elle a à sa disposi-

---

[1] Hauser, *op. cit.*

tion des territoires propres à l'élevage et à la culture, et des forêts vierges qui lui fournissent l'ivoire et le caoutchouc. Elle a donc des éléments intéressants à mettre en jeu. Qu'en a-t-elle fait ?

L'empire colonial de l'Allemagne est surtout un domaine d'exploitation. Il lui était difficile d'en faire des colonies de peuplement. On avait cru un instant, d'après les récits de quelques voyageurs, que les Européens pourraient vivre sur les points les plus élevés des hauts plateaux de l'Est africain, mais jusqu'ici on n'a fait aucun essai, et il ne semble pas qu'on en tente avant de longues années. Dans le sud-ouest, où le climat paraissait moins dur, l'Allemagne avait cru entrevoir la possibilité d'établir des émigrants. Le haut bassin du Counène est évidemment habitable, et il ne serait pas impossible d'y acclimater une nouvelle race d'Afrikanders, mais le pays est peu séduisant. Une société s'était cependant fondée à Hambourg, dans le but de favoriser l'émigration, et notamment pour importer des femmes dans la colonie. Chaque Allemande de bonne volonté avait droit à une forte prime et à son passage gratuit. Mais il ne semble pas que ces tentatives aient eu grand succès. En 1897, on ne comptait, dans toute l'Afrique allemande, que 3 920 blancs, dont 2 182 Allemands, 366 Anglais, une centaine d'Américains, Suédois, etc., et un millier de Boërs établis dans le sud-ouest. Dans ces totaux il faut défalquer environ 1 500 officiers, fonctionnaires ou soldats : la population coloniale européenne ne compte guère que 600 commerçants et planteurs et à peu près autant de missionnaires.

Jusqu'à présent les Allemands n'ont donc considéré leur domaine colonial que comme un territoire à exploiter. On n'y trouve que les agents des sociétés qui ont acquis des intérêts dans le pays. Ces sociétés sont nombreuses, ce qui prouve qu'un mouvement sérieux s'est dessiné en Allemagne. On peut en signaler une cinquantaine représentant un capital engagé d'une centaine de millions. Les unes font le commerce, d'autres, en plus grand nombre, ont créé des plantations, ou se bornent à exploiter les richesses naturelles du pays, notamment le caoutchouc. Ces sociétés sont à peu près également réparties dans les différentes colonies. On en compte treize dans l'est avec un capital de 22 millions. La plus importante est la *Deutsche Ostafrikanische Gesellschaft*, héritière de la grande Compagnie à charte fondée par Peters. A demi ruinée, après la grande rébellion de 1889-90, elle dut, après le traité anglo-allemand de 90, abdiquer des droits de souveraineté trop lourds pour elle ; en échange, elle obtint du gouvernement une rente de 600 000 marcs, prélevée sur les droits de douane et des privilèges considérables. Elle a gagné au change, et ses affaires ont prospéré. D'autres compagnies ont créé de vastes plantations qui produisent de la vanille, de la kola, du cacao, etc. Quant au commerce de l'ivoire, il est en décadence depuis que les progrès de l'Etat du Congo ont drainé vers l'Ouest ce précieux produit.

C'est au Cameroun et au Togo que les plantations se sont le plus développées. Le Togo produit surtout des noix, de l'huile de palme et du caoutchouc. Quant au Cameroun, il paraît de plus en plus devenir la terre d'élection du cacao. En 1889, on n'y avait récolté que 120 kilos pour une valeur de 300 marks, et ce maigre résultat avait excité la verve des critiques. En 1898, on en a exporté pour plus de 300 000 francs, et ce chiffre augmentera considérablement lorsque les 4 millions de cacaoyers plantés sur les flancs du mont Cameroun entreront en plein rapport. Le café prospère également ainsi que le tabac, et les plantations de caoutchouc ont donné de bons résultats. Cinq sociétés principales disposant d'un capital de 8 à 10 millions sont à la tête de ce mouvement. A côté d'elles il convient de faire une place à deux grandes compagnies fondées sur le modèle des compagnies anglaises, dites de développement, qui, dans le sud et dans le nord de la colonie, ont acquis d'immenses territoires où elles jouissent des droits les plus étendus. Ces deux entreprises sont de création trop récente pour qu'on puisse juger de leur avenir, mais la richesse du pays leur permet d'entretenir de belles espérances. Un système analogue a été suivi dans la colonie du sud-ouest. Comme la sécheresse du climat et l'aridité du pays décourageaient les initiatives individuelles, le gouvernement chercha à compenser l'ingratitude du sol par les proportions giganteсques des concessions. Huit sociétés allemandes et trois anglaises, disposant ensemble de près de

50 millions [1], separtagent plus de la moitié du territoire. La première en date, la Compagnie allemande du sud-ouest africain, héritière de tous les droits de la maison Luderitz, possède en toute propriété des millions d'hectares dans le sud de la colonie. Une autre société, qui répond au nom formidable de *Kaokoolandundminengesellschaft*, s'est installée dans le bassin du Counène où elle a immobilisé 12 millions 1/2 de francs dans des entreprises minières et foncières. Trois compagnies anglaises ont acquis des concessions de mines dans l'intérieur, à Otavi, à Windhoeck et à Omaruru, dans le Damaraland. Mais nulle part on n'a obtenu de bien brillants résultats. Partout le manque d'eau entrave les bonnes volontés, et malgré tous les efforts, le Sud-Ouest africain mérite plus que jamais le nom que lui ont donné leurs possesseurs : *Schmerzenkind*, « l'enfant de douleur ».

Ce qui a le plus retardé le développement des colonies allemandes, c'est l'absence de voies de communications. On n'y trouve jamais de véritables fleuves, mais quelques cours d'eau de second ordre qui, au bout de trois à quatre journées de navigation, sont encombrés de rochers et de rapides ; souvent même ils sont à sec pendant la plus grande partie de l'année. Aussi la colonisation a-t-elle rarement dépassé la zone côtière, sauf cependant dans le sud-ouest, où il a bien fallu franchir les déserts du littoral pour trouver une région à peu près hospitalière. Mais au Cameroun, au

---

[1] Dont 25 millions pour les Compagnies anglaises.

Togo et dans l'est, les Allemands sont restés confinés dans un rayon étroit autour de la mer. Force
leur était d'attendre que des chemins de fer leur
permissent de pénétrer plus avant dans l'intérieur.
Par malheur, la création de ces voies ferrées a
subi de longs retards, et ce n'est que depuis deux
ou trois ans que les Allemands paraissent vouloir réparer le temps perdu. Chose étrange, c'est
la plus ingrate de leurs colonies, le « triste pays
des chardons », qui vient en tête. Le Sud-Ouest,
en effet, possède un chemin de fer qui part d'un
point de la côte situé au nord de Walfish-Bay, et
où les Allemands, désireux de s'affranchir de la
dépendance anglaise, cherchent à créer un port.
C'est la rade de Swa-Kopmund. De là, la ligne fran-
chit les sables et gravit des pentes pierreuses et
désolées sur une longueur de 132 kilomètres. On
compte atteindre la ville relativement importante
de Windhoeck dans un an ou dix-huit mois. Là,
on se trouvera à 300 kilomètres de la côte, au
centre d'une médiocre région d'élevage, et dans le
voisinage de mines de cuivre problématiques.
Cette ligne favorisera évidemment le développement dont le pays est susceptible, mais il est douteux qu'elle fasse ses frais. Elle n'aura de valeur
que le jour où elle sera prolongée sur une longueur
de 1 millier de kilomètres pour rejoindre les lignes
anglaises de la Rhodésie et celles du Transvaal.
Alors la colonie allemande pourra attirer vers elle
une grande partie du transit qui, aujourd'hui, est
orienté vers le Cap. C'était là, on se le rappelle,
l'idée de M. de Bismarck et de M. Krüger, à

l'époque déjà lointaine de leur entrevue. Peut-être l'empereur Guillaume qui, en 1897, ordonna subitement la création d'un chemin de fer à travers ces solitudes arides, a-t-il tout bonnement repris un vieux plan qui, depuis des années, dormait dans les cartons de l'Office colonial.

Au Togo et au Cameroun, on ne projette encore que des chemins de fer d'intérêt local pour desservir les plantations et les relier à la côte. Le Cameroun, cependant, aurait grand besoin d'une ligne de pénétration. Ce serait le seul moyen de tirer parti de l'Hinterland et de la riche Adamaoua, dont tout le trafic, attiré par le Niger, échappe aux Allemands.

Dans l'Est africain, les Allemands se sont laissé distancer par les Anglais, et ils se trouvent aujourd'hui dans une situation très inférieure. Tout le nord de leur colonie, qui comprend les régions les plus riches et les plus peuplées, est actuellement dans la dépendance économique des ports britanniques et de la ligne de l'Ouganda, qui, partant de Mombassa, pénètre déjà à 525 kilomètres dans l'intérieur. Tandis que les Anglais faisaient ainsi des progrès d'activité, les Allemands se bornaient à construire péniblement un tronçon insignifiant de 40 kilomètres entre le port de Tanga et Mouhesa.

Il en est de ce petit chemin de fer comme de plus d'une ligne inachevée. Tel qu'il est, il ne sert à rien, et la Compagnie concessionnaire est à demi ruinée. L'erreur des Allemands fut d'avoir perpétuellement hésité entre plusieurs tracés, et faute d'avoir pu se décider, ils sont restés les bras croisés. Pendant que les uns voulaient prolonger la ligne de Tanga jusqu'au pied du Kilimandjaro, et de là au lac Victoria, d'autres craignaient, non sans raison, la concurrence trop rapprochée de la voie anglaise (Tanga est à moins de 200 kilomètres de Mombassa, et les deux tracés sont parallèles) et l'insuffisance du port d'attache. Aussi, dès 1895, un comité se forma à Berlin pour étudier un projet plus rationnel qui rattachait les deux grands ports allemands Bagamoyo et Dar-es-Salam aux lacs Tanganyka et Victoria. Entre les deux partis s'engagea une lutte qui vient seulement d'aboutir. Le 16 octobre dernier, le gouvernement allemand a informé le conseil colonial qu'il avait résolu de construire lui-même le grand chemin de fer de pénétration de l'Afrique orientale, en prenant Dar-es-Salam pour point de départ. Les travaux sont, enfin, sur le point de commencer, et tout permet de supposer que la colonie tirera grand profit de cette entreprise indispensable et trop longtemps retardée [1].

---

[1] Le voyage de M. Cecil Rhodes à Berlin n'est certainement pas étranger à cette décision de l'empereur. Si l'on veut se rendre compte de l'utilité du chemin de fer projeté, il faut observer que, du lac Victoria à la mer, le transport coûte actuellement 3 125 francs la tonne, au lieu qu'en chemin de fer, au tarif le plus élevé, le prix serait de 675 francs.

II

Les Allemands ne sont donc pas restés inactifs. S'ils sont en retard sur plusieurs points, ils ont, par ailleurs, sérieusement travaillé. Nous n'en voulons pour preuve que les nombreuses entreprises de plantations et d'élevage créées depuis 15 ans, les factoreries et comptoirs d'échange qui se multiplient sur la côte et gagnent peu à peu, dans l'intérieur, les relations directes, de plus en plus fréquentes, qui se sont établies entre Hambourg et l'Afrique allemande. Toutefois, ces efforts n'ont pas encore produit de résultats bien tangibles, et le mouvement commercial de ces régions est loin d'avoir pris son essor [1]. Les importations ont aug-

[1] Nous groupons ici quelques renseignements statistiques sur le mouvement commercial des colonies allemandes
En mille francs.

		Importation	Exportation	Mouvement commercial total
Togo	1894	2,800	3,617	6,417
	1895	2,937	3,812	6,749
	1896	2,350	2,050	4,400
	1897	2,470	961	3,431

monté sensiblement en raison des travaux publics engagés, mais les exportations restent à peu près stationnaires. Il est vrai que depuis quelques années, les colonies allemandes ont joué de malheur. Une épizootie générale a détruit les troupeaux dans le Sud-Ouest. Au Togo, une sécheresse extraordinaire a anéanti les récoltes, et l'Est africain a été ravagé par des sauterelles. Il faut tenir compte aussi de l'extrême jeunesse de toutes les entreprises agricoles qui ne seront pas en plein rapport avant trois ou quatre ans ; enfin l'Afrique allemande est encore dépourvue de voies de communication, ce qui enlève toute valeur commerciale aux 4/5 de son territoire.

En dehors de ces causes d'infériorité accidentelles ou temporaires, y en a-t-il d'autres plus

		Importation	Exportation	Mouvement commercial total
Cameroun	1895	5,125	5,125	10,250
	1896	6,675	4,950	11,625
	1897	6,699	4,632	11,331
	1898	7,075	7,369	15,444
Sud-Ouest	1897	6,109	1,559	7,668
Est	1894	8,059	6,996	15,055
	1896	10,815	5,150	15,905
	1897	11,690	6,380	18,070
	1898	20,500	7,495	27,995
Récapitulation	Importations totales aux colonies en 1894-95		10,870	
	Importations totales aux colonies en 1897-98			36,151
	Exportations totales des colonies en 1894-95		14,838	
	Exportations totales des colonies en 1897-98			17,387
	Mouvement commercial total en 1894-95 et en 97-97 . .		34,717	53,541

profondes où serait engagée la responsabilité de la puissance coloniale elle-même ? La question est délicate, mais à voir les choses de près, il ne semble pas que les Allemands soient à l'abri de tout reproche. La colonisation d'un pays neuf comprend plusieurs opérations très distinctes. Il y a d'abord la période préparatoire : voyages d'exploration et prise de possession militaire et diplomatique. Ici, les Allemands ont fait leurs preuves : ils ont toujours eu ce qu'ils voulaient et ont mené leurs campagnes avec beaucoup de dextérité. Viennent ensuite les grands travaux de premier établissement, puis les rapports avec les indigènes, ou si l'on peut ainsi parler, l'utilisation des forces sociales de la région. Lorsque le terrain est ainsi préparé, l'heure est venue pour le colon de diriger ses plantations, et pour le commerçant d'installer ses comptoirs. Or, si les Allemands font d'excellents planteurs et des commerçants hors ligne, ils ont négligé complètement les deux opérations préliminaires. Ils plantent des cacaoyers au milieu de populations hostiles, sans savoir s'ils pourront transporter leurs récoltes à la côte, ni les embarquer à bord de leurs vaisseaux. Les Belges ont procédé tout autrement au Congo. Ils ne sont partis en avant qu'après avoir assuré leurs derrières et ménagé leurs débouchés, et les Portugais eux-mêmes, qu'on critique souvent avec beaucoup d'injustice, ont consacré leurs premiers efforts à la construction de leurs chemins de fer. Chez les Allemands, au contraire, après 15 ans d'occupation, le Cameroun et le Togo n'ont pas un kilomètre de rail et l'Est ne possède qu'un petit tronçon mal placé et inutile. Seul, le Sud-Ouest présente une ligne de pénétration dont l'importance stratégique et politique n'est pas douteuse, mais dont la valeur commerciale est insignifiante. Enfin, aucun port n'est sérieusement aménagé. Il y a eu là une série de graves erreurs qui pèsent aujourd'hui sur la situation économique des colonies allemandes.

Une autre faute doit être signalée, d'un caractère tout différent. L'Allemand a la main lourde, et a médiocrement réussi auprès des populations qu'il était appelé à diriger. Il a certainement une part de responsabilité dans les révoltes qui ont ensanglanté le Sud-Ouest, le Cameroun et l'Est et dans l'esprit de méfiance et d'hostilité que lui témoignent les indigènes. Sans doute, il faut faire la part de l'inexpérience d'un personnel improvisé que rien n'avait préparé à ses difficiles fonctions ; mais il est impossible de ne pas rappeler ici les sinistres exploits des plus hauts représentants de l'autorité allemande sur les rivages d'Afrique. Les Peters et les Leist ont pu être d'héroïques explorateurs, mais assurément, ils n'avaient pas les qualités requises pour inspirer confiance aux indigènes, les attirer et établir avec eux des relations d'amitié et d'intérêt. Or, il n'y a pas là une simple question de morale chrétienne. Sans doute, dans les pays tempérés où s'acclimate l'Européen, on a vu souvent les conquérants opprimer et dépouiller la race indigène, la refouler au loin ou même l'anéantir. Telles furent, dans toute l'Amé-

riquo, en Australie, en Nouvelle-Zélande et au
Cap, les conséquences de l'invasion blanche. C'est
assurément un crime contre l'humanité, mais il
peut n'avoir pas de conséquences fâcheuses au
point de vue politique ou économique. Dans les
pays tropicaux, au contraire, où l'Européen est
impuissant à supplanter les indigènes, il est bien
forcé de vivre avec eux, car il en a besoin pour
mettre le sol en valeur, et pour établir les courants
commerciaux dont il compte profiter. Il doit donc,
avant tout, se concilier les races inférieures qu'il
prétend appeler à la civilisation, et s'il est obligé
de se faire craindre pour être respecté, son rôle est
essentiellement celui d'un éducateur, d'un arbitre,
d'un protecteur. Les Allemands ont-ils ainsi compris leur mission? Nous laissons à leurs tribunaux
le soin de nous répondre [1].

[1] La conquête de l'Afrique par l'Europe a de bien tristes
pages à son actif, et je ne crois pas que parmi toutes les nations civilisées, il y en ait une seule dont la conscience puisse
être tout à fait en repos : trop souvent, l'Européen débarqué
en Afrique perd toute notion du bien et du mal. Il est malheureusement à craindre que l'Allemagne n'occupe ici une place
fâcheuse. Nous ne voulons certainement pas en faire retomber
la responsabilité sur le pays, qui plusieurs fois a dénoncé le
scandale, ni sur le gouvernement qui l'a réprimé, mais il faut
au moins reconnaître que l'Allemagne a été bien mal servie par
ses représentants. C'est ainsi, par exemple, qu'au Togo et au
Cameroun, l'esclavage a fleuri avec la complicité et l'appui des
Allemands et à leur profit. Lors de l'entrée de nos troupes à
Abomey, nous avons trouvé, parmi les papiers du roi Béhanzin,
une quittance de l'agent Richter, de la maison Wolber et
Brohm, aux termes de laquelle ce dernier reconnaissait avoir
reçu une troupe d'esclaves en échange d'un lot de fusils Win-
chester d'une valeur de 400 livres sterling. La même maison
Wolber et Brohm a reconnu également avoir reçu de l'État du
Congo £ 20 par esclave fourni à la Cⁱᵉ du chemin de fer. Le
voyageur allemand Krause a confirmé ces faits et d'autres sem-

Nous ne voudrions pas cependant terminer sur
une note aussi grave cet exposé de la situation actuelle de l'Afrique allemande. S'il y a eu des fautes

blâmables : « De Salaga, dit-il, les esclaves sont conduits à Togo,
et je vois les mêmes individus qui emmènent cette marchandise
humaine, revenir avec de l'eau-de-vie, de la poudre et des fusils. » (*Kreuzzeitung*, février 91). On a bien dit que ces esclaves étaient des *travailleurs libres !* mais l'*Hamburger Echo*
a publié en 91 une lettre convaincante du médecin chargé par
les recruteurs d'esclaves de procéder à l'inspection médicale
des indigènes expédiés au Congo. « Le spectacle qui s'offrit à
mes yeux, dit-il, devrait remplir de pitié tout cœur humain.
Dans un réduit de 25 mètres de long sur 6 de large, se trouvaient entassés 201 hommes et 80 femmes. Chacun de ces in-
fortunés avait le cou enserré dans un cercle de fer, par lequel
il était attaché à ses voisins... L'envoi se fait aux frais de la
maison hambourgeoise Wolber et Brohm, qui m'a recommandé
de me montrer extrêmement difficile, la maison entendant ne
livrer que de la marchandise de première qualité. » On conçoit
que ces faits, une fois connus, aient provoqué une vive émotion en Allemagne. Le Dr Kayser, chef de la section coloniale,
les a vigoureusement flétris à la tribune du Reichstag, mais
l'effet n'en était pas moins produit. Au reste, de pareils faits
n'ont rien d'étonnant pour qui connaît les principes hautement affichés de certains explorateurs allemands, et non des
moins illustres. « Nous n'allons pas en Afrique pour faire des
grimaces philanthropiques, dit l'un d'eux avec une cynique
franchise. La race blanche doit supplanter la race noire, et la
façon la plus pratique d'arriver à ce résultat, c'est l'extermination des nègres : les peuplades noires n'ont aucun droit à
l'existence. » Le livre que Peters a consacré au récit de son
voyage est rempli d'aphorismes du même genre, qu'on peut rapprocher également de cette déclaration de Fritsch : « La
chasse aux nègres est un sport très agréable. » On juge des
excès effroyables auxquels ont pu se livrer de pareils individus
envoyés en pleine Afrique avec des pouvoirs illimités. Le scandale fut tel que le gouvernement dut plusieurs fois intervenir
sous la pression de l'opinion publique révoltée. Au Cameroun,
l'assesseur Wehlau avait fait tuer toutes les femmes d'un
village ; puis il fit conduire les hommes au pied d'un mât de
pavillon, surmonté des couleurs impériales, les scalpa vivants
et les laissa mourir de faim. Pendant ce temps, le gouverneur
Leist s'amusait à fouetter à mort toutes les femmes qui lui
tombaient entre les mains, après s'être livré sur elles à d'abo-

commises, il y a eu aussi de belles œuvres et les causes qui ont entravé son développement peuvent aisément disparaître. Tôt ou tard, les chemins de fer seront faits et porteront la vie de tous côtés; tôt ou tard, les ports seront creusés, les indigènes soumis ou réconciliés, et les Allemands recueilleront le fruit de leurs peines. En attendant, il faut bien constater que les résultats obtenus jusqu'ici sont minimes. En 1898, les Allemands n'ont exporté dans leurs colonies que pour 17 millions 1/2 de francs [1], et n'y ont acheté que

minables outrages. Tous deux furent poursuivis et condamnés à la destitution. Dans l'Est, le Dr Peters, haut commissaire impérial, fut dénoncé au Reichstag par M. Bebel, comme coupable d'atrocités analogues. Il s'était créé un harem de femmes noires sur lesquelles il exerçait d'ignobles violences, et qu'il faisait mourir dans les tourments les plus barbares au moindre soupçon d'infidélité. Il fut également arrêté, révoqué et privé de tous ses droits. Dans la même région, M. Schroeder, directeur d'une des plus importantes Cies de plantation, convaincu de meurtres et de cruautés sans nombre fut condamné à 15 ans de prison. Enfin, tout récemment, dans le Sud-Ouest, un officier, malheureusement porteur d'un des plus beaux noms d'Europe, vient d'être condamné par un conseil de guerre pour avoir assassiné des nègres avec des raffinements invraisemblables. Pour 4 ou 5 faits publiquement réprimés, combien en reste-il d'inconnus et d'impunis! On conçoit toutes les haines qui s'accumulent dans le cœur des vaincus, et comme ils doivent être peu disposés à entrer en relations d'amitié ou d'affaires avec ceux qui viennent leur apporter les bienfaits de la civilisation.

[1] Encore faut-il remarquer qu'une bonne partie des exportations de l'Allemagne aux colonies sont des matériaux de construction pour travaux publics achetés par le gouvernement colonial. La part du commerce privé qui est le véritable critérium de la prospérité d'une colonie doit être diminuée d'autant. En outre, la valeur morale du commerce privé allemand est souvent très médiocre. Les spiritueux y occupent une place énorme (3 à 4 millions) sans parler du tabac, de la poudre et des armes. Hambourg contribue pour une très large part à empoisonner l'Afrique par les plus abominables mixtures.

pour 5 millions 1/2 de marchandises. Ce total de 23 millions est bien insignifiant, comparé au mouvement gigantesque du commerce allemand qui dépasse 11 milliards [1], et les 5 ou 600 commerçants, planteurs ou industriels qui sont allés chercher fortune dans les possessions de l'Empire ne font pas grande figure auprès des 50 millions d'Allemands répandus aujourd'hui dans la mère-patrie, surtout si l'on songe que de 1883 à 1900, plus d'un million d'émigrants ont quitté les ports de l'Allemagne [2].

M. Windthorst a donné jadis au Reichstag des détails stupéfiants sur ce commerce. « La caisse de 12 bouteilles, disait-il, revient, au Cameroun, à 2 marcks 40 (3 fr.), dont 0 marck 80 pour le liquide, et le reste pour les frais d'emballage et de transport. » On juge de la qualité d'un alcool qui coûte un peu moins de 9 centimes la bouteille, verre non compris. Si les calculs de M. Windthorst sont exacts, les Allemands importeraient donc annuellement de 15 à 16 millions de bouteilles d'alcool dans leurs colonies, c'est-à-dire de quoi intoxiquer des tribus entières. On conçoit que le pasteur Stœcker ait pu s'écrier, en parlant des maisons de Hambourg, enrichies par ce trafic : « A côté des missions religieuses, il y a des missions diaboliques ! »

[1] Ce total est évidemment peu de choses en soi, mais il acquiert de l'importance si on le compare au mouvement commercial total des colonies allemandes (53 millions 1/2 de francs). Il fait ressortir à 43 0/0 la part de l'Allemagne, ce qui est considérable, car il faut tenir compte des conditions difficiles où se trouvait l'Allemagne pour lutter avec ses concurrents. Une grande partie du Cameroun dépend étroitement du Niger ; tout l'Est africain dépend de Zanzibar et le Sud-Ouest, de l'Angleterre, grâce au port de Walfisch-bay. L'Angleterre avait donc sur l'Allemagne des avantages dont elle a su profiter. C'est aux Allemands à se défendre en créant des chemins de fer et en creusant des ports. En attendant, l'Angleterre et ses colonies prélèvent près de 40 0/0 du commerce des colonies allemandes. Les Indes et Zanzibar figurent dans ce chiffre pour près des trois quarts. Les maisons indoues pullulent dans l'Est africain, et tout le petit commerce est entre leurs mains.

[2] Dont environ 10 000 seulement pour toute l'Afrique.

Les consuls anglais se sont emparés de ces chiffres pour en faire des gorges chaudes, et n'ont pas ménagé à leurs concurrents les plus acerbes plaisanteries [1]. Mais il serait en vérité absolument injuste de les suivre sur ce terrain, et d'après ces premiers résultats de condamner en bloc la politique allemande. Il faudrait remarquer d'abord que ce domaine colonial ne coûte pas cher à ses possesseurs. Le budget de 1899 ne prévoit pour l'empire qu'une dépense de 17 664 000 francs [2], ce qui n'est pas une

[1] L'un d'eux s'est amusé à rapprocher le nombre des colons allemands (5 ou 600) du nombre des membres de la Société coloniale allemande (30 000). « Chaque colon, dit-il, a 40 ou 50 parrains. C'est là un record que seules pourraient battre les Sociétés chrétiennes par la conversion des Juifs. »

[2] Les budgets des colonies allemandes d'Afrique se présentent pour 1899 avec les chiffres suivants aux recettes comme aux dépenses :

Togo . . . . 1,005,100 francs.
Cameroun . . . . 2,141,500 —
Sud-Ouest . . . . 9,349,000 —
Est africain. . . . . 10,620,000 —

Les recettes se décomposent de la manière suivante en francs :

	Togo	Cameroun	Sud-Ouest	Est africain	Totaux
Impôts directs	33,750	35,000	13,000	437,500	519,250
Douanes	625,000	750,000	625,000	2,187,500	4,187,500
Autres recettes locales	28,750	127,000	75,000	513,000	743,750
Subvention de l'Empire	317,600	1,229,000	8,636,000	7,482,000	17,664,600
Totaux	1,005,100	2,141,000	9,349,000	10,620,009	23,115,100

Sur ces totaux les dépenses militaires figurent pour 5,577,000 francs, et les travaux publics pour 7,026,000 francs (non compris les dépenses afférentes au chemin de fer de Dar es Salam aux lacs qui seront, le cas échéant, prélevées sur fonds d'emprunt).

bien lourde charge pour ses finances. On peut doubler ou tripler cette somme pour faire face aux
travaux publics indispensables ; elle n'en restera pas
moins assez faible, car dans l'autre plateau de la
balance l'Allemagne peut mettre les 10 à 12 millions
de clients noirs qu'elle s'est acquis, et qu'il dépend d'elle de conserver pour le plus grand bien
de son commerce et de son industrie ; elle peut y
mettre encore 8 à 900 000 kil. carrés de terre
vierges et fécondes, qui produisent ou produiront
un jour ou l'autre du coton, du café, du riz, du
tabac, du caoutchouc, du cacao, de l'huile de
palme, etc., etc., tous produits tropicaux qui encombrent les docks de Hambourg. Sans doute le
temps est encore éloigné où l'Afrique allemande
pourra affranchir la mère patrie du tribut de 6 à
700 millions que, de ce chef, elle paye annuellement
à l'étranger, mais la colonisation est, on le sait, une
œuvre de très longue haleine où l'on doit compter
non par années mais par générations. Si l'on avait
dit aux spirituels contemporains de Voltaire que
140 ans après eux, les champs de neige du Canada
représenteraient une valeur commerciale de 1300
millions et nourriraient une population blanche
de 5 millions 1/2 d'habitants, ils auraient sûrement crié au rêve et à l'imposture. De même les
intraitables libéraux de 1830 et de la monarchie de
juillet, qui voyaient dans l'Algérie le tombeau de
notre fortune et la ruine de nos finances seraient
fort étonnés de nos jours en constatant que notre
colonie, si modeste soit-elle, échange 500 millions
de produits avec le monde entier (dont les trois

quarts avec la France) et possède 500 000 habitants de race européenne.

Ici, comme ailleurs, il faut donc laisser au temps le soin de remplir son office et se garder de juger l'œuvre coloniale d'un peuple parce qu'il a perdu quelques années en fausses manœuvres, parce que des tribus se sont soulevées, ou que les débutants ont fait faillite. Ce sont des maux inhérents à toute entreprise humaine. Si la matière première est bonne et que la métropole soit de taille à défendre son patrimoine, l'avenir est assuré : peut-être les pages qui précèdent auront-elles montré que ces deux conditions sont réalisées pour l'Afrique allemande.

CHAPITRE X

L'AVENIR DE L'AFRIQUE DU SUD

Résumé de l'expansion européenne dans l'Afrique équatoriale et dans l'Afrique du Sud. L'Angleterre. L'Allemagne. L'Angleterre, inquiète des progrès de l'Allemagne, cherche à se rapprocher de sa rivale. Attitude de la presse et du gouvernement anglais. Comment les ouvertures anglaises sont accueillies en Allemagne. L'Allemagne hésite entre la France et l'Angleterre. Ses ouvertures ayant été repoussées à Paris, elle accepte les propositions anglaises. Attitude de la presse allemande. — Accords secrets de 1898. Leurs stipulations relatives aux possessions portugaises et aux chemins de fer de pénétration. Situation très avantageuse de l'Allemagne. Espérances qu'elle est en droit de concevoir au Congo et dans l'Afrique du Sud. Répartition des races dans l'Afrique du Sud. Conséquences de la guerre actuelle. Importance du rôle réservé à l'Allemagne en Afrique. Conclusion.

Nous avons passé en revue les différentes puissances qui, à l'heure actuelle, se partagent l'Afrique du Sud depuis le Cap jusqu'à l'Equateur : nous les avons vues à l'œuvre. Le moment est venu de nous résumer et de conclure.

Nous n'avons pas cru devoir consacrer des pages spéciales à l'histoire des colonies anglaises et à l'expansion progressive de l'Angleterre en Afrique. Ces faits sont si connus, et depuis quelques an-

nées ont fait l'objet de tant de publications de tout
genre, qu'il nous a paru impossible d'y revenir
sans tomber dans des redites fatigantes et inutiles.
Au surplus, si grande est aujourd'hui l'influence
de l'Angleterre dans cette partie du monde que son
nom intervient à chaque page de ce livre, et que,
par la force des choses, sa politique a dû clairement apparaître aux yeux du lecteur.

On a vu que l'Angleterre avait commencé par le
Cap la conquête de l'Afrique. Installée depuis le début du siècle sur les rivages de l'Océan austral, elle
ne considéra pendant longtemps ce territoire arraché à la Hollande que comme une station navale de
premier ordre, un point de relâche indispensable
entre la Métropole et les Indes. Puis, peu à peu,
l'accroissement de la population, l'extension des
intérêts commerciaux, et ce besoin d'expansion
qui, en Angleterre comme ailleurs, est propre aux
nations coloniales l'a poussée à reculer ses frontières. Pendant que ses sujets hollandais, incapables de se plier au joug des conquérants, se
repliaient à l'intérieur, l'Angleterre s'étendait en
longueur, et finit par réclamer la possession des
côtes, depuis le cap Frio, sur l'Océan Atlantique,
jusqu'à Delagoa-bay sur l'Océan Indien. A l'ouest
sa domination était plutôt nominale, mais elle
s'établit fortement dans l'est, et la colonie du Natal
en est encore aujourd'hui un témoignage irrécu-
sable.

Solidement ancrée sur le rivage, l'Angleterre en-
tama sa marche vers les hauts plateaux, où l'or et
le diamant ne tardèrent pas à l'attirer d'une façon

irrésistible. D'un premier élan elle parvint jusqu'au Transvaal. Un sanglant désastre la força à lâcher prise, mais les territoires voisins lui offrirent vers le nord une issue dont elle profita sur l'heure, et l'inondation britannique se répandit avec impétuosité.

Sans s'arrêter aux obstacles qui s'opposaient à sa marche, l'Angleterre préféra les tourner, et se contenta au Transvaal d'un droit de suzeraineté mal défini, qui, à la première occasion, pourrait lui fournir tous les prétextes possibles de reprendre la querelle. Puis s'élançant en avant, elle s'ouvrit un passage à travers les possessions des Portugais : elle les écrasa, leur arracha tout ce qui était à sa convenance et arriva enfin aux bords du Tanganyka, au centre de l'Afrique, à mille lieues du Cap.

En même temps, installée en Egypte, grâce à la faiblesse de l'Europe, et à l'inexcusable négligence de la France, l'Angleterre réclama pour elle-même la succession des anciens Khédives. En quelques années, le Nil devint anglais, depuis la mer Méditerranée jusqu'au lac Victoria. Alors l'orgueil britannique ne connut plus de bornes. Encore un effort, et du Cap au Caire un immense empire africain portera aux nues la grandeur de la race anglo-saxonne. Le chemin de fer qui suit pas à pas les colonnes militaires assurera sa domination et sa prépondérance aux yeux des indigènes comme à ceux des gouvernements d'Europe. Au jour prochain de l'inauguration de cette ligne sans rivale, la reine Victoria pourra, à son titre d'Impératrice des Indes, joindre celui d'Impératrice d'Afrique.

Mais voilà qu'un rival imprévu se dresse à l'horizon. Un peuple nouveau se révèle, puissant par le nombre et la force matérielle, plus redoutable encore par son infatigable labeur, sa discipline morale, sa persévérance que rien n'arrête, et les qualités éminentes de ses princes et de ses hommes d'État. Resserrée dans des limites trop étroites pour sa population grandissante, l'Allemagne, depuis 30 ans, avait débordé sur le monde. Des centaines de milliers d'émigrants s'étaient dispersés dans toutes les directions ; ses vaisseaux étaient apparus sur les mers les plus lointaines, les produits de son industrie avaient envahi tous les marchés. L'Afrique l'attira. Abandonner ce pays eut été renoncer à une part importante de son influence politique et commerciale ; elle n'y pouvait songer, et n'hésita pas à réclamer son lot, bien plus, à imposer sa présence.

Presque partout l'Angleterre lui barrait le chemin, soit par des droits acquis, soit par des prétentions rivales. Sans s'émouvoir, l'Allemagne passa outre. Tout autour de l'Empire britannique elle s'installa en sentinelle vigilante. Dans le sud elle choisit une position stratégique avantageuse, à portée des États boërs ; dans l'est, elle s'installa solidement en face de l'île de Zanzibar, et s'étendit jusqu'aux lacs. En même temps elle poussa vigoureusement les Belges en avant, car elle voyait en eux, non sans raison, des alliés conscients ou inconscients. En tous cas, ce qu'ils prendraient serait acquis en moins par les Anglais, et le jour où leur succession serait ouverte, l'Allemagne, héritière naturelle de la métropole, aurait toute facilité pour réclamer ses colonies.

Très rapidement des résultats importants furent obtenus. L'est africain allemand et l'Etat du Congo se rejoignirent au centre de l'Afrique, coupant en deux les possessions anglaises, et dans le sud les Allemands apparurent sur le Zambèze. Ainsi l'Allemagne se tenait en armes d'une part aux portes du Soudan égyptien ; et de l'autre dans le voisinage des Républiques boërs.

L'Angleterre s'inquiéta. Très vive était sa colère, mais l'Allemagne lui faisait peur, et elle n'osait pas rompre ouvertement avec cette formidable puissance. Dans le sud-ouest au Cameroun, et dans l'est africain, elle se replia en bon ordre. Elle se laissa évincer du Congo en 1884, et dix ans plus tard, elle n'hésita pas, devant l'opposition de l'Allemagne, à renoncer aux avantages qu'elle avait obtenus de l'Etat indépendant dans la région des Lacs. Enfin, en 1895, elle se garda de relever une véritable provocation de l'empereur Guillaume lors de son célèbre télégramme au président Krüger.

C'est qu'en effet, chez les Anglais, la prudence vient toujours à son heure balancer les écarts de l'orgueil. Pour cette nation essentiellement pratique les blessures d'amour-propre ne comptent pas, et lorsqu'elle y voit son intérêt, rien n'égale la philosophie sereine avec laquelle elle collectionne les plus cuisantes avanies. Elle épanche sa mauvaise humeur dans la presse ; elle manifeste bruyamment et ne ménage pas les gros mots, mais elle ne bouge pas.

Le procédé est prudent, mais il a ses dangers, car « pendant que les chiens aboient, la caravane passe ». L'Angleterre ne tarda pas à en avoir conscience, et elle comprit que du moment où l'empereur Guillaume se souciait fort peu des menaces du *Times* qui s'épuisait en pure perte à le qualifier de grand ennemi héréditaire, c'est que le système ne valait rien ; il fallait trouver autre chose.

On en vint donc à penser que puisqu'il fallait désormais compter avec l'Allemagne comme puissance coloniale, mieux valait l'avoir pour soi que contre soi. Ce serait, il est vrai, renoncer au « splendide isolement » qui pendant longtemps avait chatouillé si délicieusement toutes les fibres de l'amour-propre national, mais la situation était assez sérieuse pour légitimer ce sacrifice.

Le Cabinet de Saint-James se décida donc à changer d'attitude, et la presse le suivit avec cette discipline admirable que les Anglais savent mettre au service de leur politique extérieure. Du jour au lendemain l'Angleterre ne vit plus dans l'Empereur que le petit-fils respecté de leur reine, et dans le peuple allemand qu'une branche puissante de la grande famille anglo-saxonne. On ferma avec affectation les yeux sur le passé pour prodiguer à l'Allemagne les plus aimables avances. On ne ménagea ni les politesses ni l'encens et ce fut dans tout le Royaume-Uni un concert de louanges et de flatteries. L'alliance anglo-allemande appa-

rut aux imaginations attendries des hommes d'Etat
et des journalistes d'Outre-Manche comme le début d'une ère de félicité universelle[1]. Le *Times*
donna le signal et le récit qu'il fit du voyage
à Berlin de M. Cecil Rhodes, mérite d'être conservé comme une des premières manifestations de
cette brusque volte-face. « Le vrai succès de
M. Cecil Rhodes, dit-il, vient de ce que l'empereur d'Allemagne a, au plus haut degré, le don héréditaire dans sa maison, de juger les politiques et
les hommes sur leur mérite. Il y a à peine quatre
ans, l'Empereur était en Europe le plus redoutable
défenseur de l'obscurantisme au Transvaal. Mais
il a eu assez de largeur dans les idées pour reconnaître qu'il mettait son argent sur le mauvais che-
val. Le souverain de l'Allemagne unifiée, et
l'homme d'Etat qui a tant fait pour l'unification
de l'Afrique du sud ont de grands points de res-
semblance. Tous deux sont des exemples remarquables de l'alliance d'un sens pratique aiguisé
avec une tendance idéaliste qui confine au roman-
tisme[2]. » M. Chamberlain est allé plus loin encore

[1] Dans les pages qui vont suivre nous avons été heureux de
pouvoir nous inspirer des excellentes études que publie pério-
diquement le *Bulletin du comité de l'Afrique française*, et
notamment de celles parues sous une signature justement ap-
préciée de tous ceux qui s'occupent de questions africaines;
celle de M. Robert de Caix. Depuis plus de deux ans la politique allemande et anglaise y est suivie au jour le jour, avec
une attention scrupuleuse et éclairée de très fréquentes cita-
tions empruntées aux principaux organes des deux pays. Nous
signalons tout particulièrement les articles de M. de Caix parus en décembre 1899 et janvier 1900.
[2] *Times*, avril 1899.

et au lendemain du voyage de l'empereur à
Londres, il prononçait à Leicester ce discours extraordinaire qui fit scandale en Europe, si blasé
qu'on y soit sur sa rare intempérance de langage.
Après avoir proclamé bien haut l'alliance de l'Angleterre et des Etats-Unis, il ajoutait[1] : « Mais il y a
encore autre chose, et le plus cher désir de tout
homme d'Etat anglais est que nous ne restions pas
toujours isolés en Europe. Du jour où cette idée
a germé, il a paru évident à tout le monde que
notre allié naturel était le grand empire allemand (*applaudissements prolongés*)... Nous avons
eu nos différends avec l'Allemagne, nous avons
eu nos querelles et nos disputes, mais toutes ces
difficultés ont, sous la sage administration de lord
Salisbury, été successivement écartées, si bien que
je n'aperçois aujourd'hui aucun point noir d'où
puisse surgir une rivalité d'intérêts entre les Allemands et nous... Au fond, le caractère de la race
teutonique diffère très peu du caractère de la race
anglo-saxonne et les mêmes sentiments qui nous
unissent en une étroite sympathie aux Etats-Unis,
peuvent aussi être invoqués pour engendrer une
sympathie plus étroite encore et une alliance avec
l'empire d'Allemagne. Que voyons-nous en effet ?
Nous voyons que notre système de justice, que
notre littérature, que le fond de notre langue sont
les mêmes. Et si l'union entre l'Angleterre et
l'Amérique est un puissant facteur de paix, une
nouvelle triple alliance entre la race teutonique et

---

[1] *Times*, avril 1899.

les deux grandes branches de la race anglo-saxonne
sera d'une influence encore plus puissante sur
l'avenir du monde (*Bruyantes acclamations*) ». —
Et le *Standard*, paraphrasant le discours de son
héros, faisait ressortir le caractère moralisateur et
vraiment chrétien de cette ligue de la vérité et de
la justice contre les races inférieures. « Aux nations anglo-saxonnes est réservé le précieux héritage de la civilisation, du progrès et de la liberté ;
et défendre ces causes contre les ennemis qui
peuvent les attaquer dans l'une ou l'autre hémisphère peut être la plus haute tâche qui leur soit
confiée. Lorsque l'heure viendra, elles seront
prêtes à s'associer pour la défense de l'Evangile,
de l'ordre et de la loi, que ce soit contre la fureur
inquiète d'Etats en décadence, rendus venimeux
par le cléricalisme et le militarisme (*ceci est pour
nous*), ou contre l'énergie destructrice du monde
encore demi-barbare (*ceci pour les Boërs*). Et il y
a peu d'Anglais ou d'Américains qui ne se réjoui-
raient pas de voir l'Allemagne devenir leur alliée
dans cette mission. »

Que répond l'Allemagne à cette affectuosité dé-
bordante ? Va-t-elle ouvrir ses bras à la vertueuse
Albion, ivre de bienveillance et toute vibrante
d'amour, et commencer avec elle la grande croisade du droit et de la liberté contre l'obscurantisme des peuples vieillis ? — Assurément, il est
toujours flatteur de se voir encensé, et les Allemands ne seraient pas hommes s'ils ne se sentaient
secrètement flattés de se voir désirer avec tant
d'ardeur. Mais comme en même temps ils ont la

claire conscience qu'entre les nations les mariages d'intérêt sont les seuls durables et fructueux, ils prennent leurs précautions. Ils ont horreur des mauvais marchés, et ne veulent engager leur foi qu'à bon escient.

Or, où est leur intérêt?

M. de Bismarck recevant un jour un de nos ambassadeurs, dans son cabinet, causait avec lui des ambitions coloniales qui commençaient alors à se manifester un peu partout en Europe, et des conséquences qu'elles pourraient avoir sur les relations des diverses puissances. Pour appuyer son argumentation, il développa une mappemonde, et s'adressant à son interlocuteur : « Voyons un peu, lui dit-il, où sont de par le monde nos points de contact. Je ne parle pas, naturellement, de l'Europe, car nous ne parviendrions pas à nous entendre, mais tâchez d'oublier un instant le traité de Francfort, et promenons-nous ensemble autour du globe. » Là-dessus, le Chancelier parcourant successivement l'Afrique et l'Asie, l'Amérique et l'Océanie n'eut pas de peine à démontrer que nulle part la France et l'Allemagne ne se heurtaient, et qu'en maint endroit, au contraire, leur intérêt serait de marcher côte à côte pour tenir en échec des appétits excessifs et des convoitises dangereuses [1].

---

[1] En septembre 1884, M. de Bismarck écrivait à son ambassadeur à Paris « que si parmi les acquisitions allemandes sur les côtes du Togo et du Cameroun il s'en trouvait qui pussent ne pas s'accorder avec les droits et la politique de la France son intention n'était pas de les maintenir ». On ne pouvait être plus courtois ni plus accommodant.

Peut-être M. de Bismarck allait-il un peu loin, car dix ans après les deux pays se trouvaient aux prises dans l'Afrique occidentale, mais il est juste d'ajouter que notre rivalité dans l'Adamaoua ne fut qu'un bref épisode de notre histoire coloniale, et qu'il fut vite réglé par une transaction acceptable. Partout ailleurs la France et l'Allemagne ne courent aucun risque de se gêner mutuellement, et dans les grandes questions internationales qui préoccupent la diplomatie, en Chine, par exemple, ou en Egypte, les deux nations se sont toujours trouvé d'accord.

Cet état de choses était si évident qu'il ne put manquer d'attirer l'attention des esprits en France comme en Allemagne, et peu à peu, on se prit à regretter que les cruautés de l'histoire aient séparé deux pays qui auraient eu tout avantage à s'entendre. Puis le jour vint où le Cabinet de Berlin crut pouvoir franchir le pas, et il n'est guère douteux que de 1896 à 1898, des ouvertures plus ou moins précises furent faites à la France. Il est certain également que notre diplomatie ne voulut ou n'osa pas profiter de l'occasion, et ce fut, nous n'hésitons pas à le dire, une grave erreur. Sans doute la situation des deux parties n'était pas équivalente, car s'il est toujours facile au vainqueur d'oublier sa victoire, il est malaisé et cruel pour le vaincu d'arracher de son cœur le douloureux souvenir d'une blessure ineffaçable. Néanmoins, en présence de la gravité des intérêts engagés, et des fâcheuses conséquences de notre abstention, n'est-on pas en droit de regretter que sans rien abdi-

quer de sa fidélité à la religion du passé, sans rien
perdre de sa dignité et de sa réserve, la France
n'ait pas prêté les mains non peut-être à une « entente cordiale » mais du moins à une action parallèle
sur des points déterminés ?

A la suite de notre refus, l'Allemagne se retira
sans dissimuler sa mauvaise humeur, et la presse
d'outre-Rhin enregistra l'incident avec un dépit
caractérisé. Un journal berlinois, dont les attaches
officieuses ne sont un mystère pour personne, le
commenta sous une forme brutale mais tristement
instructive : « Les inepties de la politique française,
dit-il, ont forcé l'Allemagne à abandonner l'idée de
coopérer avec la France contre l'Angleterre[1]. »
Moins vives dans leurs termes mais tout aussi ca-
tégoriques, la *Post de Berlin* et la *Gazette de Cologne* nous accusaient nettement de n'avoir rien
voulu faire en temps utile, de nous complaire en
vaines criailleries, et d'avoir laissé par notre insouciance le champ libre à l'impérialisme britannique. « La responsabilité de cette situation, écrivait la *Post* il y a quelques mois, incombe bien
moins à l'Allemagne qu'à la France qui n'a jamais
voulu appuyer les initiatives émanées de Berlin. »

C'est alors que, rebutée de notre côté, l'Allemagne commença à prêter l'oreille aux suggestions
venues de Londres, car après tout, ce pays n'était
pas en mesure de tenter une action isolée, et,
comme le disaient les *Berliner Neueste Nachrichten*,
« Il avait besoin d'avoir en Afrique un allié fort

---

[1] *Berliner Neueste Nachrichten*, octobre 1898.

et capable de l'aider. » Si la France boudait et refusait de venir à lui, force lui était de s'entendre avec l'Angleterre.

Le cabinet de Berlin résolut donc de profiter des bonnes dispositions que manifestaient les Anglais, et, depuis deux années, des indices répétés sont venus affirmer que l'entente s'était établie entre les deux gouvernements. Ce fut d'abord l'arrivée à Berlin de M. Cecil Rhodes, venu pour conférer avec l'Empereur sur le raccordement des chemins de fer rhodésiens et des lignes allemandes. Ce fut ensuite l'accord secret de 1898, qui, pendant de longs mois, défraya la curiosité de la diplomatie et de la presse, et dont les stipulations voient peu à peu le jour. Enfin, le voyage à Londres de l'Empereur Guillaume fut accueilli par les Anglais comme la consécration de l'alliance.

Mais, si l'Angleterre s'estime heureuse d'avoir conquis, sinon la bienveillance, du moins la neutralité de l'Allemagne, au moment où toutes ses forces sont concentrées au bout de l'Afrique, bien plus grande encore doit être la satisfaction de l'Allemagne, car elle a fait payer cher sa complaisance, et, s'il apparaît un jour que l'une des deux a fait un marché de dupes, ce ne sera pas elle assurément qui aura le mauvais rôle.

De tout ce qui se passe depuis deux ans, il semble bien résulter que l'Allemagne n'a pris, vis-à-vis de l'Angleterre, que des engagements négatifs et temporaires, mais qu'en échange elle a obtenu des avantages considérables ; enfin et surtout, elle a conservé sa liberté d'action pleine et entière et une indépendance d'allures hautaine dont les Anglais doivent frémir, mais qu'ils sont bien forcés d'accepter en silence.

C'est ainsi, par exemple, que toute la presse allemande s'est trouvée d'accord pour avertir l'Angleterre que jamais l'Allemagne ne ferait cause commune avec elle, qu'en aucune circonstance elle n'épouserait ses intérêts, moins encore ses querelles. Avec la plus insolente franchise, elle a hautement déclaré que le gouvernement impérial avait agi « non pas du tout par amour pour l'Angleterre, mais par amour pour l'Allemagne, et parce qu'il estimait de son droit et de son devoir, conformément aux exigences d'un légitime égoïsme, de poursuivre une politique exclusivement allemande ». « C'est d'ailleurs, ajoute le même journal, une leçon que les Anglais nous ont suffisamment enseignée au cours de leur longue histoire. Cet égoïsme ordonne à l'Allemagne de garder les mains libres en vue de toutes les éventualités possibles, y compris celle d'une défaite de l'Angleterre dans quelque partie du monde. En prévision d'une telle occurrence, nous devons garder notre liberté, afin de décider, d'après les seuls intérêts allemands, si nous devons intervenir pour ou contre le vaincu, ou même nous abstenir de toute intervention.... Indifférents à l'amour comme à la haine des Anglais, nous continuerons avec le plus grand sang-froid à nous en tenir à cette opinion [1]. »

[1] *Gazette de Cologne*, novembre 1899.

Enfin, nulle part, les revers longtemps ininterrompus des Anglais au Transvaal n'ont été
accueillis avec plus d'enthousiasme qu'en Allemagne, où les victoires des Boers furent saluées
comme des victoires nationales [1]. Quant au fameux
discours de Leicester, où M. Chamberlain proclama
à grands fracas le triomphe de l'alliance anglo-allemande, il a soulevé, dans tous les pays d'outre-
Rhin, une tempête de protestations et de sarcasmes,
et on a recherché narquoisement où le ministre
anglais trouvait trace des sympathies profondes
qui unissaient la race teutonique à la race anglaise :
« Interrogez 100 Allemands, disait à ce sujet la
Gazette de Cologne, et demandez-leur quel est le
peuple qu'ils détestent le plus au monde ; 90 vous
répondront l'Angleterre. » Enfin le gouvernement
lui-même, en une circonstance mémorable, n'a
pas hésité à rappeler, d'une façon presque brutale, au cabinet de Londres que, s'il tenait à conserver ses bonnes grâces, il devait commencer par
les mériter. Tout le monde a encore présent à
l'esprit le récent discours de M. de Bulow, énu-
mérant, aux acclamations du Reichstag tout entier,
les satisfactions qu'il avait obtenues de la Grande-
Bretagne pour la saisie des navires allemands. Il
n'est pas ordinaire d'entendre un ministre des

---

[1] Un de nos amis, qui se trouvait à Cologne au moment de la
première défaite du général Buller sur la Tugela, ne fut pas
médiocrement surpris de voir une foule énorme stationner
autour des bureaux des agences et saluer de ses acclamations
l'affichage des dépêches. Dans le même sens on peut signaler
les récents incidents survenus à Dresde à la nouvelle de la capitulation du général Cronje.

affaires étrangères dire d'un gouvernement ami et allié : « Il nous a témoigné ses regrets de ce qui était arrivé et a promis de ne plus recommencer. »

Quant aux avantages matériels acquis par les Allemands, ils sont nombreux et importants. On ne les connaît pas encore très exactement. Cependant à la suite du voyage de l'Empereur à Londres, les portefeuilles des chancelleries ont livré quelques-uns de leurs secrets, et on a aujourd'hui des indications approximatives sur les accords intervenus entre le gouvernement impérial d'une part, le cabinet de Londres et la Chartered Cⁱᵉ de l'autre.

Les stipulations arrêtées depuis 1898 ont trait aux questions suivantes :

1° Le partage des îles Samoa, dans l'Océanie ;

2° Le partage du territoire neutre de Salaga ;

3° L'abandon éventuel consenti par l'Allemagne de ses droits d'exterritorialité à Zanzibar ;

4° Le passage à travers l'Est africain allemand du chemin de fer et du télégraphe transafricain ;

5° La création de voies ferrées allant à travers le sud-ouest allemand de la Rhodésie à l'Atlantique.

Nous passerons rapidement sur les trois premiers articles. Ce qui se passe aux Samoa, dont l'Allemagne paraît s'être adjugé la meilleure part, est en dehors de notre sujet. L'affaire de Salaga est de minime importance et a déjà été signalée en son temps, et quant à l'abandon consenti par l'Allemagne de ses droits consulaires à Zanzibar, on conviendra qu'il n'y a là qu'une question d'amour-propre assez peu captivante.

Bien plus sérieuses sont les conventions relatives aux chemins de fer.

Dans l'Est, d'abord, il semble que M. C. Rhodes ait échoué dans les efforts prodigués par lui depuis six ans pour faire passer librement son Transafricain, soit à travers le territoire congolais, soit à travers le territoire allemand. On se rappelle que, dès 1894, l'Angleterre avait obtenu de l'État du Congo la cession d'une bande de terrain entre les lacs Tanganyka et Albert Édouard, le long de la frontière allemande. L'opposition de l'Allemagne avait forcé l'Angleterre à renoncer à l'exécution de ce traité. Battue de ce côté, elle avait depuis lors cherché à profiter des bonnes dispositions du cabinet de Berlin tantôt pour le faire revenir sur son veto primitif, tantôt pour être autorisée à construire le chemin de fer sur territoire allemand. On dit même qu'en échange de son agrément, elle avait été jusqu'à lui offrir Walfisch-bay. Mais l'Allemagne ne voulut jamais rien entendre, et bien que M. C. Rhodes lui-même soit allé à Berlin pour convaincre l'Empereur, la réponse ne varia jamais : « Entre le Tanganyka et le lac Albert Édouard, le Transafricain sera allemand ou il ne sera pas. L'Allemagne n'a aucune raison de favoriser chez elle les entreprises anglaises, et elle ne les autorisera que si elle y voit son avantage. » M. C. Rhodes fut bien forcé de s'incliner et d'accepter une combinaison d'après laquelle le tronçon du Transafricain qui joindra les deux lacs sera construit, exploité et contrôlé par l'Allemagne. En outre, cette voie transversale n'ayant en ce moment qu'un médiocre intérêt pour l'Allemagne, celle-ci a stipulé qu'elle ne s'en occuperait qu'après avoir terminé sa propre ligne de pénétration de l'océan aux lacs. Des conditions analogues ont été imposées à M. Cecil Rhodes en ce qui concerne le télégraphe. Les fils placés sur territoire allemand seront administrés par l'Allemagne. Tout cela, assurément, ne ressemble pas à ce qu'on eût souhaité en Angleterre.

Dans le Sud-Ouest, des avantages très caractéristiques ont été obtenus par l'Allemagne et trahissent clairement les vues lointaines qu'elle a dans ces parages. La Chartered s'est engagée à ce que la voie ferrée prévue entre la Rhodésie et l'Atlantique traverse les possessions allemandes. Elle s'interdit par conséquent de relier directement son réseau au domaine portugais. En outre, ce chemin de fer devra aboutir en un point de la côte situé au sud du 14e parallèle, c'est-à-dire du parallèle de Mossamédès. Cette dernière condition a une importance considérable. Il en ressort évidemment que l'Allemagne se considère comme l'héritière présomptive de la partie méridionale de l'Angola où le climat et le sol lui sont favorables. Cela est si vrai qu'un projet immédiatement lancé en Allemagne tend à faire partir le chemin de fer de pénétration de la baie des Tigres, admirable rade naturelle appartenant aujourd'hui au Portugal, pour de là se diriger vers la Rhodésie à travers le Damaraland.

Voilà ce que l'on sait plus ou moins officiellement et ce que l'on peut déduire des faits connus

mais les deux parties ne s'en sont pas tenu là.
Déjà nous avons eu l'occasion, en parlant des possessions portugaises, de traiter la question du Mozambique, dont selon toute vraisemblance le sort a
été réglé entre Londres et Berlin. Il n'est pas besoin d'y revenir. Remarquons seulement que la
divulgation des accords relatifs à l'Angola n'est
pas de nature à rassurer les Portugais sur l'avenir
de leurs colonies orientales. Les événements survenus depuis six mois rendent de plus en plus
probable la réalisation de nos prévisions, et tout
permet de croire que l'Allemagne, reculant jusqu'au Zambèze les frontières de l'Est africain,
laissera les Anglais s'installer à Delagoa-bay.

Telles sont les conséquences des négociations in-
tervenues depuis deux ans entre les cabinets de
Londres et de Berlin pour déterminer au mieux de
leurs intérêts leurs sphères d'influence en Afrique.
Il faut reconnaître, tout en faisant la part de la
très médiocre valeur morale qu'ont des combinaisons uniquement basées sur la spoliation des
États faibles, que l'Allemagne a joué son rôle avec
une habileté consommée. Elle a profité des vues
de l'Angleterre sur les Républiques boërs pour lui
vendre sa neutralité le plus cher possible, et sans
s'associer à la politique britannique, elle a saisi
toutes les occasions de travailler à ses propres affaires.

Si en effet on résume les résultats qu'elle a obtenus, on aboutit aux conclusions suivantes :

L'Allemagne a forcé l'Angleterre à accepter sa
co-prédominance dans l'Afrique du Sud. Elle a

gardé pour elles toutes les régions occidentales
saines et tempérées, et s'est réservé tous les débouchés sur l'Atlantique. — Dans le nord, elle s'est
établie en travers de la grande voie transafricaine :
elle a coupé les communications anglaises et exigé
sa part dans la mise en valeur de la Rhodésie sep-
tentrionale et du pays des Lacs.

Dans l'Est enfin, il est plus que probable qu'elle
s'est étendue jusqu'au Zambèze, peut-être même
jusqu'à Beira, ne laissant aux Anglais que la porte
d'entrée de Delagoa-bay.

Ce sont là des avantages incontestables dont les
Allemands pourront profiter pour acquérir une situation privilégiée dans toute une moitié de
l'Afrique. Il semble aujourd'hui que les Anglais
commencent à s'apercevoir qu'ils se sont laissé
jouer et que le désir d'avoir les mains libres au Cap
les a entraînés un peu loin. Du moins peut-on le
supposer en voyant une certaine aigreur se manifester dans la presse anglaise. Le *Times* a tout récemment daigné remarquer que la France n'avait
pas le monopole des articles virulents et des dessins
irrévérencieux, et que l'Allemagne l'avait largement distancée dans cette voie. Les derniers incidents de Dresde où les Anglais ont été pourchassés
et insultés dans les rues lui ont fourni le texte
d'amères récriminations.

Faut-il voir là des symptômes d'un prochain
revirement? Les Anglais, grisés par les succès
de lord Roberts, songent-ils à abandonner des
alliés incommodes et trop exigeants? Peut-être,
mais il est très douteux que les colères de la presse

britannique et les volte-faces des hommes d'Etat
du Royaume-Uni changent quoi que ce soit aux
destinées de l'Allemagne. Elle est trop puissante
en Europe, elle est trop fortement installée en
Afrique pour ne pas peser un jour d'un poids irrésistible sur la marche des événements.

Il est un axiome qu'on entend répéter couram-
ment dans le monde, c'est que l'Angleterre ne
pourra se maintenir indéfiniment en Asie, qu'aux
Indes et en Chine elle devra se replier devant la
Russie. En prévision de cette occurrence, elle doit
chercher en Afrique des compensations gigantesques où la Russie ne puisse la joindre. L'Asie
aux Russes, l'Afrique aux Anglais, telle est la solution qui paraît probable sinon imminente.

Cette solution, croyons-nous, est trop simple
pour être juste. Si elle semble aujourd'hui obtenir
la faveur de l'opinion, elle le doit à la force de l'habitude qui nous porte à ne voir sur la surface du
globe que deux seules puissances coloniales : la
Russie et l'Angleterre. On n'est pas encore fait en
France à l'idée que l'Allemagne est autre chose
que le pivot de l'équilibre européen, et que ce pays
est doué d'une faculté d'expansion qui pour être
moins apparente que celle des Slaves et des Anglo-
Saxons n'en est pas moins considérable.

Que l'Angleterre soit un jour évincée de l'Asie,
ce n'est pas impossible, mais qu'elle remplace son
empire des Indes par un empire africain allant de
l'Egypte au Cap et englobant la région des grands
lacs, les bassins du Congo, du Zambèze et de
l'Orange, ceci nous paraît une chimère irréalisable,

car elle n'est pas seule au monde, et c'est peut-être ici le cas de rappeler cette parole que nous citions tout à l'heure : « L'Allemagne garde sa liberté d'action en vue de toutes les éventualités possibles, y compris celle d'une défaite de l'Angleterre dans quelque partie du monde. » Or, qui oserait prétendre que dans l'état actuel des choses en Europe et en Afrique, les éventualités attendues ne se réaliseront pas, que les chances feront défaut à qui sait les attendre patiemment ?

Et d'abord qu'y a-t-il de moins assuré que la carte politique de l'Europe ? Quels contre-coups n'amènera pas la dislocation inévitable de la monarchie austro-hongroise ? N'est-on pas en droit de prévoir la constitution au centre de l'Europe d'un empire allemand de 70 à 80 millions d'habitants dont l'influence deviendra vite écrasante ? Que pèseront en regard de cette masse formidable les petites combinaisons artificielles, et en première ligne la Belgique où toute une partie de la population a du sang germain dans les veines ? Et lorsque la Belgique aura été absorbée par son puissant voisin, le sort du Congo n'est-il pas clairement indiqué ? Mais il y a autre chose encore.

Si l'expansion de l'Allemagne dans le Congo indépendant ne semble apparaître dans l'avenir que comme une conséquence éloignée d'une conflagration européenne, ou du moins d'une transformation radicale dans l'équilibre de la vieille Europe, toute autre est la question de l'Afrique australe. Nous n'avons nulle envie de préjuger de l'issue de la lutte sans merci, qui dans ces régions met aux prises les possesseurs du sol et des conquérants sans scrupule. Le Dieu des batailles garde jalousement son secret et rien ne permet de prévoir de quel côté penchera la balance, car la guerre n'est pas circonscrite entre deux armées ; c'est une vraie lutte de races qui est commencée. On en a le sentiment à Londres où l'on répète sans cesse que l'enjeu de la partie est la prédominance de l'un ou l'autre peuple entre le Cap et le Zambèze, mais on n'ajoute pas, peut-être parce qu'on n'ose pas se l'avouer, qu'une guerre de races ne se termine pas par la victoire d'un corps expéditionnaire. Libre à lord Roberts d'entrer pompeusement à Pretoria ; la question n'aura pas fait un pas, car le fossé qui depuis un siècle se creuse chaque jour davantage entre Anglais et Boërs, loin d'avoir été comblé se sera transformé en un fleuve de sang. Rien ne sera changé, et tant de deuils et de ruines accumulés avec une si criminelle folie, n'auront servi qu'à avancer ou reculer de quelques dizaines d'années l'inévitable solution de la crise. Ici quelques chiffres sont nécessaires [1].

On compte à l'heure présente dans toute l'Afrique du Sud plus de 900 000 âmes de population blanche, dont 520 000 Boërs ou descendants des anciens possesseurs du sol, 260 000 anglais ou fils d'Anglais, et 120 000 étrangers ou fils d'étrangers. Parmi ces derniers, les sujets d'origine allemande ou hollandaise sont en très grande majorité et tendent par

---

[1] Consulter le très remarquable article publié dans la *Revue des Deux Mondes* du 1er février 1900, par M. le Dr A. Kuyper.

conséquent à faire cause commune avec les Boers.
Quant aux autres, ils ne paraissent pas nourrir pour
les Anglais une sympathie exagérée : on en a eu la
preuve au début de la guerre actuelle lorsqu'on a
vu la plupart des uitlanders non anglais rallier les
drapeaux du Transvael. En défalquant de ces
chiffres l'élément vagabond attiré par les mines d'or,
les garnisons et les fonctionnaires britanniques,
on peut estimer que la population propriétaire du
sol et fixée d'une manière stable au sud du Zambèze, *afrikandérisée*, pour employer le néologisme
à la mode, comprend environ 220 000 anglais
contre 620 000 anti-anglais. La race qui réclame la
prédominance et le pouvoir politique est donc au
fond une simple minorité.

Ces faits et ces chiffres sont indiscutables, et les
conséquences nécessaires ne se sont pas fait attendre. Déjà la colonie du Cap est autonome et
quasi-indépendante, et depuis quelques années
l'élément afrikander pur a réussi malgré une pression électorale inouïe à conquérir la majorité au
Parlement [1]. Cette situation anormale et dangereuse pour l'influence anglaise ne fera que s'accroître, car l'écart numérique grandit rapidement
entre les deux races en raison de la prodigieuse
natalité des Boers où les familles de 15 enfants ne
sont pas rares, et les Anglais ont certainement

---

[1] Tout le monde se rappelle qu'au début des hostilités, la majorité des députés a envoyé au président Krüger une adresse de
sympathie, et que le premier ministre lui-même, M. Schreiner,
s'est toujours refusé à empêcher l'introduction au Transvaal
des armes et des munitions.

devant eux cette perspective peu rassurante de se trouver d'ici à quelques années dans la proportion de 1 contre 5 à 6.

C'est là au fond qu'est la véritable cause de la guerre actuelle. Les Anglais, désespérant d'avoir le nombre, ont voulu s'imposer par la force. Mais leurs victoires ou leurs défaites ne changeront rien à la répartition des races et à la fécondité de leurs adversaires. Aussi nous paraît-il infiniment probable que, dans un délai plus ou moins rapproché mais certain, les Anglais auront perdu dans l'Afrique du Sud cette prédominance qui leur est si chère et qui leur aura vainement coûté des milliers de vies humaines et plusieurs milliards. Alors surgiront sous une forme ou sous une autre les Etats-Unis de l'Afrique du Sud, qui grouperont toutes les nationalités éparses entre le Zambèze et le Cap. Ce ne sera pas sans doute l'œuvre d'un jour, mais dans la vie des peuples les années ne comptent pas. Quant à l'élément anglais, il ne sera plus que ce qu'il est en réalité : c'est-à-dire une fraction importante de la grande famille blanche immigrée en Afrique. L'influence prédominante appartiendra à l'élément saxon représenté par les Boërs, les Allemands et les Hollandais.

C'est alors que l'Allemagne commencera à recueillir les fruits précieux de sa politique prévoyante. Solidement établie sur la côte de l'Atlantique et autour du Zambèze, elle profitera du voisinage d'une nation fortement constituée, hospitalière à ses propres enfants où pourra se déve-

lopper à son aise son influence morale et économique. Elle comprendra ce qu'elle doit aux hommes
d'État qui auront eu le courage de la lancer dans
cette voie, et peut-être rendra-t-on pleine justice à
ceux qui sans secousses et sans guerre surent ménager pareil avenir à leur patrie. Elle pourra juger
si la grandeur d'un pays dépend uniquement des
batailles et des conquêtes, triomphes de la force
brutale qui coûtent plus qu'ils ne rapportent, et si
ceux qui présidèrent à ses destinées ne furent pas
mieux inspirés le jour où, abandonnant les travaux
de la guerre pour les arts de la paix, ils s'appli-
quèrent à provoquer, à protéger et à canaliser les
énergies individuelles au mieux des intérêts généraux du pays.

Cette science difficile fut à un haut degré celle de
M. de Bismarck, sur la fin de sa carrière et de ceux
qui après lui eurent la responsabilité des affaires
de l'Allemagne. Empereur, chancelier et ministres
n'eurent en effet qu'un but : la culture et l'expansion des forces vives de leur patrie. Ils ne négligèrent rien pour y parvenir. Pour nous, nous serions heureux que ce récit ait pu mettre en relief
quelques-unes des qualités qu'ils prodiguèrent au
service de leurs peuples et dont l'histoire leur fera
hommage : la perspicacité qui leur fit découvrir les
points faibles de leurs rivaux, et la persévérance
avec laquelle, soit par la diplomatie, soit dans les
affaires, ils poursuivirent la réalisation de leurs
vues.

On a dit que l'art de gouverner était l'art de prévoir et de pourvoir. Rarement vérité aura reçu des

faits une consécration plus éclatante. Du jour où penché sur la carte d'Afrique, prêtant l'oreille aux vagues rumeurs qui lui parvenaient de ces lointains rivages, M. de Bismarck eut pris conscience des progrès ininterrompus de la race boër et de la force immense qui grandissait à l'extrémité du monde, il prévit que ce coin de terre ignoré aurait son heure et qu'il serait un jour le théâtre de grands événements. C'est alors qu'il donna à ses impressions une formule d'une concision saisissante qui dut faire sourire nombre de ses contemporains : « L'Afrique du Sud, dit-il, sera le tombeau de la puissance britannique. »

Aujourd'hui est arrivée la crise qu'avait prévue M. de Bismarck, et ce n'est pas lord Roberts qui la dénouera à coups de canon. Quoi qu'il fasse, il n'empêchera pas la race germano-boër de grandir en nombre et en force et d'absorber un jour la minorité anglaise. Nous ne parlons pas de la cruelle blessure reçue par l'empire britannique, de son prestige affaibli sinon détruit, du prodigieux ébranlement qui l'a secoué jusque dans ses fondements.

Il n'a pas été donné à M. de Bismarck de voir se réaliser sa prophétie, mais il eut le temps de préparer sa patrie à recevoir sa part dans l'héritage qu'il voyait poindre à l'horizon. Grâce à lui, l'Allemagne sera la première à recueillir les fruits de l'évolution qui se prépare en Afrique. Qu'elle attende et surveille les événements ; le jour approche où elle rayonnera sur des étendues immenses dans un milieu sympathique au développement de sa race, de sa langue, de son génie et de son commerce.

N'est-ce pas là tout ce qu'on demande à la politique coloniale?

FIN

TABLE DES MATIÈRES

CHAPITRE I

LA CONQUÊTE DE L'AFRIQUE PAR L'EUROPE

CHAPITRE II

ORIGINE ET HISTORIQUE DE L'ÉTAT INDÉPENDANT DU CONGO

CHAPITRE III

SITUATION ÉCONOMIQUE ET COMMERCIALE DE L'ÉTAT DU CONGO

CHAPITRE IV

ORIGINE ET HISTORIQUE DES POSSESSIONS PORTUGAISES
DE L'AFRIQUE DU SUD

CHAPITRE V

SITUATION ÉCONOMIQUE ET COMMERCIALE DES POSSESSIONS PORTUGAISES

CHAPITRE VI

L'AVENIR DES COLONIES PORTUGAISES

CHAPITRE VII

LA POLITIQUE AFRICAINE DE L'ALLEMAGNE

CHAPITRE VIII

ORIGINES ET HISTORIQUE DES POSSESSIONS ALLEMANDES

SAINT-AMAND (CHER). — IMPRIMERIE BUSSIÈRE

Planche(s) en 2 prises de vue

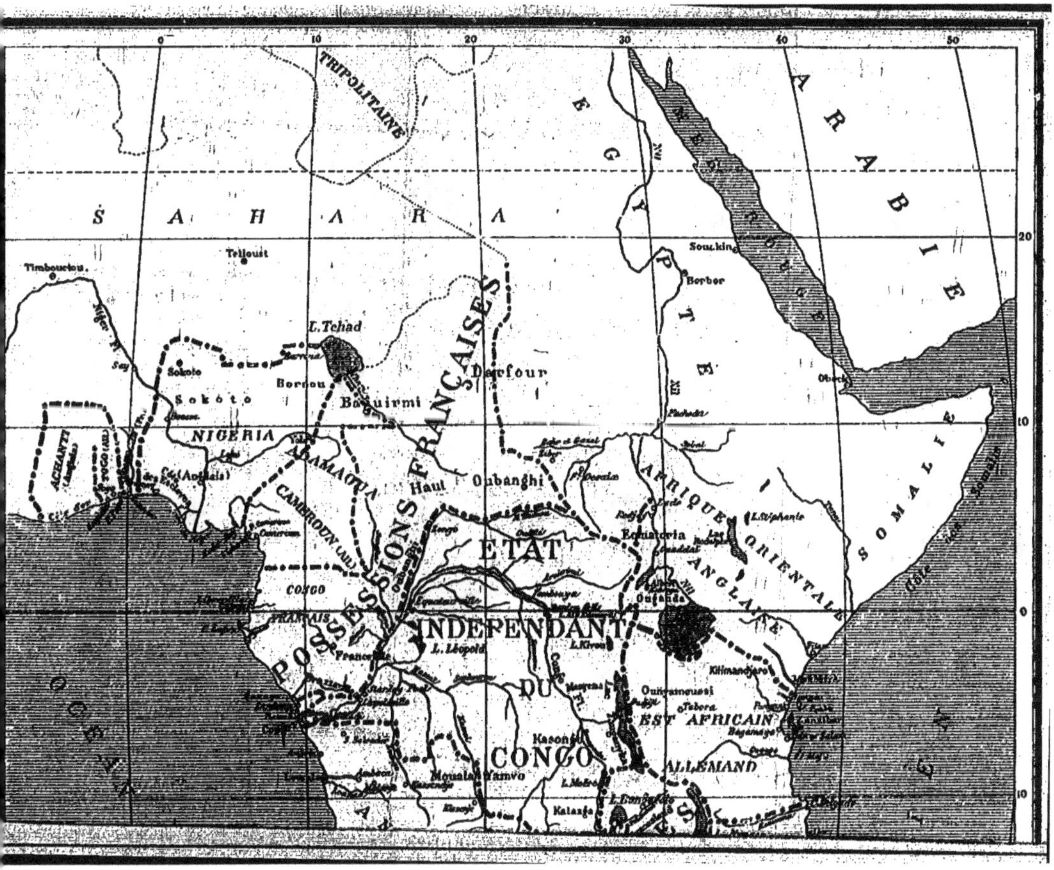
TRIPOLITAINE
EGYPTE
ARABIE
SAHARA
Timbouctou
Telloust
L. Tchad
Sokoto
Bornou
Baguirmi
Darfour
Souakin
Berber
Obock
NIGERIA
ACHANTI
TOGO
CAMEROUN
CONGO FRANÇAIS
POSSESSIONS FRANÇAISES
Haut Oubanghi
ÉTAT INDÉPENDANT DU CONGO
L. Léopold
L. Kivou
L. Stéphanie
AFRIQUE ORIENTALE ANGLAISE
SOMALIE
Côte des Somalis
Ouganda
Kilimandjaro
Ounyamouési
Tabora
EST AFRICAIN ALLEMAND
Kasongo
Katanga
Mouata Yamvo
OCÉAN
MER ROUGE

AFRIQUE
ÉQUATORIALE
et AUSTRALE

Echelle au 20.400.000

CONGO ALLEMAND

ANGOLA
(Portugais)

SUD

Damaraland
OUEST

ALLEMAND

COLONIE DU SUD

POSSESSIONS ANGLAISES

MOZAMBIQUE

OCÉAN ATLANTIQUE

OCÉAN INDIEN

L. Nyassa

Barotsé

Rhodesia

Windhoek

Namaqualand

Walfish Bay

Bethanie

ORANGE

TRANSVAAL

Gravé chez M╤╤ V╤ Rollet 99 B╤ St Germain Paris

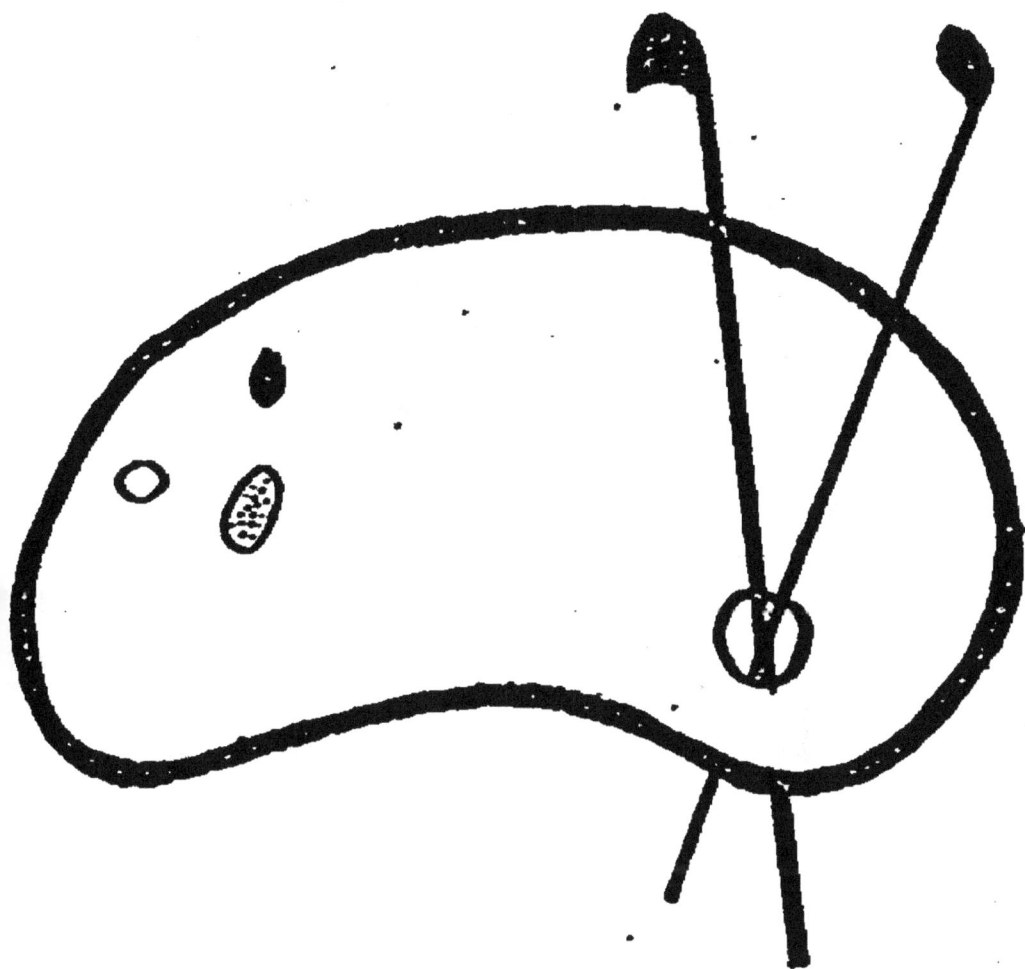

ORIGINAL EN COULEUR
NF Z 43-120-8